侨批记忆

厦门市思明区归国华侨联合会
中国致公党厦门市委员会
编

厦门大学出版社
XIAMEN UNIVERSITY PRESS
国家一级出版社
全国百佳图书出版单位

图书在版编目(CIP)数据

侨批记忆 / 厦门市思明区归国华侨联合会，中国致公党厦门市委员会编. -- 厦门 ：厦门大学出版社，2024.6

ISBN 978-7-5615-9356-1

Ⅰ. ①侨… Ⅱ. ①厦… ②中… Ⅲ. ①侨务-外汇-史料-福建 Ⅳ. ①F832.6

中国国家版本馆CIP数据核字(2024)第083228号

责任编辑 薛鹏志 陈金亮
美术编辑 张雨秋
技术编辑 朱 楷

出版发行 厦门大学出版社
社 址 厦门市软件园二期望海路39号
邮政编码 361008
总 机 0592-2181111 0592-2181406(传真)
营销中心 0592-2184458 0592-2181365
网 址 http://www.xmupress.com
邮 箱 xmup@xmupress.com
印 刷 厦门市明亮彩印有限公司

开本 787 mm×1 092 mm 1/16
印张 17.75
字数 380 千字
版次 2024 年 6 月第 1 版
印次 2024 年 6 月第 1 次印刷
定价 118.00 元

厦门大学出版社
微信二维码

厦门大学出版社
微博二维码

《侨批记忆》编写组

主　　编：叶胜伟

执行主编：黄清海　　林南中

编　　务：林晖琳　　阮彬彬　　郭　航

前言

（一）

侨批本是华侨的个体记述。这些跨国家书，记录着近代以来华侨背井离乡、艰苦打拼的辛酸，承载着华侨对亲人的思念、对故土的眷恋。这些个性化的记述，漂洋过海，再历经时间的淘洗，成为如今的历史记述。

历史记述，并不会自动转换成历史记忆，时间不是天然的转换剂。如果历史记述尘封，不再被今人提起，如果它们远离我们的思想，不再有持续稳定的价值观输出，那么，历史记述难以成为历史记忆。

今天我们发掘侨批的历史价值，因为它是华侨记忆，承载着华侨历史的记忆传承，还因为它蕴含着中华民族的优良传统思想，被提炼为华侨精神。这些思想和精神，是今天社会的主流价值观的一部分，正被大力弘扬。

侨批被联合国教科文组织列入“世界记忆名录”，不仅仅因为它是富有历史信息的历史文献，还因为它内蕴着丰富的情感，能够引发人类的情感共鸣。2013年4月19日，北京召开“中国侨批·世界记忆工程”国际研讨会。世界记忆工程国际咨询委员会委员露希安娜·杜兰蒂在参观完侨批展览后，深有感触地说道：“我来自加拿大，加拿大也是移民国家，我特别能理解侨批作为移民联系母国与移民国之间关系的纽带作用。它是跨越文化、跨越国界的人类共同文化行为，特别有意义。”

历史信息、思想和情感，正是这三大因素，促使侨批从个人记述、家庭记忆、族群记忆、城市记忆，一步步上升为国家记忆、世界记忆。

（二）

人的记忆是有限的，困境之一便是失忆。韩裔德国哲学家韩炳哲说：“人的记忆是一种讲述，一种诉说，遗忘是其中必要的组成部分。”历史记忆要防止遗忘、摆脱记忆的困境，需要多种方式来建构。建立一个“有形的记忆之所”，是其中一项重要措施。

2014 年，侨批成功入选“世界记忆名录”的第二年，思明区归国华侨联合会（以下简称思明区侨联）与近百年前落户厦门、从事侨汇业务的华侨（永亨）银行，达成共建侨批展厅的共识。2019 年 11 月，坐落于中山路与鹭江道交叉黄金地段的侨批展厅落成，全年向社会免费开放。

思明区侨联牵头建立这样一处“有形的记忆之所”，有其深厚的历史地理依托。

厦门，自明清以来就是中国对外交通和海上贸易的国际口岸，也是福建华侨出入境的主要门户。因特殊的地理人文因素，厦门成为闽南侨批（含回批）接收、寄发的枢纽口岸。民国时期，厦门批信局在鼎盛之时数量超过 170 家，大约 2/3 分布在思明区辖内的中山路片区。厦门系侨批是福建侨批史上规模最大的一个体系，以其数量多、历史跨度长、覆盖范围广、内容丰富等特点，在世界记忆遗产保护中具有独特的地位，是厦门不可多得的世界级文化资源。

4 年多来，思明区侨联着力打造的侨批展厅，追寻侨批文化史迹，通过实物、多媒体等多种形式，分 8 期按主题轮次展示侨批档案，真实反映侨批沟通侨汇、联结侨缘、支援祖国革命、支持家乡建设的作用，彰显华侨先辈热爱祖国、情系桑梓、吃苦耐劳、勇于开拓、笃诚守信的价值取向。

华侨自主言说，侨批为历史做证，其叙事内核所携带的强大的符号力量，能成为我们民族的一个集体记忆，必定塑造出既具有自身特点又有民族特色的价值观：爱国爱乡、舍生取义、尊祖敬宗、善事父母、朴实守信、克勤克俭、建设家乡……而这一切，又与华侨的认同紧密相连。记忆是个人与集体认同的关键。“我们就是我们所记得的一切。”侨批中所展现的华侨记忆，在清末民初是族群认同的记忆，在抗日战争期间是国家认同的记忆，体现出海内外中国人血脉相连的强大的凝聚力。

侨批展厅自开放以来，接待金融行业员工、大中小学生、海外社团、中外旅客等，总人数近 5000 万人次。思明区侨联在强化归侨、侨眷和海外侨胞的中华民族认同、中国认同上，在弘扬华侨精神并使其与社会主义核心价值观融为一体上，在传播侨批文化、展现侨批历史文化价值上，做出了不懈的努力。他们记忆历史、丰富历史记忆，并且他们的努力作为还将被历史所记忆。这种循环往复，将成为历史记忆的延展模式。

（三）

保持记忆和遗忘是矛盾的两个方面。记忆的内容不能保持，或者提取时有困难就会造成遗忘。德国心理学家艾宾浩斯认为，记忆的“保持和遗忘是时间的函数”。时间现象学上有第一记忆、第二记忆与第三记忆的概念。第一记忆是刚刚过去的原始印象，即“目前正在流逝且被如实地感知的时间物体”的记忆。第二记忆是

"对已消失但能回想起来的时间物体"的再记忆、重新记忆，是一种激活的记忆。第三记忆是在人类生命之外记录和保存人类的感知与回忆的"持留"，是外化的物质性记忆，如文本、乐谱、录像带等。

外化的记忆是人类大脑的延伸，具有复制精确、提取简便、传播高效的特点。这也是构建历史记忆的重要途径。

本书以"侨批记忆"为书名，梳理侨批展厅 8 期展陈的内容，重点归并、提炼侨批的人文特质，以侨批中的爱国情怀、乡土情结、孝悌德行、家风文化为重点，全面呈现展览内容，希望已到过侨批展厅的读者，加深对展览内容的记忆；更希望还未到过侨批展厅的读者，通过本书的介绍，触摸侨批的人文印记，感受伟大的华侨精神，铭记历史；同时希望侨批研究工作者能因为本书的出版，便捷提取、复制书中的资料，从岁月的深处，挖掘侨批深厚的中华文明积淀，展现侨批跃然纸上的思想理念，激活侨批蕴藏的精神力量。

习近平总书记 2020 年在广东汕头市考察时，走进侨批文物馆，了解侨胞心系家国故土、支持祖国和家乡建设的历史。习近平总书记强调，侨批记载了老一辈海外侨胞艰难的创业史和浓厚的家国情怀，也是中华民族讲信誉、守承诺的重要体现。要保护好这些侨批文物，加强研究，教育引导人们不忘近代我国经历的屈辱史和老一辈侨胞艰难的创业史，并推动全社会加强诚信建设。

保护好侨批文物，强化侨批文化的研究，以更大的作为、更广的视野、更大的平台凝聚社会各界力量，挖掘、保护、传播、活化侨批，让侨批文化得到创新性发展和创造性转化，是我们创造新时代新文化的责任和担当。

我们相信，在习近平文化思想的指引下，在新的文化使命的感召下，在各级侨联和政府相关部门的组织和支持下，世界记忆遗产——侨批，必将以更加丰富的人文内涵，为"21 世纪海上丝绸之路"建设增添独特的中华文化魅力！

时光流逝，侨批记忆永存。

目录

侨批中的陈嘉庚公司封笺

陈嘉庚（1874—1961）

著名爱国华侨领袖、实业家、教育家、慈善家、社会活动家，福建省泉州府同安县集美社（今属厦门市集美区）人。

陈嘉庚公司在东南亚地区及中国均设有分支机构，通过其分支机构进行的商品贸易促进了中国与东南亚、东南亚各地之间在人员、商贸、侨批等方面的往来联系。

陈嘉庚公司早在20世纪20年代就有了商家敏锐的广告意识——把自家经营的商号和特色商品印制在公司专用的信封上，以供公司及员工寄信使用。在当时乡族观念十分浓厚的时代里，陈嘉庚公司的发达，带动同乡人“下南洋”。公司员工使用公司印制的宣传信封及信笺源源不断地将侨批寄回家乡，同时也带动新一批家乡人加入陈嘉庚公司的队伍。以下展示的侨批，寄批人和收件人均系同安县人，与陈嘉庚可算是老乡。

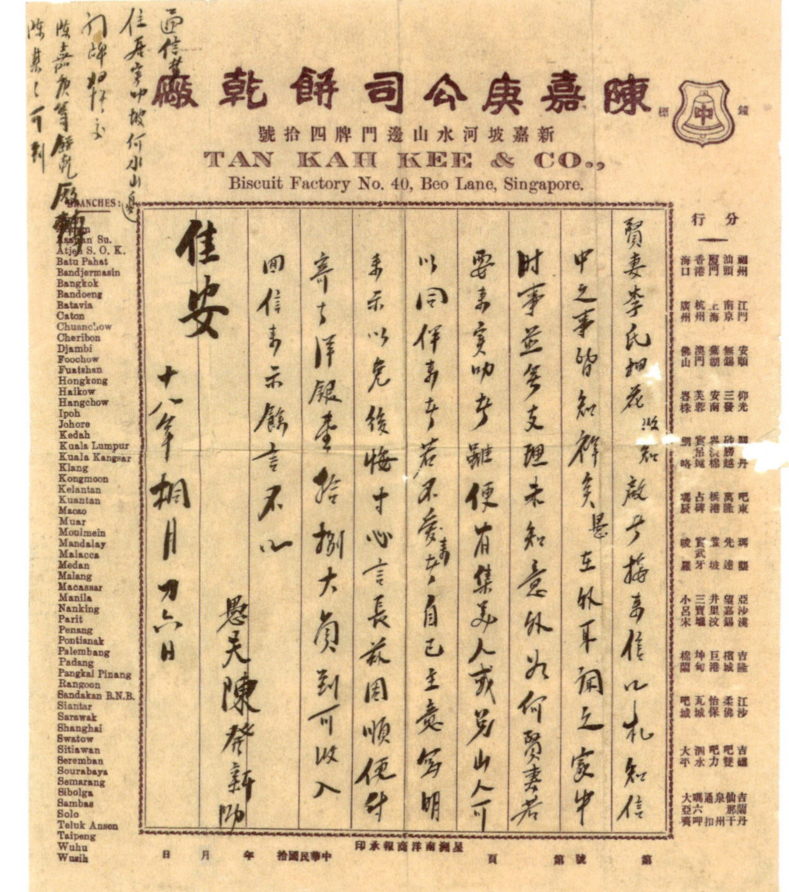
陳嘉庚公司餅乾廠
新嘉坡河水山邊門牌四拾號
TAN KAH KEE & CO.,
Biscuit Factory No. 40, Beo Lane, Singapore.

1929年新加坡陈发新寄给家乡妻子的侨批，使用陈嘉庚公司饼干厂信笺。信笺显示分行有厦门、福州、泉州等61家。

【信文】

贤妻李氏细花收知：

启者，接来信几札，知信中之事，皆知祥矣。愚在外耳闻之家中时事，并无支理，未知意外如何。贤妻若要来实叻者，虽便有集美人或兑山人可以同伴来者。若不爱来者，自己主意写明来示，以免后悔。寸心言长。兹因顺便，付寄去洋银壹拾捌大员，到可收入，回信来示，余言不一。

佳安！

通信者：住居实叻坡何水山边门牌四十号，交陈嘉庚公司饼干厂转陈某某，可到。

愚夫 陈发新 泐

十八年桐月初六日

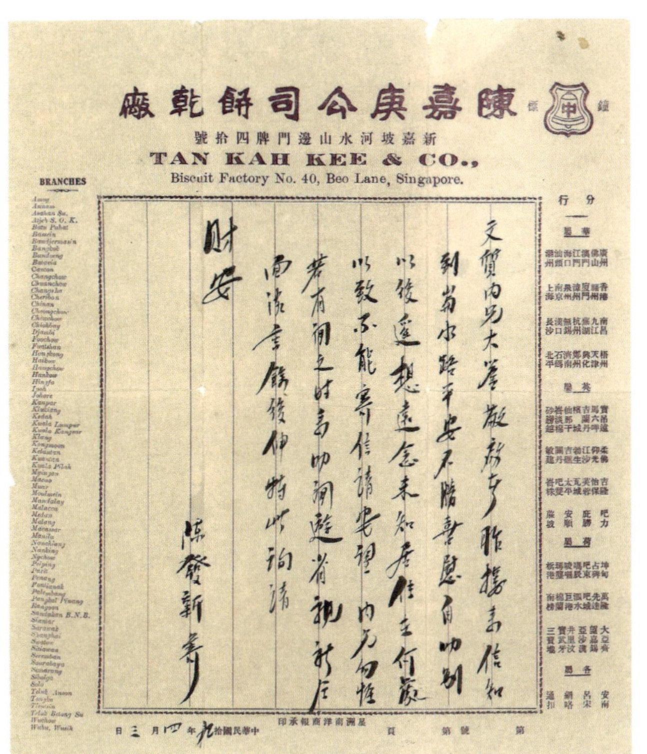

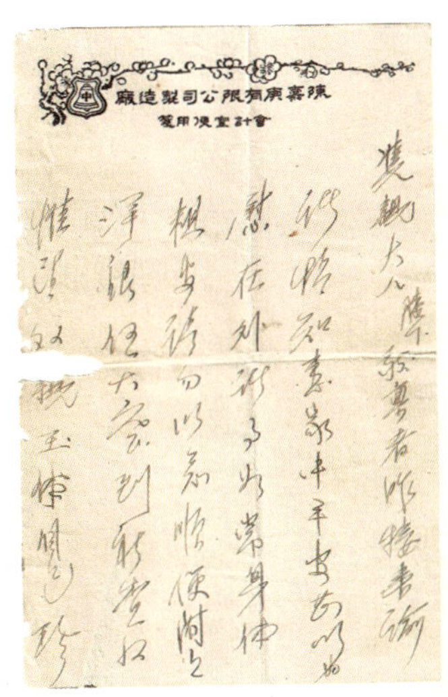

陈嘉庚有限公司制造厂会计室便用笺

1930年4月新加坡陈发新使用陈嘉庚公司饼干厂信笺寄马来亚槟榔屿的信札。陈嘉庚公司的分行所在地包括家乡的福建厦门、福州、泉州、漳州、兴化等地，共有华属28家、英属25家、荷属20家及各属4家，合计77家。

【信文】

文质内兄大鉴：

敬启者，昨接来信知到屿，水路平安，不胜喜慰。自叻别以后，遥想远念，未知居住在何处，以致不能寄信请安，望内兄勿怪。若有闲之时来叻闲游省亲，祈同面谈，言余后伸，特此询请

财安！

陈发新 寄

中华民国十九年四月三日

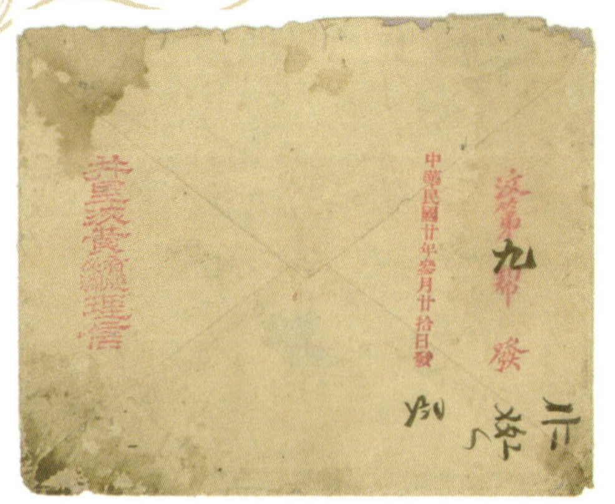

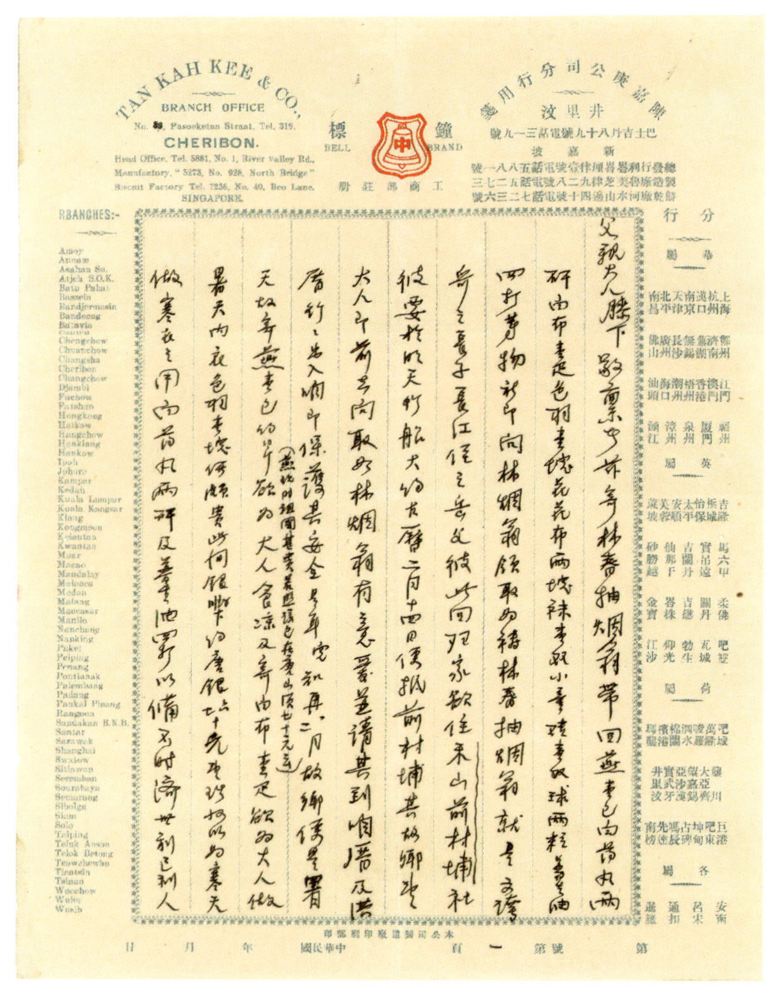

1931年荷属东印度井里汶寄同安的侨批，使用陈嘉庚公司信笺。

TAN KAH KEE & CO.,
BRANCH OFFICE
No. 89, Pasoeketan Straat, Tel, 319,
CHERIBON.
Head Office, Tel. 5881, No. 1, River Valley Rd.,
Manufactory, "5273, No. 928, North Bridge"
Biscuit Factory Tel. 7236, No. 40, Beo Lane.
SINGAPORE.

鐘標 BELL BRAND
工商部註冊

陳嘉庚公司分行用箋
井里汶
巴士吉丹八十九號電話三一九號
新嘉坡
總發行利峇峇厘律壹號電話五八八一號
製造廠峇美芝律九二八號電話五二七三
餅乾廠河水山邊四十號電話七二三六號

这是一封 1931 年 3 月荷属东印度井里汶寄同安刘江的侨批。信纸使用的是陈嘉庚公司井里汶分行印制的专用信笺。信笺正上方印有注册商标“钟标”文字及图案，上方左右分别印制井里汶和新加坡总部的外文和中文地址、电话，新加坡总部地址包括总发行、制造厂、饼干厂 3 处地址。信笺左右两侧印有陈嘉庚公司所有分行的外文和中文地名。外文地名按照字母先后排序，中文地名按照华属（上海、杭州、汉口、南京、天津、北平、南昌、郑州、济南、芜湖、无锡、长沙、广州、佛山、江门、澳门、香港、梧州、潮州、海口、汕头、福州、厦门、泉州、漳州、涵江，共 26 家），英属（吉隆、槟城、怡保、太平、安顺、芙蓉、麻坡、马六甲、实吊远、吉兰丹、仙那干、砂朥越、柔佛、关丹、吉礁、峇株、金宝、吧双、瓦城、勃生、仰光、江沙，共 22 家），荷属（吧城、万隆、唆罗、泗水、棉兰、槟港、玛垄、垄川、大亚齐、望嘉锡、亚沙汉、实武牙、井里汶、巨港、吧东、坤甸、占碑、吗辰、先达、南榜，共 20 家）及各属（安南、吕宋、通扣、暹罗，共 4 家）排序，共 72 家分行，加上新加坡总行 3 处，共 75 家总分行。陈嘉庚公司井里汶分行印制的专用信笺已发现的至少有 3 个版本，样式基本相同，只是不同时期的分行数量有所改变：1929 年 12 月和 1930 年 6 月寄出的侨批信笺印有分行 59 家，1930 年 9 月和 1931 年 3 月、4 月寄出的印有分行 72 家，1933 年 8 月寄出的印有分行 64 家。可见陈嘉庚公司当时的规模及经营网络之庞大。

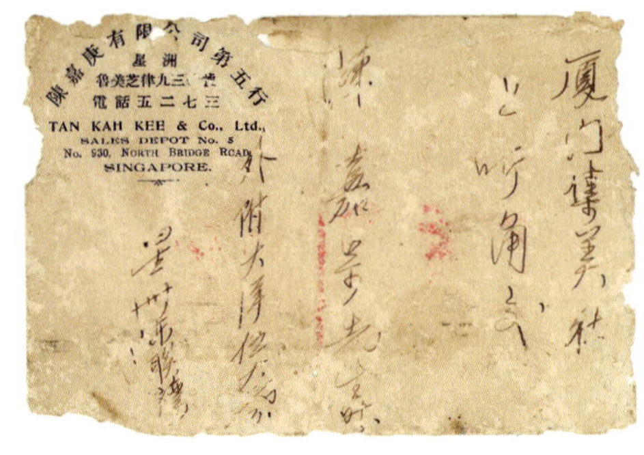

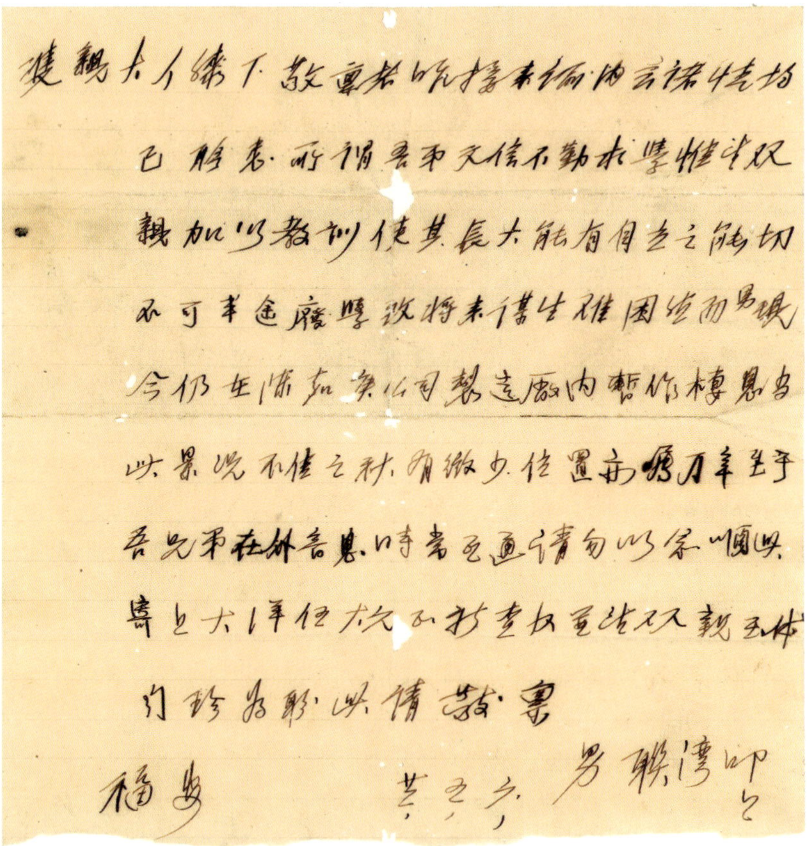

1933 年 5 月新加坡陈联湾寄给厦门集美社陈嘉宗的侨批，使用新加坡陈嘉庚有限公司第五行的信封。信封背面加盖“星洲大通汇兑银信局”印章。

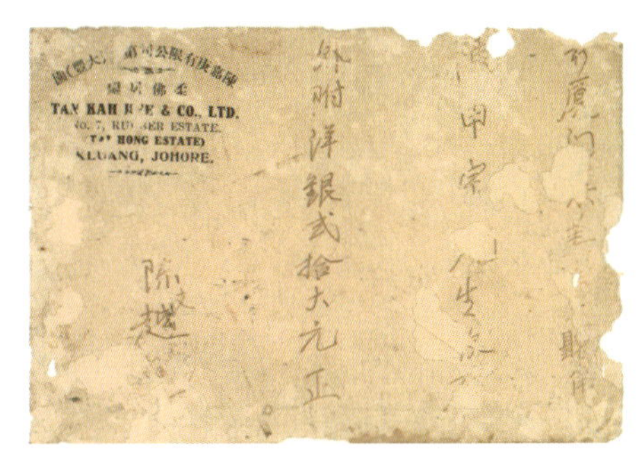

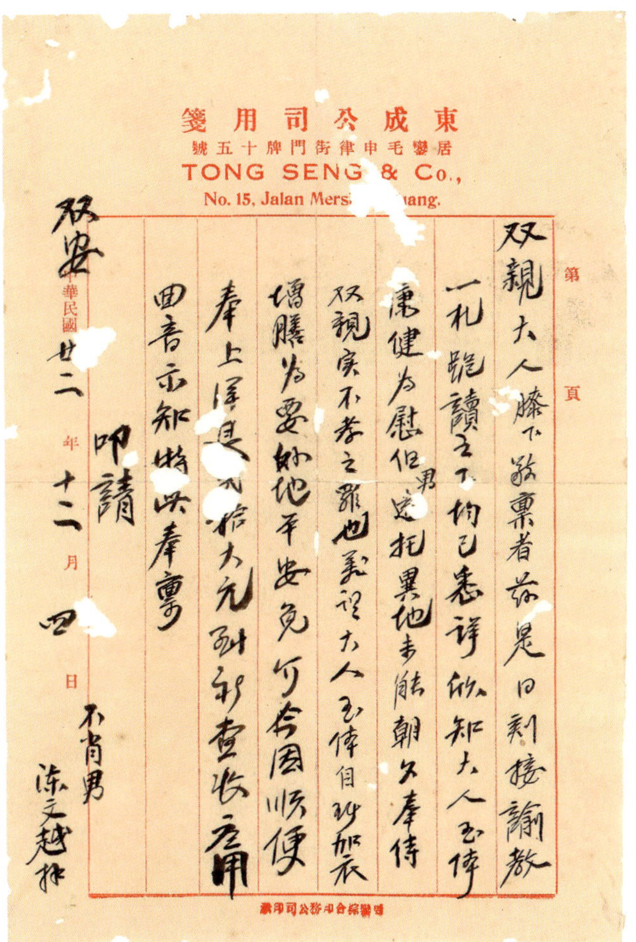

東成公司用箋
居鑾毛申律街門牌十五號
TONG SENG & Co.,
No. 15, Jalan Mers... ...uang.

第　頁

双親大人膝下敬禀者茲是日剌接諭教一札跪讀之下均已悉詳欣知大人玉体康健为慰但男遠托異地未能朝夕奉侍双親實不孝之罪也萬望大人玉体自珍加衣增膳为要俾他平安免介念因順便奉上洋銀貳拾大元到祈查收应用回音示知將此奉禀

叩請

双安

中華民國廿二年十二月四日

不肖男陳文越拜

1933年12月马来亚柔佛居銮陈文越寄给厦门集美社陈甲宗的侨批，使用陈嘉庚有限公司在柔佛居銮的第柒(大丰)园的信封，信封背面印有陈嘉庚公司的“钟标”图案。

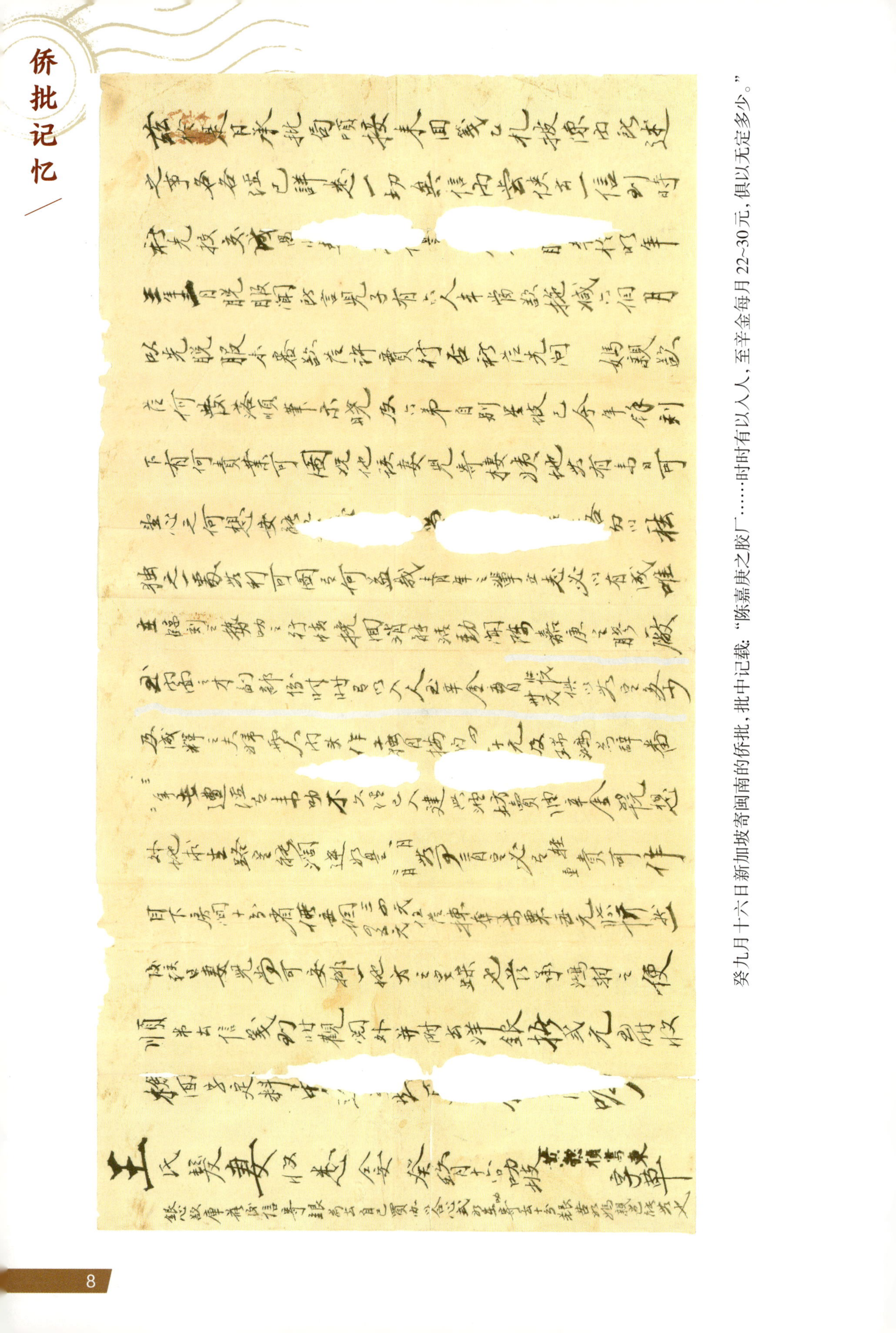

癸九月十六日新加坡寄闽南的侨批，批中记载："陈嘉庚之胶厂……时时有以人人，至辛金每月22~30元，俱以无定多少。"

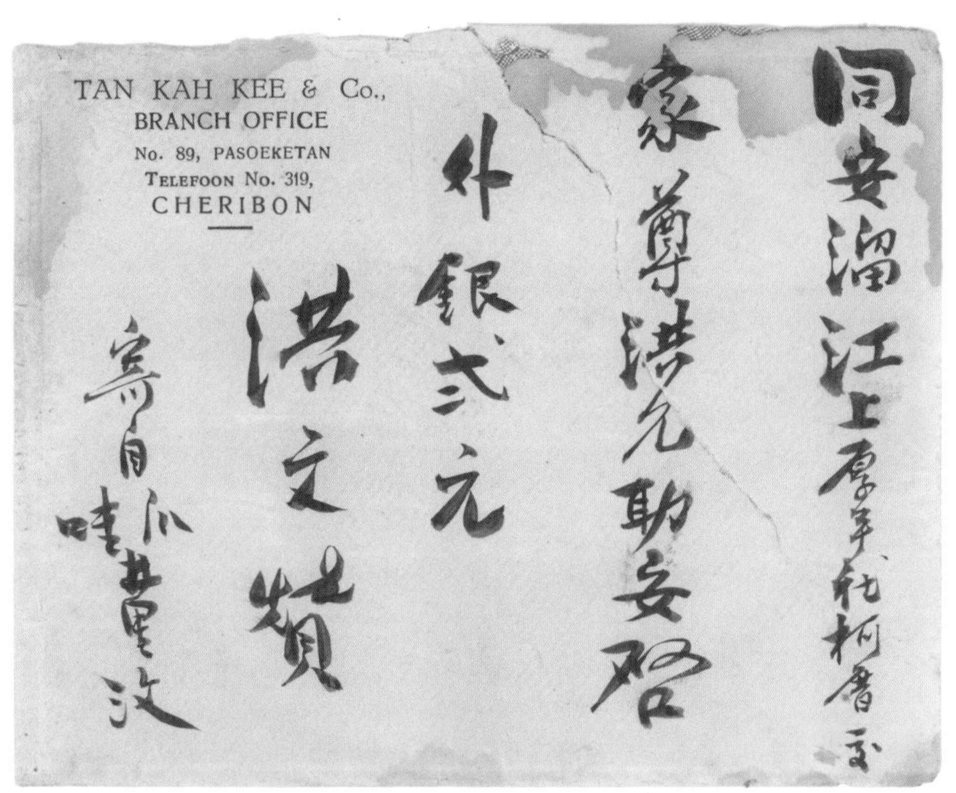

TAN KAH KEE & Co.,
BRANCH OFFICE
No. 89, PASOEKETAN
TELEFOON No. 319,
CHERIBON

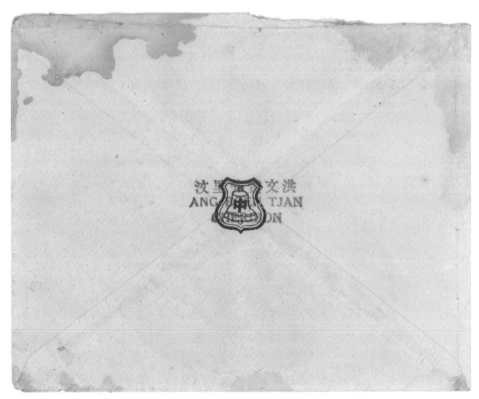

荷属井里汶寄同安溜江的侨批，使用“陈嘉庚公司井里汶分行”印制的信封（外文），信封背面印有陈嘉庚公司钟标图案。

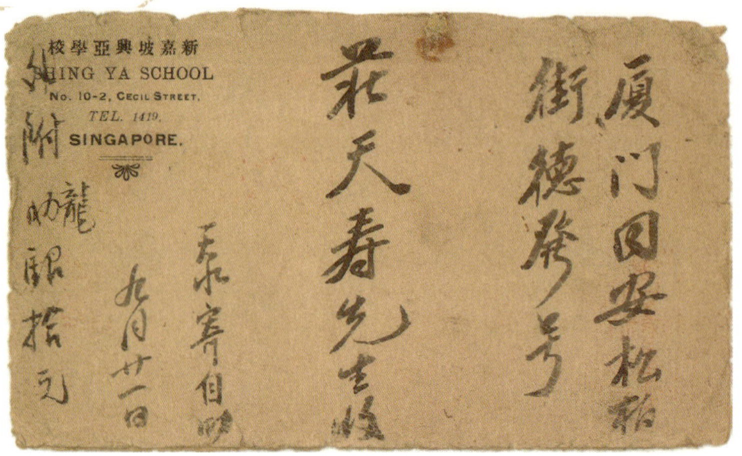
新嘉坡興亞學校
SHING YA SCHOOL
No. 10-2, CECIL STREET.
TEL. 1419.
SINGAPORE.

厦门同安松柏街德發号
莊天壽先生收
王来寄自叻
九月廿一日
外附龍助銀拾元

TAN KAH KEE & Co., No. 2 SAM MILL
No. 29, KALLANG ROAD,
SINGAPORE.

陳嘉庚公司第弍火鋸用箋
加冷律門牌弍拾玖號
新嘉坡

信列第　號第　一　頁

母親大人膝下敬稟者兒今來叻蓋為將
來計而家境目下受困並非適逢于外
求
大人諒之察之不清實心叻地生活程度
甚高自六月至今每月利二十餘元除製粗
衣褲絕無非法之用所餘絕職故不能照
寄以助家費拖歉之之茲因有餘剩落
利特滙拾元以資應用此後當付較多
蓋兒此次來叻盤費而萬廣兄借一方面擬而
清还款項[illegible]
大人撥出弍元為　媽母零用至於家中
諸兄平安慶元兄請代問安不知其何數

中華民國　年　月　日

星洲南洋商報承印

新加坡寄厦门同安松柏街庄天寿的侨批，使用“陈嘉庚公司第式火锯用笺”。

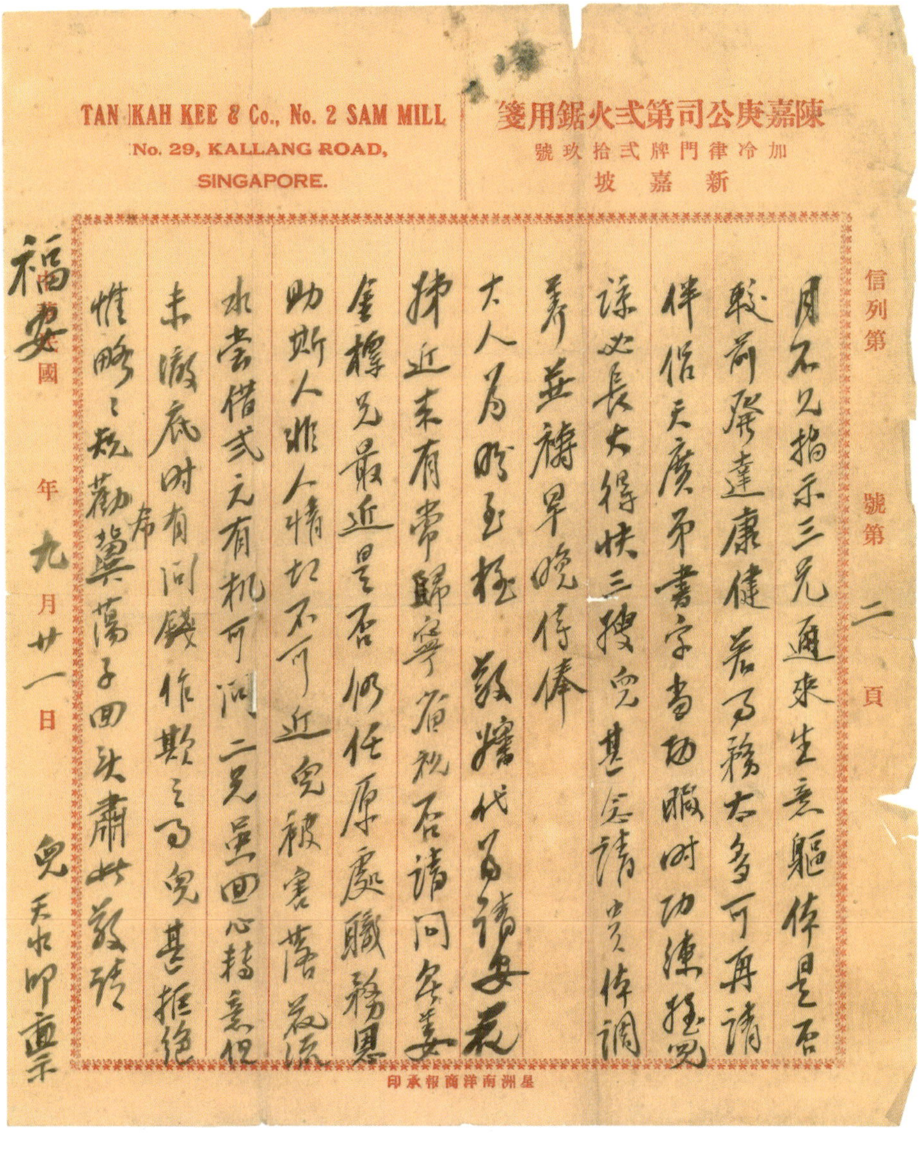

侨批中的陈嘉庚公司封笺

TAN KAH KEE & Co., No. 2 SAM MILL
No. 29, KALLANG ROAD,
SINGAPORE.

陳嘉庚公司第式火鋸用箋
加冷律門牌式拾玖號
新嘉坡

信列第　號第　二　頁

民國　年　九　月　廿一　日

星洲南洋商報承印

【信文】

母亲大人膝下：

敬禀者，儿今来此，盖为将来计与家境目下受困，并非逍遥在外，求大人谅之、察之，又请宽心。此地生活程度甚高，自六月至今，虽入利六十余元，除制粗衣裤，绝无非法之用，所余无几，故不能照寄以助家费，抱歉！抱歉！兹因有余剩薄利，特汇拾元，以资应用，此后当付较多。盖此次来叻，盘费与蔫广兄借，一方面拟而清还。款到时，乞大人拨出弍元为赐母零用，至切。家中谅各平安。庆元兄请代问安，不知如何？数月不见指示。三兄迩来生意、躯体是否较前发达康健？若事务太多，可再请伴侣。天广弟书字当暇时功练。侄儿谅必长大得快。三嫂，儿甚念，请贵体调养，并祷早晚侍俸（奉）大人为盼至极，教婶代为请安。花姊近来有常归宁省视否？请问候姜金标兄最近是否仍任原处职务？恩助斯人，非人情切不可。近儿被害落花流水，尝借弍元，有机可问。二兄虽回心转意，但未彻底，时有问钱作欺之事，儿甚拒绝，惟略略规劝，希冀荡子回头。肃此敬请

福安！

儿　天水　叩禀

九月廿一日

侨批中的家国情怀

侨批中蕴含的家国情怀，最浓烈的是爱国主义精神。尤其是经历了背井离乡、骨肉分离之后，当民族遇到危难之时，海外侨胞激发出的救亡图存、反抗侵略、振兴中华、富强国家的澎湃精神动能，跃然纸上。

近代以来，苦难深重的中华民族，屡遭外族入侵，历经风雨，饱受磨难。福建、广东沿海部分同胞因国内局势动荡、生计无着，移民东南亚等地。侨批伴随着华人华侨走过风雨沧桑，近现代的重大事件，几乎都可以在侨批中找到相关的记载。海外华侨华人虽然远离故土，但心系祖国，对祖地的政治、经济、军事、外交等大事十分关注。无论是辛亥革命、抗日战争，还是新中国成立等等，侨胞都以极大的热情予以关注、关心，侨批是最好的史料例证。这些鲜活的史料，以其独特的海外个人视角，为我们研究近现代史提供崭新的角度和更大的认知空间。

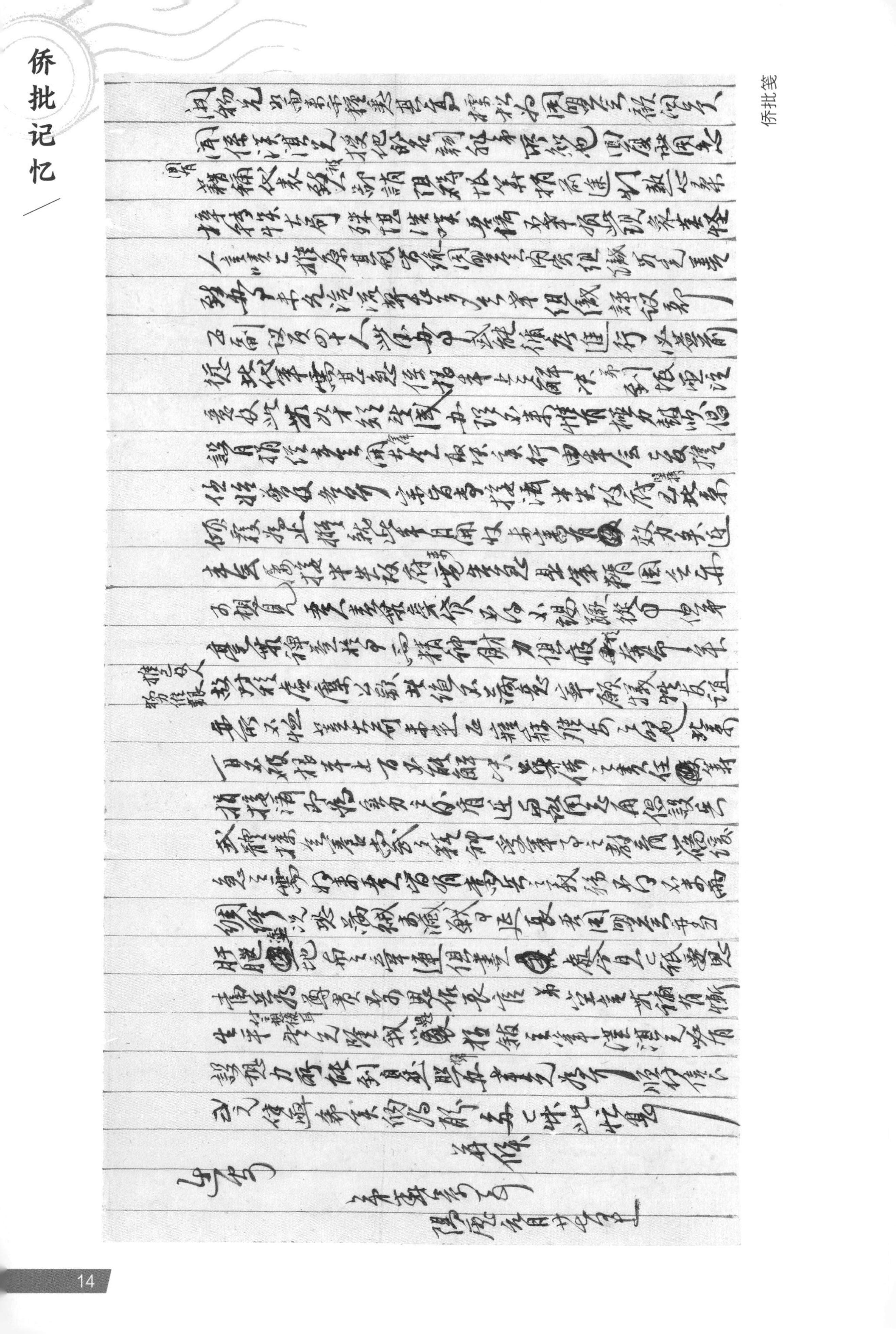

侨批笺

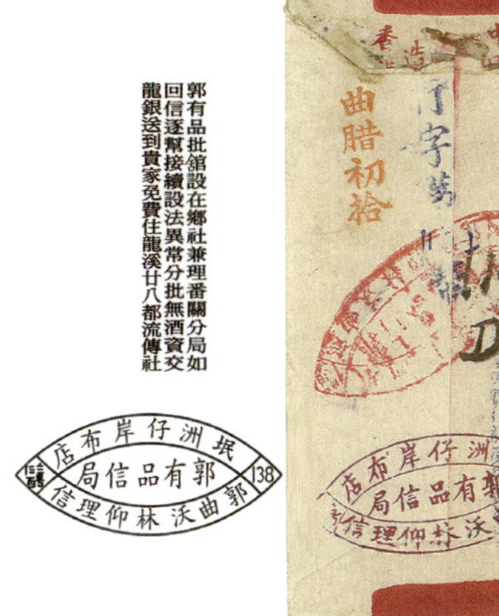

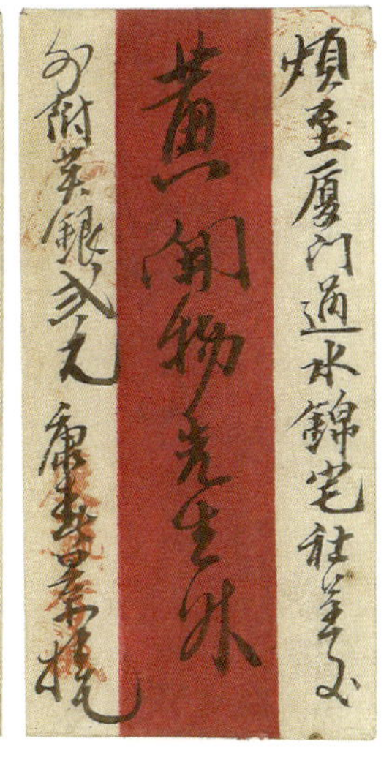

1912年1月27日菲律宾马尼拉康春景寄锦宅黄开物的侨批，讲述菲律宾同盟会参与辛亥革命的事迹，表达“肝脑涂地，与之牵连俱尽”的决绝之心。

【信文】

开物兄如面：

来示获悉，其高标松为同盟会顾问之人，闻系汉淇兄授他的名词，非弟所知也。回厦诸同志间有借称代表致被人鄙诮，阻碍岷筹捐前途，欲热心桑梓转误大局，殊堪浩叹。吾侨不幸有此现象，莫怪人言啧啧，推原其故，皆缘同盟会内容组织无完善，致办事未合洽，流弊甚多。今幸组织评议部正副议员四十人，此后办事或能循序进行，必益前愆。此代军需甚急，系根本上之解决。弟到岷亟注意及此，无如才短望浅，办理不来，惟有极力鼓吹，倡设月捐。经本会开全体大会取决实行，由本会会友担任，始普及各界，宗旨专接济中央政府坚持至北京倾覆为止。拟就此本月开收，未审有效力矣。近本会屡接中央政府来电告急，是军糈困乏，亦可想见，吾人责无旁贷，不得不竭蹶从事。但弟毫无裨益于事，而精神财力俱疲于奔命矣，推己及人，物力维艰。故对于虚縻公款者，绝不满意，宁愿牺牲友谊，亦所不恤。盖大局未定，正寤寐难安之时也。北京一日不破，根本上一日不能解决华侨之责任，筹捐接济，即为实力之后盾。近与诸同志再倡设兵式体操会，养尚武之精神，受军事之教育，以备缓急之需，将来吾人皆有当兵之义务，不得不未雨绸缪，况恐满贼未灭，战事延长，吾同盟会亦当肝脑涂地，与之牵连俱尽。处今日，人人只要思当兵为尊贵，不可思作长官。弟空言无补，有惭生平，付之想象耳，望兄鉴我以愚。报馆主笔汉淇兄必有设想，力所能到，自然照帮办，幸免为介。顺付信银式元伴函，希笑纳为盼，匆匆草此，忙甚，并候

近安！

弟 春景 顿首

阳历元月廿七日上

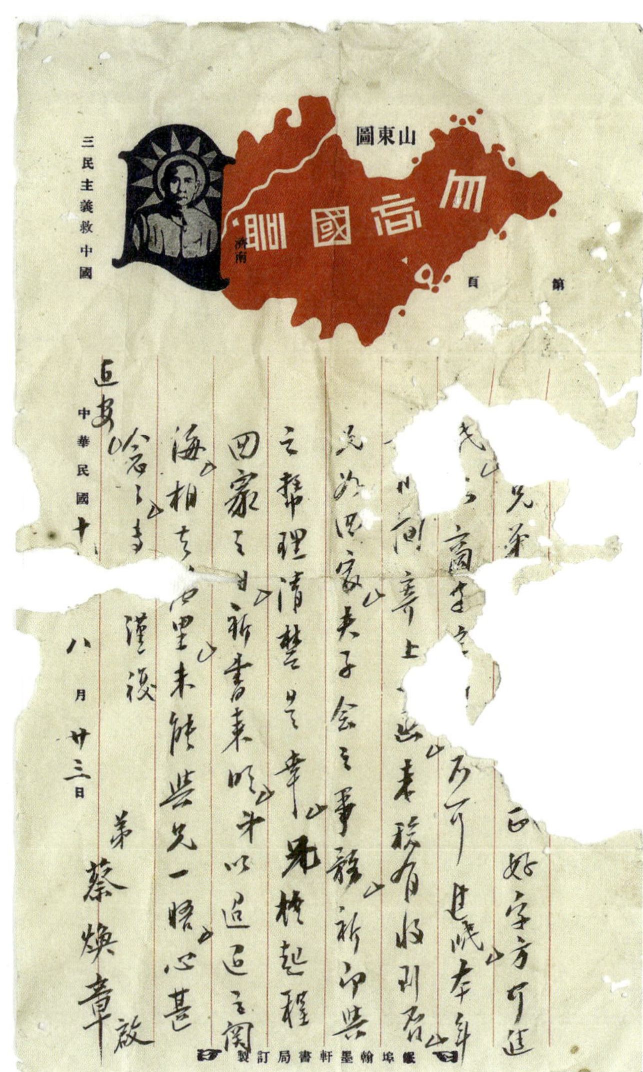

1929 年 8 月 23 日菲律宾马尼拉寄晋江的侨批，使用“勿忘国耻”笺。

“勿忘国耻”笺是 1928 年“五三济南惨案”之后由菲律宾马尼拉端文斋印制的。信笺的上部是“山东图”（红色部分）及孙中山像，图中印有“勿忘国耻”4 个字。菲律宾华侨印制并使用此类信笺，意在时刻提醒国人勿忘国耻，警钟长鸣，展现了海外赤子的爱国之心。

济南惨案发生在北伐后期。1928 年 4 月，国民革命军北进。为阻止英、美势力向北发展，5 月 3 日，日本侵略者在山东省济南向国民革命军发动进攻。由于蒋介石一味妥协退让并下达不抵抗命令，大量中国军民遭到屠杀。这次惨案，日军杀死 1 万余名中国人，中国政府所派交涉人员也被残忍杀害，激起全中国人民的极大愤慨。著名爱国侨领陈嘉庚挺身而出，发起并组织了新加坡山东惨祸筹赈会，义无反顾地领导华侨社会开展轰轰烈烈的抗日救亡运动。菲律宾华侨印制此信笺，也是海外华侨控诉日本侵略者罪行的一种宣传方式。

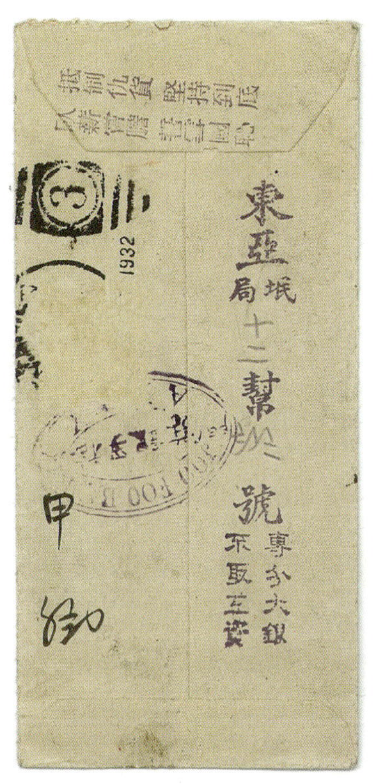

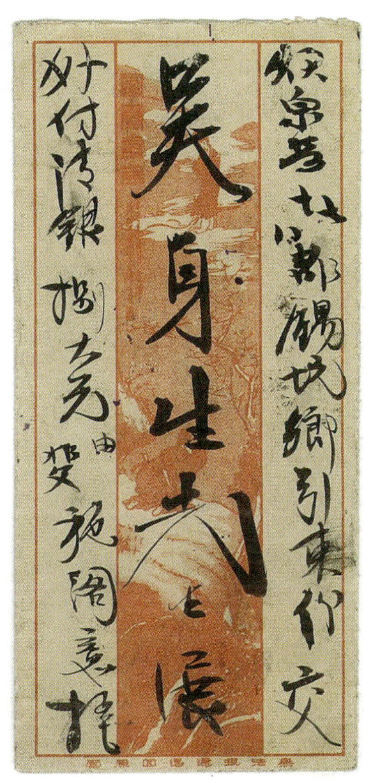

1932年菲马尼拉施阁意寄泉晋十七八都锡坑乡批封，加盖“抵制仇货，坚持到底；卧薪尝胆，誓雪国耻”章。

从1928年“五三济南惨案”到1931年“九一八事变”，日本的侵略罪行激起了海内外中华儿女的愤怒。海外华侨掀起了一浪高过一浪的抵制日货的反日浪潮。在菲律宾侨批封上，盖有各种样式的“抵制仇货”宣传章，号召国人立下卧薪尝胆的决心，立志抗击侵略者，收复国土，以雪国耻。这充分体现出海外华侨强烈的民族意识与民族精神。

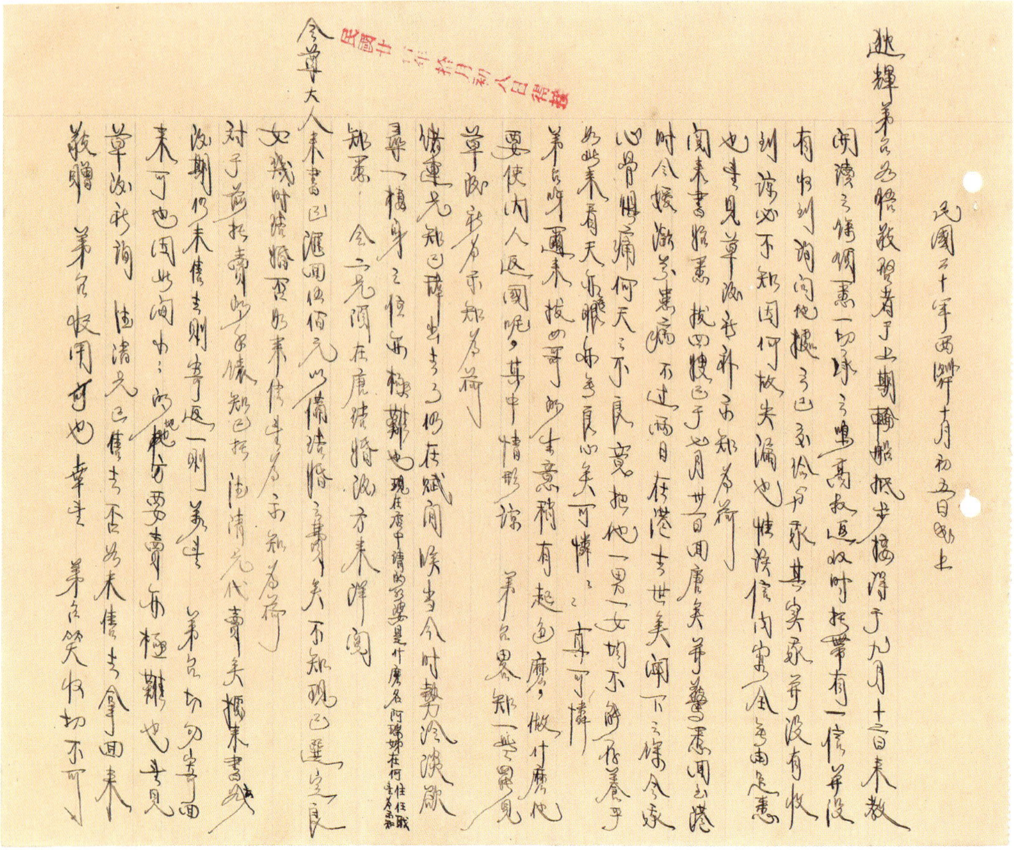

1931 年“九一八事变”之后，印尼某地岳生寄印尼望加锡逖辉的侨批，誓言：“如我国决定与日本死战，我则决意返国从军，以尽一国民之职也。”

侨批笺

【信文】

逖辉弟台如晤：

敬启者，于上期轮船抵步（埠），接得于九月十二日来教，开读之余，颂悉一切……令尊大人来书，已汇回伍佰元，以备结婚之费矣……阅报章始悉：山东省于九月二十日被日本窃占，我军死力拒抗，卒不能敌，我军阵亡六百人，被掳千人之多。现在山东省已被占去了，谅必我军亦必竭心死力恢复也。锡江（印尼望加锡）消息灵通，谅各事颇悉。不知已决定几时与日本对战也？如对战，锡江同胞有抱返国尽国民一份职否？望一一详述知为荷。我的志已坚决，如我国决定与日本死战，我则决意返国从军，以尽一国民之职也。格言曰："国已亡，家又安者？"万望同胞同结一制外侮，以振强国，取消一概不平等条约，此为我等最深望者也。……如蒙不弃，如有暇时，万望多示佳音，是为至盼，专此，余事后叙，并候

近佳！

兄 岳生 手启

民国二十年西 1931 年十月初五日顿上

Lam Tong Company
No. 443, Nueva Street (BDO) Manila, P.I.
P. O. Box 89 Tel. No. 25319.

南通公司用箋

中華民國 年 月 日

南通公司

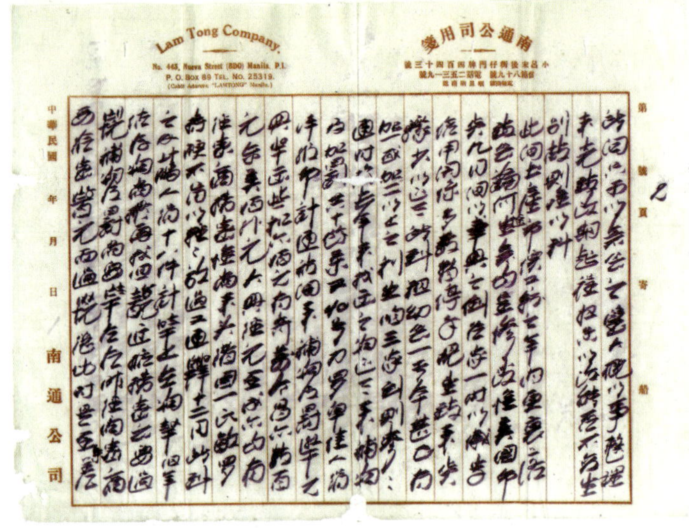

Lam Tong Company
No. 443, Nueva Street (BDO) Manila, P.I.
P. O. Box 89 Tel. No. 25319.

南通公司用箋

中華民國 年 月 日

南通公司

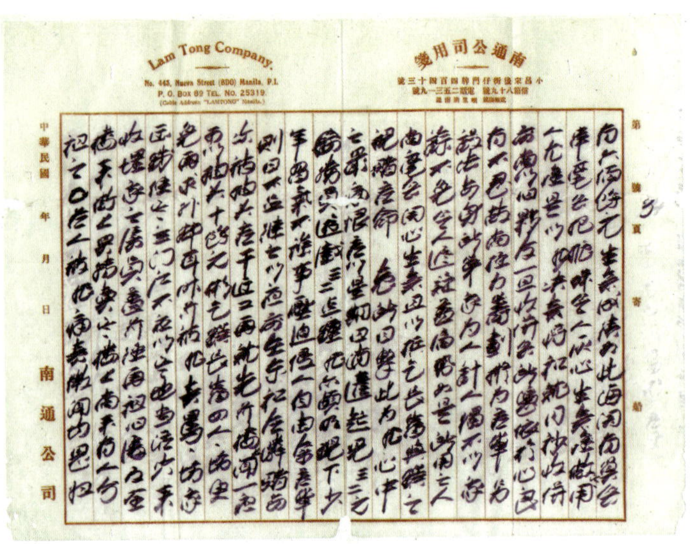

Lam Tong Company
No. 443, Nueva Street (BDO) Manila, P.I.
P. O. Box 89 Tel. No. 25319.

南通公司用箋

中華民國 年 月 日

南通公司

1932年2月11日菲马尼拉寄永春的侨批，讲述十九路军“淞沪抗战”的情况，愤慨之情溢于言表。

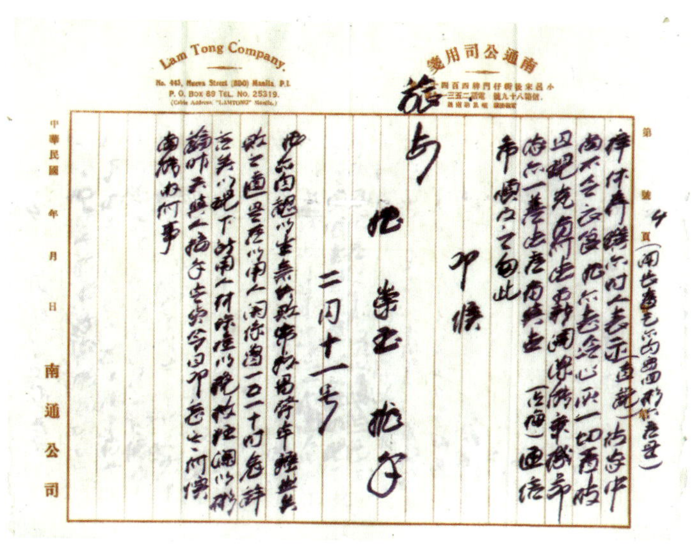

侨批笺

【信文】

世源叔台惠鉴：

约旬日前曾复寸楮，度早投座左。东三省被暴日占据，国民正在力图收复，敌倭贼又更进一步工□侵夺上海，幸沪上驻十九路军不敢效东省当局之无耻，出死力与之抵抗，以此间十余天来之所传□□，我军均占胜利。第暴日为保全面子计，现增兵不已，且军火□自然是胜于我，深恐吴淞涂以火守，万一吴淞一失，则军心尤较虚□，列强不过亦有声无影。而英法工处处表现袒倭贼，日军则□□退守租界，华人空手亦不许入，公理何在？驻沪英司令且提议，令华军退出吴淞闸北，试问□此属何人之地？现又尚属我军之手，□□论尚总□□，我国贵在延长，彼倭贼则利急战，盖彼内部因经济困难，□呈纷乱状态。据数天前此间报纸查传：神户长崎□有兵变（闹□），又云，来往电及信件亦有检查，察东方来电□是兵情，因去电所经非所问，只可以无会之，□大概以事整理，□□致改期起程归香，以后能否不另生别故，则难以料。……

侄崇玉握手

二月十一号

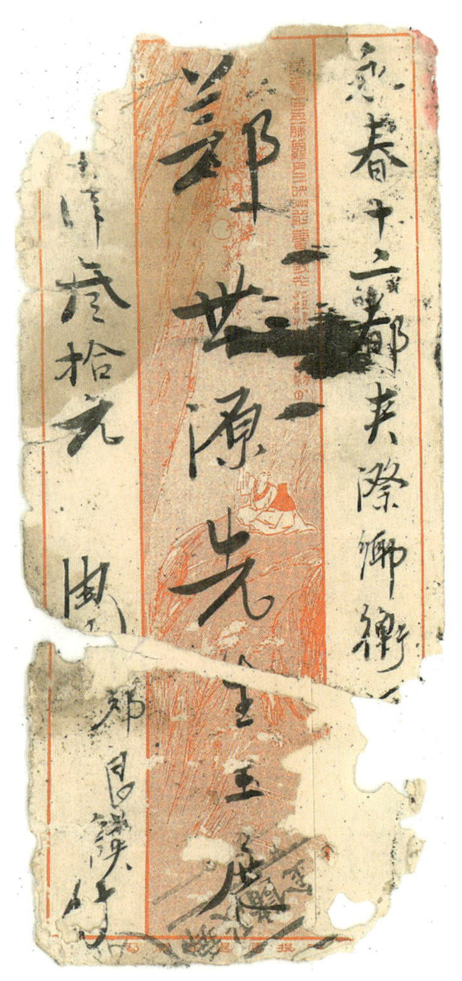

侨批封

蔡廷锴，1930年任第十九路军军长、副总指挥。1932年在“一·二八”淞沪抗战期间，他率部与日军展开激烈的战斗，打死打伤敌军万余人，迫使日军四易主将，挫败了侵华日军的嚣张气焰，鼓舞了全国人民的抗日斗志，赢得了国人特别是海外侨胞的赞誉。为了宣传与弘扬蔡廷锴拼死抗敌的英勇精神，激励海内外中华儿女齐心协力抵抗日本侵略者的爱国热情，一些海外文印机构印制了“救国英雄蔡廷锴军长近像”的信笺（见下页），供广大侨胞书写侨批时使用。

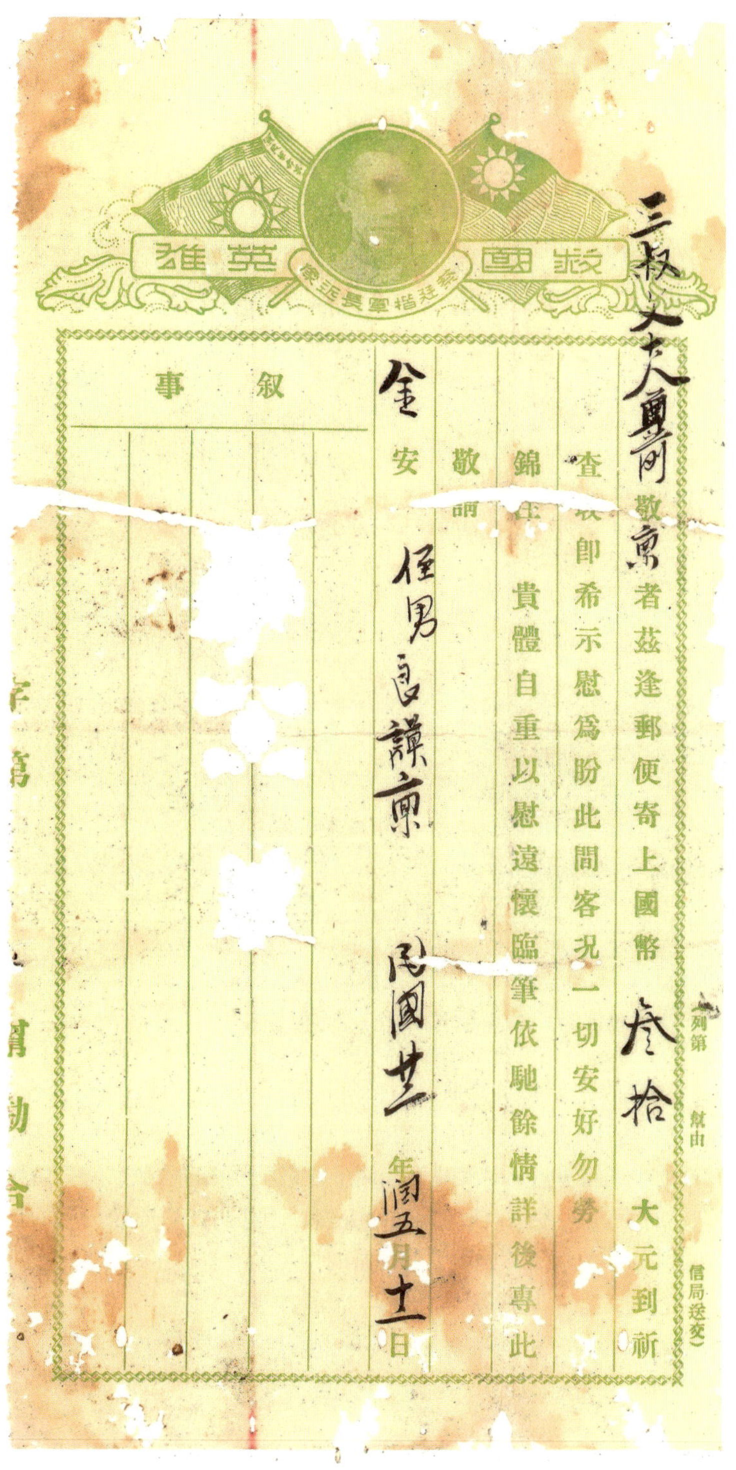
救國英雄
蔡廷鍇軍長近像

三叔丈大人尊前

敬稟者茲逢郵便寄上國幣叁拾大元到祈
查收即希示慰為盼此間客況一切安好勿勞
錦注貴體自重以慰遠懷臨筆依馳餘情詳後專此
敬請
金安
侄男良謙稟
民國廿二年閏五月十一日

敘事

1933 年 7 月 3 日菲马尼拉寄永春十二都夹漈乡的侨批，使用“救国英雄蔡廷锴军长近像”信笺。

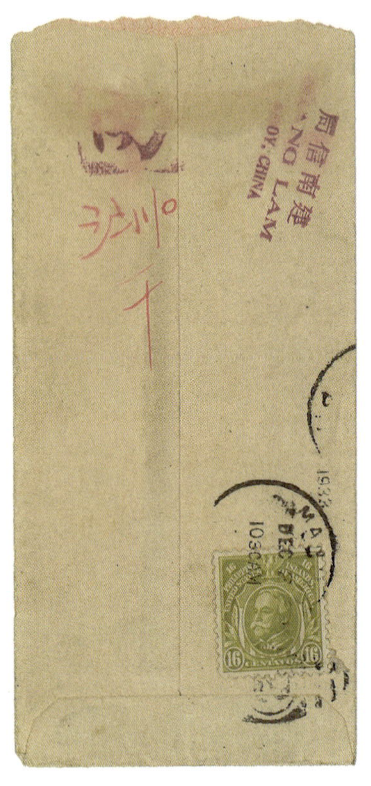

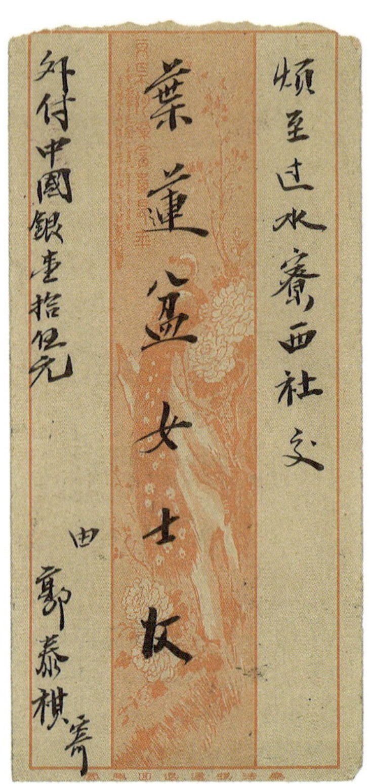

1933 年 12 月菲律宾马尼拉寄过水的侨批，关注“十九路军与红军联合，一致反对国府，组织新政府”之事。

国民革命军第十九路军总指挥蒋光鼐、军长蔡廷锴在“一·二八”淞沪抗战中，英勇善战，重创侵华日军，却遭到蒋介石的训斥，南京政府还与日寇签订了《淞沪停战协定》。蒋介石对“违令”抗日的十九路军进行“整肃”，调十九路军到福建“剿共”打内战。蒋光鼐、蔡廷锴等人主张坚决抗战，反对南京政府的不抵抗政策，不愿与红军作战。1933 年 10 月 26 日，十九路军派代表与中共领导的中华苏维埃共和国临时中央政府签订了《反日反蒋的初步协定》。1933 年 11 月 20 日，蒋光鼐、蔡廷锴等人发动了“福建事变”，成立了中华共和国人民政府。这一行动在当时影响巨大，受到国内民众和海外华侨的拥护，同时也遭到蒋介石政府的舆论攻击和军事镇压。1934 年 1 月 21 日，“福建事变”终告失败。

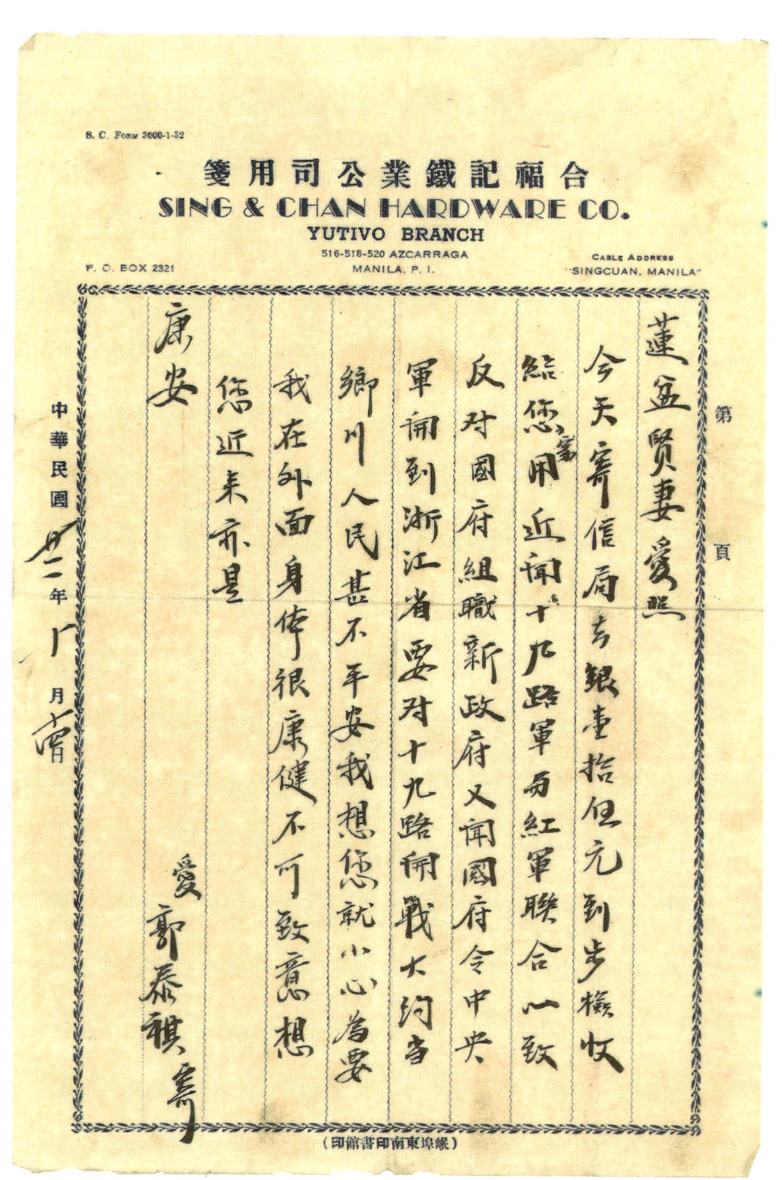

S. C. Form 3000-1-32

合福記鐵業公司用箋

SING & CHAN HARDWARE CO.

YUTIVO BRANCH

516-518-520 AZCARRAGA
MANILA, P. I.

P. O. BOX 2321

CABLE ADDRESS
"SINGCUAN, MANILA"

第　頁

蓮盆賢妻愛照
今天寄信局去銀壹拾伍元到步檢收
給您家用近聞十九路軍與紅軍聯合一致
反对國府組織新政府又聞國府令中央
軍開到浙江省要对十九路開戰大約当
鄉川人民甚不平安我想您就小心為要
我在外面身体很康健不可致意想
您近來亦是
康安
愛郭泰祺寄

中華民國廿二年十月十四日

(紙埠東南印書館印)

侨批笺

【信文】

莲盆贤妻爱照：

今天寄信局去银壹拾伍元，到步检收，给您家用。近闻十九路军与红军联合，一致反对国府，组织新政府。又闻国府令中央军开到浙江省，要对十九路开战，大约当乡川人民甚不平安，我想您就小心为要。我在外面身体很康健，不可致意，想您近来亦是。

康安！

爱 郭泰祺 寄

中华民国廿二年十月十四日

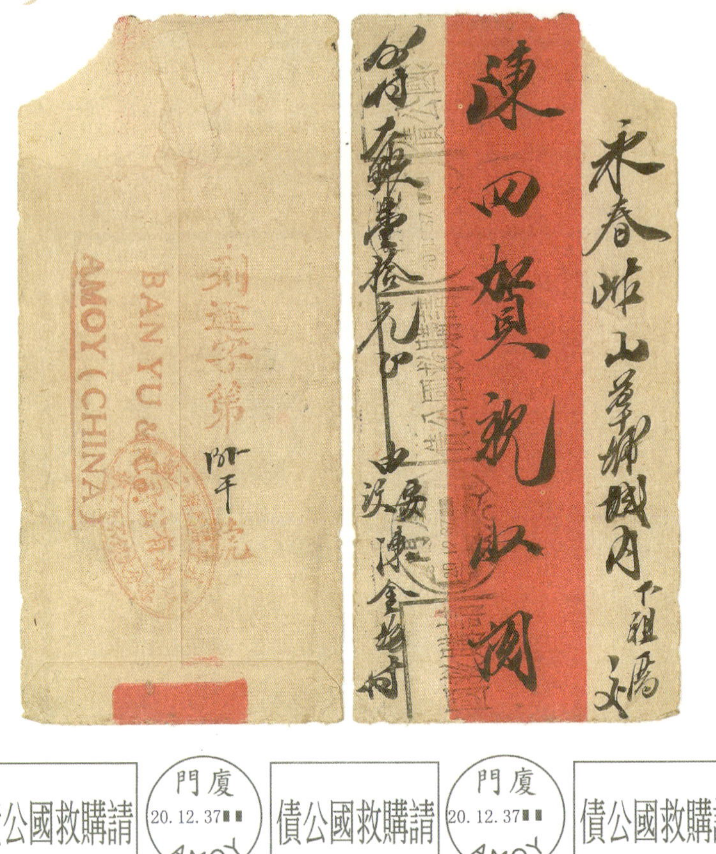

1937 年 12 月 1 日印尼安汶寄永春的侨批，加盖“请购救国公债”宣传邮戳。

1937 年 7 月，日军全面侵华。为解决财政困难问题，补充军费，1937 年 9 月 1 日，中国政府在国内和海外华侨中开始公开发行“救国公债”。华侨一向具有爱国之心，知道祖国正在抗战，经济困难，无不积极购买。为了向收侨批的侨眷宣传购买救国公债，在公债发行期间，邮政局在接收海外侨批后，会在侨批封上加盖“请购救国公债”的宣传日戳，提示侨眷购买。

整个抗战期间，国民政府发行 6 期“救国公债”，总额约达 30 亿元。第一期救国公债 5 亿元，分配马来亚认购 4000 万元。陈嘉庚专门召集劝募公债侨民大会，宣传购买公债的重大意义，动员华侨积极认购，他本人带头购债 10 万元。至年终，陈嘉庚募集了 1500 余万元。

据国民政府财政部统计，海外侨胞积极认购公债 11 亿余元，超过战时发行公债总额的三分之一。这些公债战后没有偿还，实际上与捐款无异。

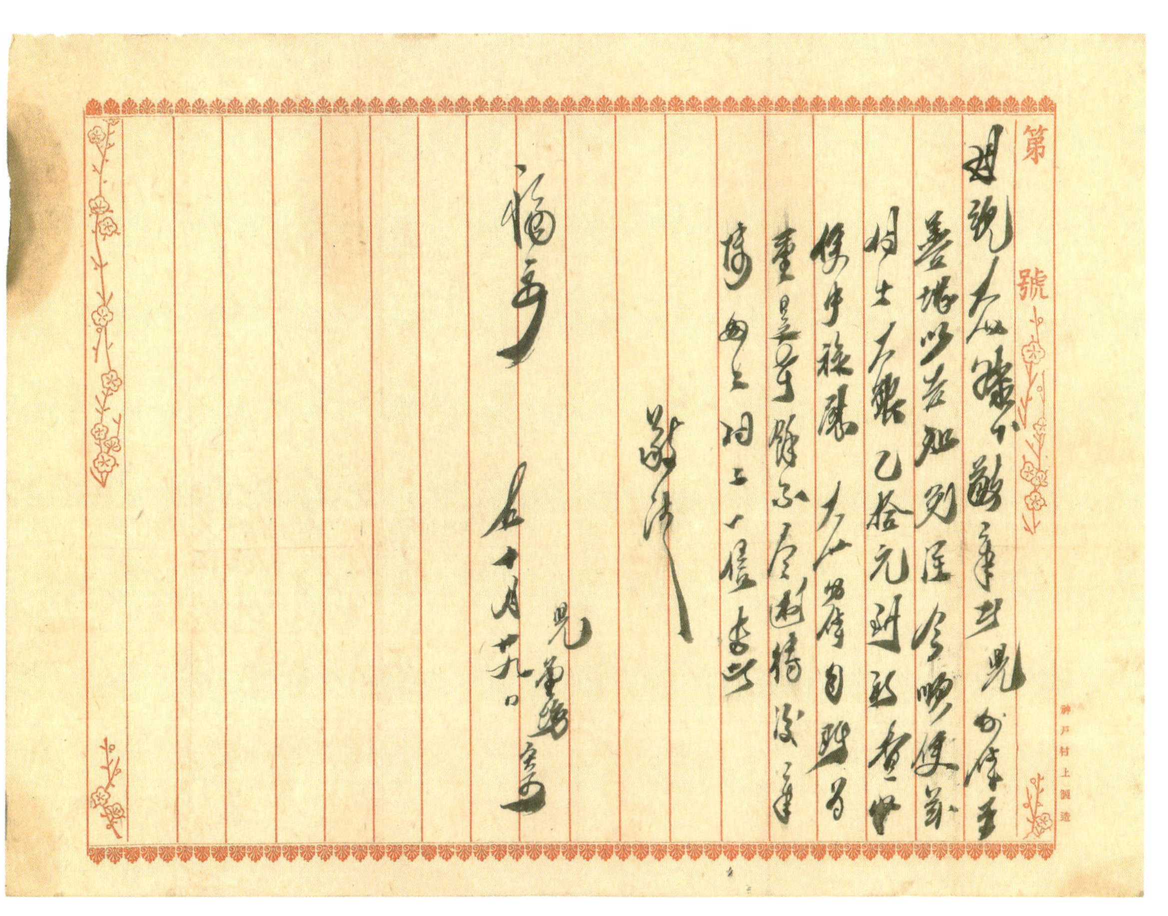

侨批笺

【信文】

母亲大人膝下：

敬奉者，儿外体平善，堪以告知，免注。今顺便兹付上大银乙拾元，到祈查收，便中旋慰。大人身体自珍为重是幸，余不尽述，待后奉陈，匆匆付上一信，专此敬请

福安！

儿 金场

古十月廿九日（1937 年 12 月 1 日）寄

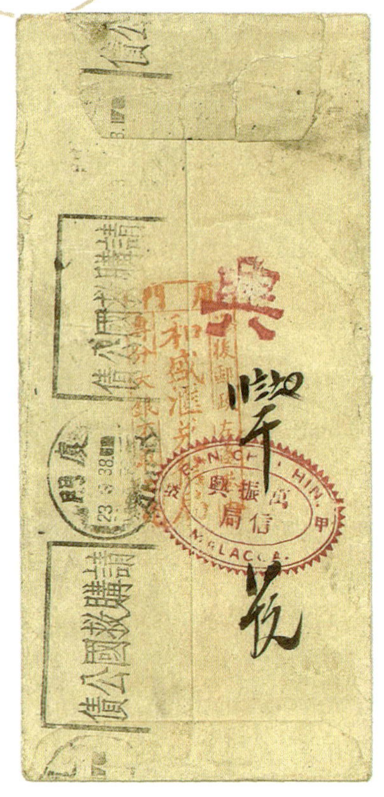

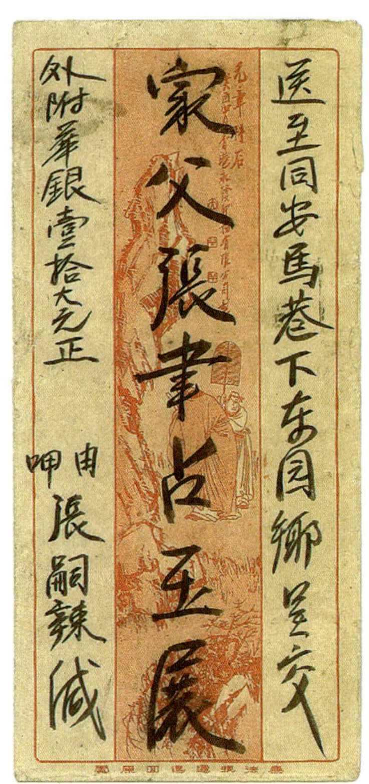

1938 年 8 月马来亚马六甲寄同安马巷的侨批，厦门邮局刻制“请购救国公债”邮政日戳，并在侨批封上加盖，通过邮政渠道广泛开展宣传，鼓励侨眷购买救国公债。

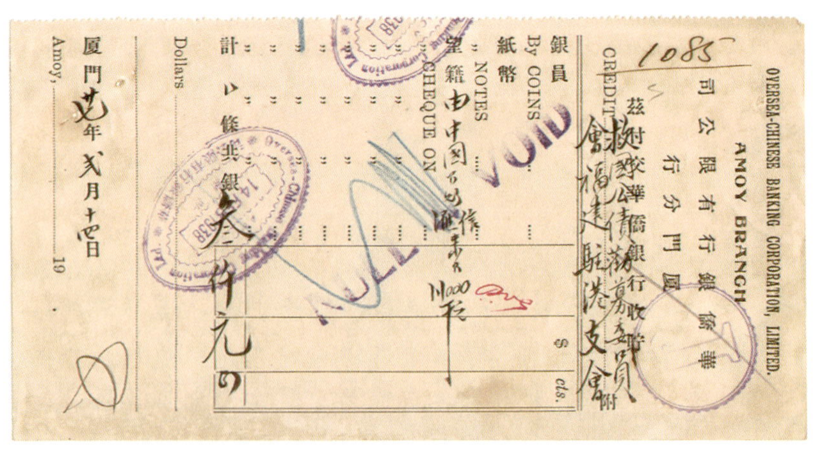
OVERSEA-CHINESE BANKING CORPORATION, LIMITED.

AMOY BRANCH

華僑銀行有限公司廈門分行

1085

茲收到

CREDIT

銀員 By COINS

紙幣 NOTES

單籍 CHEQUE ON

計 Dollars

$ cts.

廈門 Amoy, 19

1938 年 2 月，救国公债劝募委员会福建驻港支会在厦门华侨银行的账户收到 3000 元汇款的入账票据。

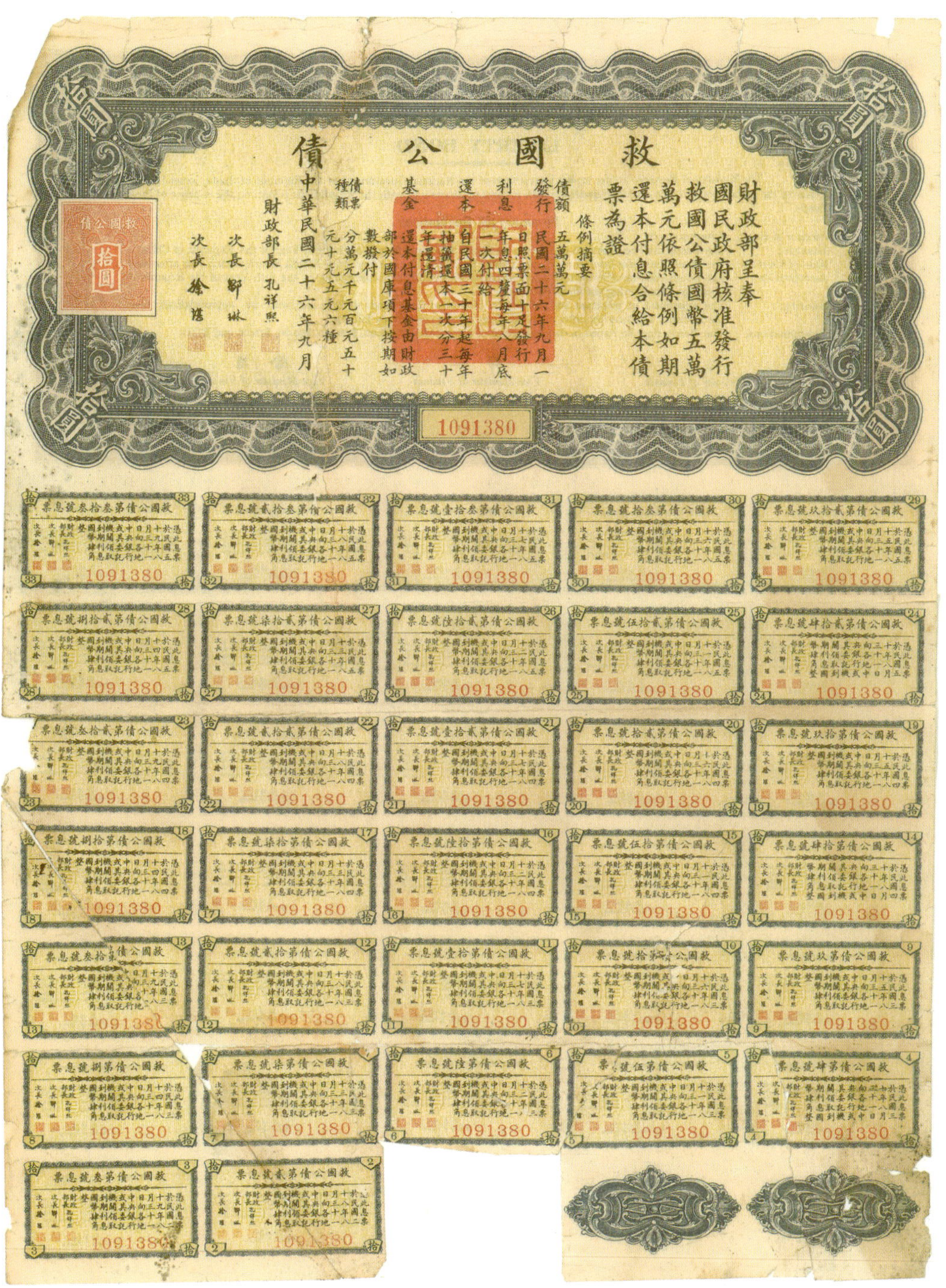

拾圓

救國公債

財政部呈奉國民政府核准發行救國公債國幣五萬萬元依照條例如期還本付息合給本債票為證

條例摘要

債額　五萬萬元

發行　民國二十六年九月一日照票面十足發行

利息　年息四釐每年八月底一次付給

還本　自民國三十年起每年抽籤還本一次分三十年還清

基金　還本付息基金由財政部於國庫項下按期如數撥付

債票種類　分萬元千元百元五十元十元五元六種

中華民國二十六年九月

財政部長　孔祥熙

次長　鄒琳

次長　徐堪

1091380

1937 年 9 月救国公债（10 元券）

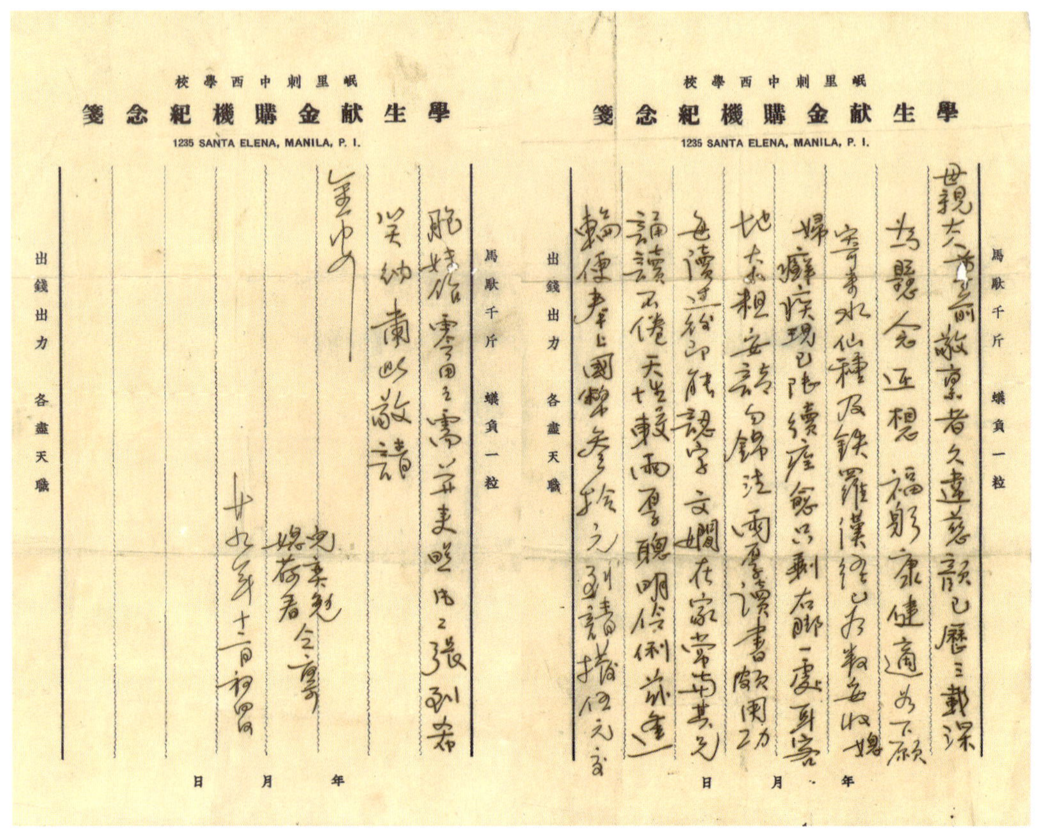

1940 年 12 月菲马尼拉寄石狮的侨批，使用“岷里剌中西学校学生献金购机纪念笺”，笺左右印有“马驮千斤，蚁负一粒，出钱出力，各尽天职”。

【信文】

母亲大人尊前：

敬禀者，久违慈颜已历三载，深为悬念，还想福躬康健，适如下愿。寄来水仙种及铁罗汉经已如数妥收，媳妇癣疾现已陆续痊愈，只剩右脚一处耳。客地大小粗安，请勿锦注。两厚读书颇用功，每读过后即能认字，文娴在家常与其兄诵读不倦，天性较两厚聪明伶俐。兹逢轮便，奉上国币叁拾元，到请拨伍元交胞妹作零用之需，并夹照片二张，到希笑纳。肃此敬请

金安！

儿 奕勉 媳 荷看 同禀

廿九年十二月初四日

“七七事变”后，夺取制空权的日军在中国大片国土上狂轰滥炸，给中国人民造成极其惨痛的人员伤亡和财产损失。由于中国空军及防空力量微弱，全球华侨发起购买飞机及防空装备的捐款。

1941 年是抗战最困难的时期，菲律宾华侨组织成立“中国航空建设协会岷里拉分会”，闽南侨胞入会 1 万多人，该会主席李清泉带头独捐战斗侦察机一架。当时，印尼华侨黄奕住客居菲律宾，被同胞们的爱国热情所感动，也独捐 5 万元。至 1941 年底，菲律宾各地侨胞共成立航空建设分会 35 处，认购“航空救国券”美金 100 万元，捐献购机款约合国币 300 万元，购买飞机 15 架，命名为“菲律宾华侨飞机队”。

从 1937 年至 1942 年，华侨共捐机 217 架，约占国内外捐机总数 1270 架的 17%。华侨捐献飞机，增强了中国空军的力量，削弱了日军的制空权。

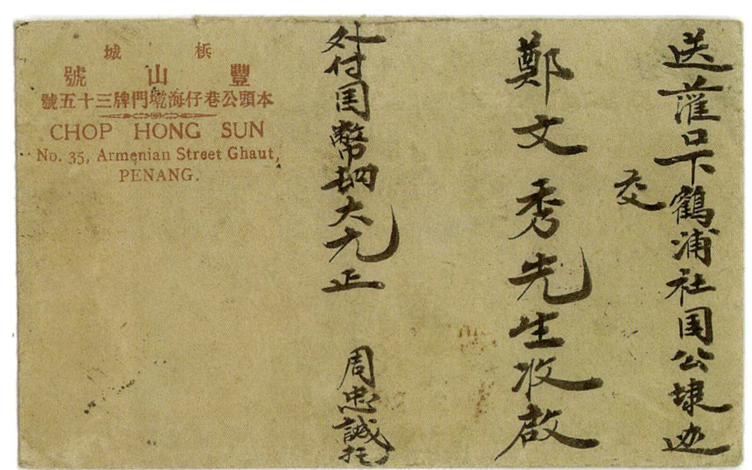

1940年9月马来亚槟城周忠诚寄同安灌口的侨批，使用“胜利笺：长期努力抗战，达到最后胜利”。

【信文】

耐翠胞姊青雅：

日前接来华笺一札，敬诵一切，意欲候土候复，奈因事务烦劳羁身，致以不如愿复慰，希乞原谅为是也。而阖家迪吉，诸事顺遂，甚然欣悦，不胜雀跃之至也。但不知来土盖印何如盖邦文如之印乎？弟疑惑异甚，乞道其祥（详）。对于姊从前寻日作客，双亲执意不肯，此亦莫话其怨乎？盖姊前时不念父母之情以及骨内（肉）之诸弟妹，致有今日如此。若其不然，焉能父子姊弟分离不能聚会？尽皆姊一人之错误吗？恳回忆思之，抑勿话弟之言为盼。惟弟有来居于南岛，受尽风波之苦，只因祖国纷乱及其权利之所迫，乃有来南。据今南洋一带度食甚然艰苦，而且逢遇欧战爆发，断绝交通线，使诸侨民受此之祸苦，仍无可设想，仅坐视待毙而已矣。因恐阻当（挡）不敢道其祥（详），略报其一而已。兹付国币壹拾元正，到可查收……

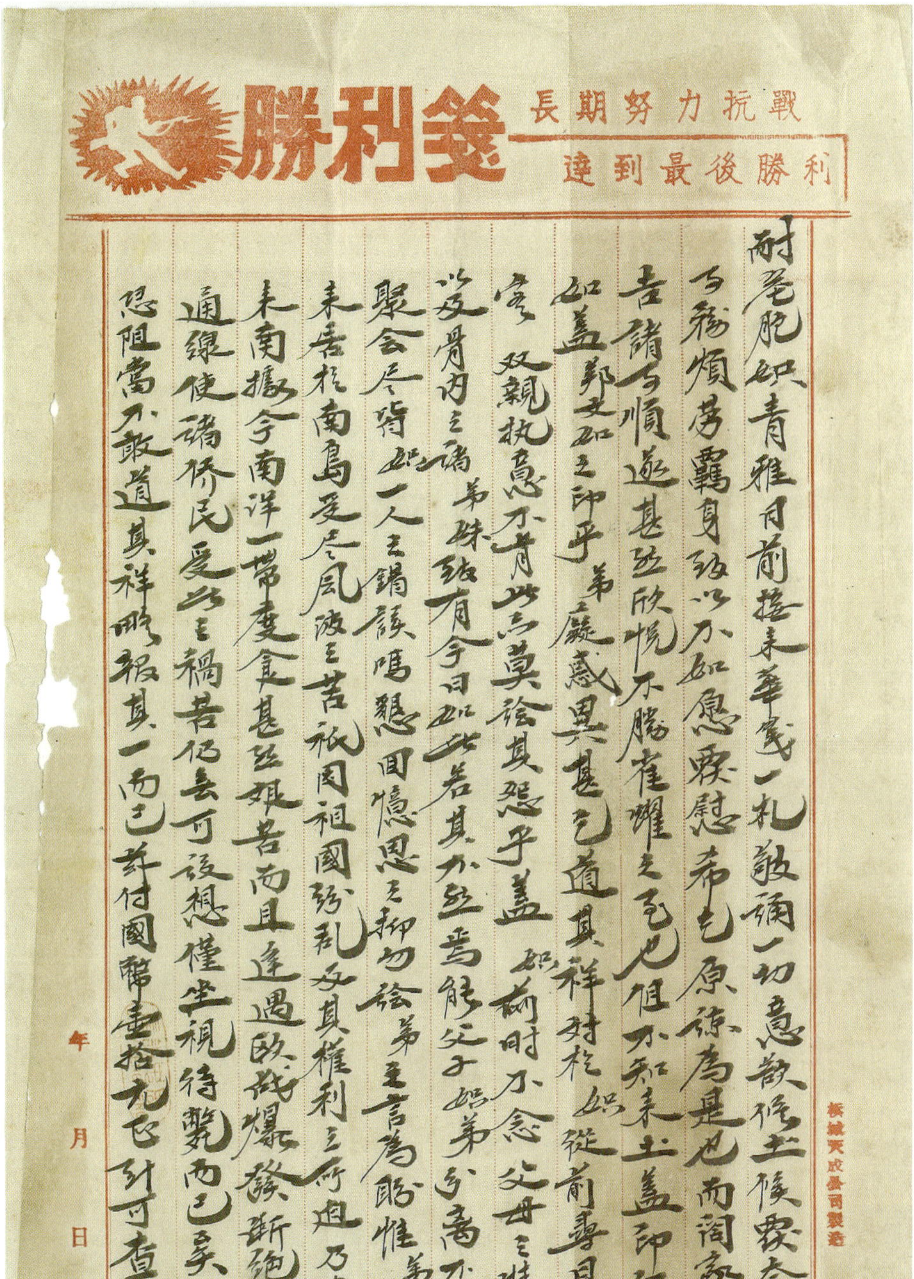

勝利箋

長期努力抗戰

達到最後勝利

耐范胞叔青雅：日前接来華箋一札，敬诵一切。意欲往土候叔，奈因弟為煩勞羈身，致以不知息叔，慰希乞原諒為是也。而闔家週吉，諸事順遂，甚堪欣悅，不勝雀躍之至也。但不知未土益印何如益，弟去如之印乎？弟疑惑異甚，乞道其祥。對於叔從前尋日作客，双親執意不肯，共之莫論其怨乎益。叔前时不念父母之情，以及骨肉之論，弟妹結有今日如此，若其不然，焉能父子叔弟分离不能聚会？尽皆叔一人之錯誤，嗚懇回憶恩之，抑勿論弟之言為贴。惟弟有未吾在南島受尽風波之苦，祇因祖國紛乱及其權利之所迫，乃有来南。據今南洋一带度食甚然艰苦，而且逢遇欧战爆發，断绝交通線，使諸僑民受此之禍，苦仍去可設想，惶坐視待斃而已矣。因恐阻當不敢道其祥，明報其一而已。并付國幣壹拾元正，到可查收。

年 月 日

檳城天成公司製造

“胜利笺”由槟榔屿天成公司制造，主题文字是“长期努力抗战，达到最后胜利”，左上角还印有一位持枪的抗日战士。寄批时间为1940年9月，距抗战胜利还有五年。即使在战事最艰苦的日子里，华侨仍抱持“抗战必胜”的信念。

1942 年 12 月 28 日菲律宾马尼拉寄晋江潘厝乡的"平安明信片"（美属菲律宾时期印制），加盖日本军邮政检查章"比岛宪兵队 检阅济"，见证了日本占领当局控制菲律宾邮政系统的侵略行为。

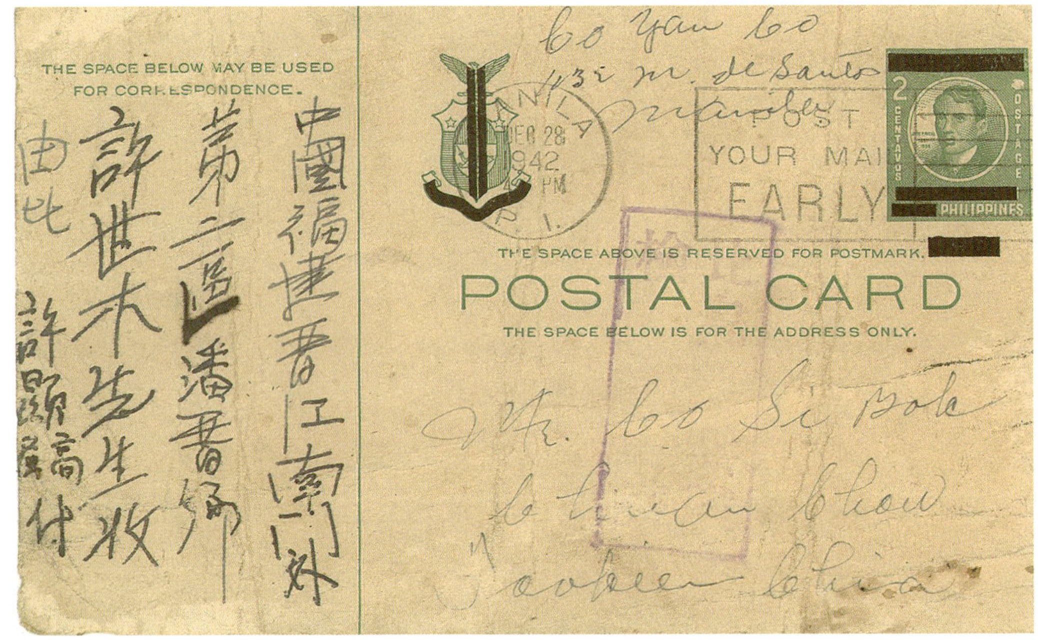

1941 年 12 月 8 日太平洋战争爆发，不久，日本占领菲律宾，并将菲律宾改称"比岛"。处于日军军事管制状态的菲律宾，断绝老百姓与外界交往，不准华侨与家乡通信，也不能汇款，激起华侨的反抗。为了缓和事态，在菲律宾被日占后近一年时，日军特准华侨在圣诞节前后的几天时间内寄发明信片，但仍然不许附寄侨款。

该明信片的邮票图案均为菲律宾民族英雄黎刹的头像，2 分面值，绿色。由于战乱，日占初期，日本占领当局未能设计印制新的邮政明信片，因此对占领前美属时期的菲律宾通用明信片进行篡改，在邮票图案上用黑色油墨盖掉"UNITED STATES OF AMERICA"（美利坚合众国）"COMMONWEALTH OF THE"（联邦）字样，只剩下"PHILIPPINES"（菲律宾）的英文名称，同时在菲律宾国徽的图案上盖有两道粗黑线，以示国徽作废。

比島憲兵隊 檢閱濟

1943年12月28日菲律宾马尼拉寄晋江三光天乡的“平安明信片”，既是报平安的“无言家书”，也是日军剥夺华侨通信自由权利的罪证。

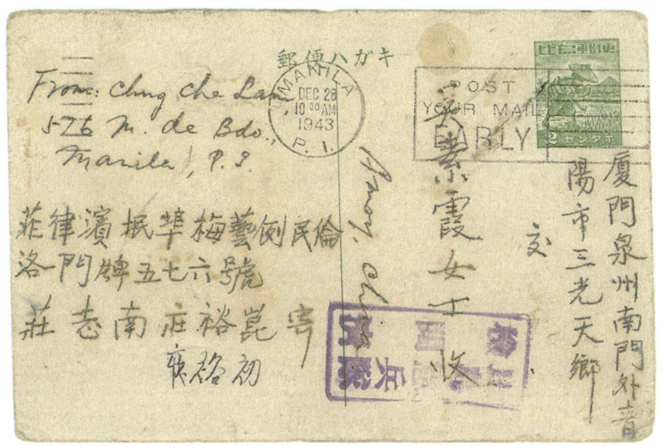

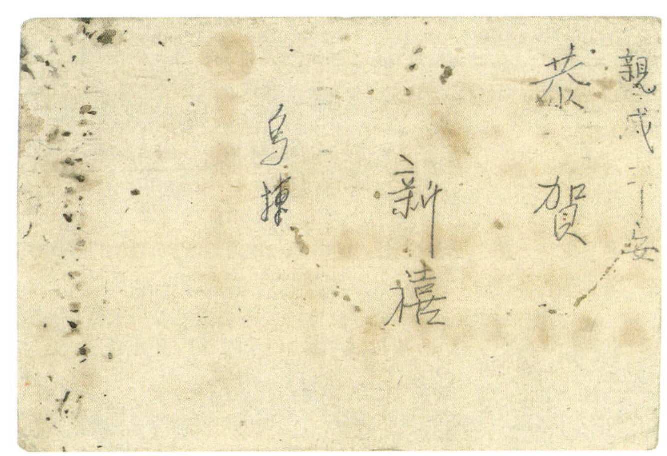

这种所谓的“平安明信片”，只能在日军特准的时间（1942年、1943年、1944年圣诞节前后）内寄出，在明信片上有手盖的“比岛宪兵队 检阅济”蓝色章，是日文文字章。该明信片只有寄信人中英文名字和中英文地址、收信人中文名字和地址，不能有信文，只能由此向亲人报个“平安”。

【信文】

母亲大人膝下：

敬禀者，忆自倭寇南侵，本岛沦陷以来，迄经三年余之久。因在倭奴统治下无法通信，在此期间内，家中景况定难于言喻，只以天各一方，无从接济，惟有徒唤奈何天耳。幸得美军及早回师反攻，遂于本年（1945年）新历二月初三日解放岷里拉市。但当倭军败退之时，逞其残暴兽性，将全市房屋焚毁殆尽，人民死伤亦甚众多。所幸吾乡在岷诸人多得平安，而咱深底旅菲诸亲，除尚有少数侨居山顶及纳卯现尚未得解放者外，余者均得安全脱险。吾辈历受两叠兵灾皆得平安无恙，可谓劫后余生，诚万幸也。但未知家中如何，至以为念。信到之日，祈速回音示慰，是所至祷。近日托祖叔汇去国币一千元，如能收到，请速复示，当再设法汇寄。此帮因据云系托人带回重庆，然后转入内地，但能否递到渠等不敢预定，故不敢多寄耳。信后二函祈速转交九龙山厝炎婶及石狮厝品婶为要，回信之事，亦请与彼等合商办法。儿等现时住址如下：715 ILAYA STREET MANILA PHILIPPINE ISLAND。来音照此书写，自能收到。谨此敬请

金安！

儿 巨康 敬禀

民国三十四年新历五月十四日

母親大人膝下敬稟者憶自倭寇南侵本島淪陷以來迄今三年餘之久因在倭奴統治下無法通信在此期間內家中景況定難於言喻祇以天各一方無從接濟惟有徒嘆奈何耳幸得美軍及早回師反攻遂於本年新曆二月初三日解放岷里拉市但當倭軍敗退之時逞其殘暴獸性將全市房屋焚燬殆盡人民死傷亦甚衆多所幸吾鄉在岷諸人多得平安而咱家族旅菲諸親除尚有少數係在山頂及納卯現尚未得解放者外餘者均得安全脫險吾輩歷受兩盡兵災皆得平安無恙可謂劫後餘生誠萬幸也但未知家中如何至以為念信到之日祈速回音示慰是所至禱近日託 祖叔滙去國幣一千元如能收到請速復示若再設法滙寄此款因概之係託人帶回重慶然後轉入內地但能否遞到集寄不敢預定故不敢多寄耳信後二函祈速轉交九龍山厝 英姚及石獅厝 品姚為要回信之事亦請其與彼等合商亦法兒等現時住址如下

715 ILAYA STREET MANILA PHILIPPINE ISLAND 來音照此書寫自能收到謹此敬請

金安

兒 臣康敬稟

民國三十四年新曆五月十四日

侨批中的家国情怀

1945年5月14日菲律宾马尼拉寄永春仙夹的侨批（托人带至重庆转寄永春），控告日军“将全市房屋焚毁殆尽，人民死伤亦甚众多”的“残暴兽性”。

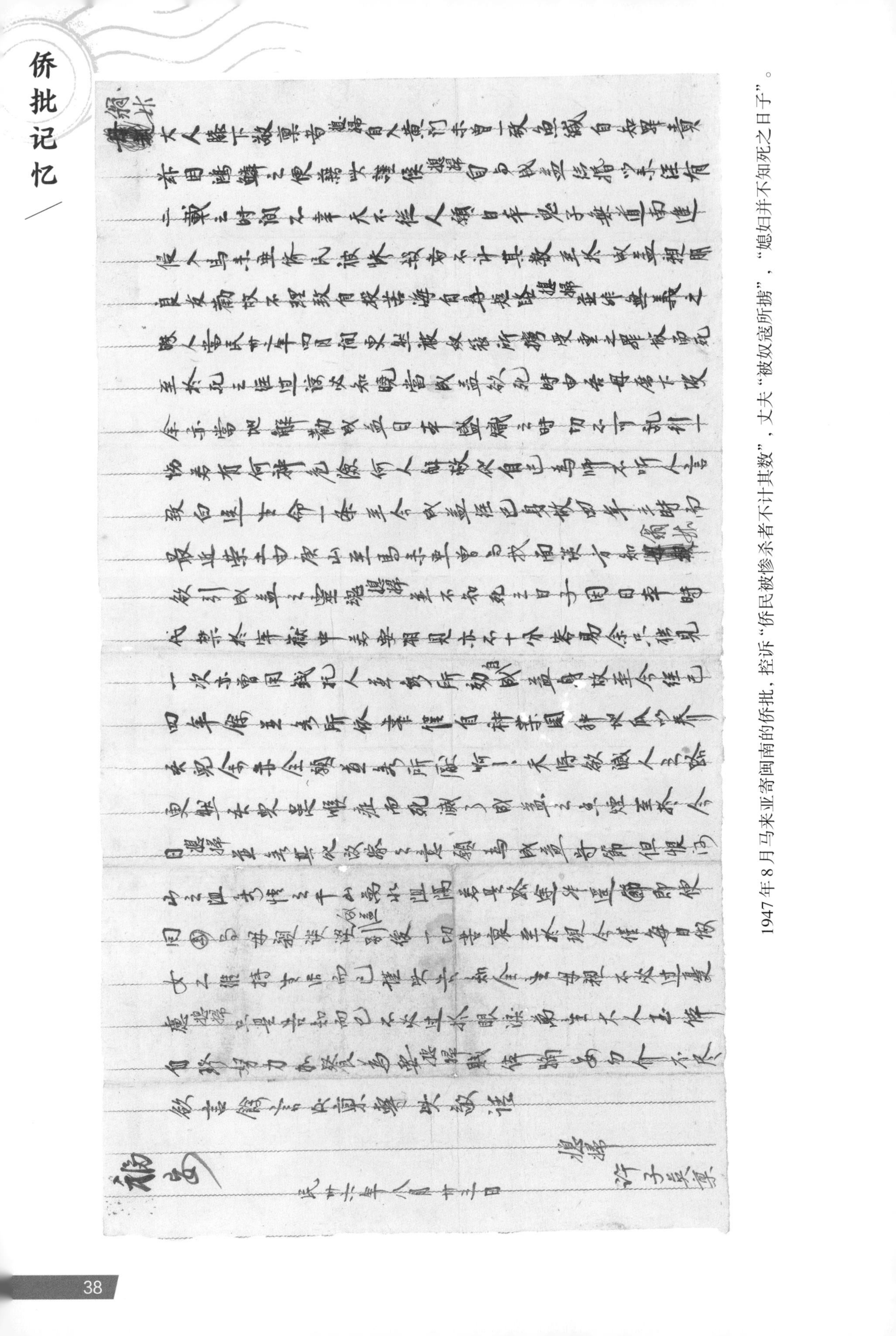

1947年8月马来亚寄闽南的侨批，控诉“侨民被惨杀者不计其数”，丈夫“被奴寇所掳”，“媳妇并不知死之日子”。

【信文】

翁姑大人膝下：

敬禀者，媳妇自入黄门未曾一致鱼缄，自知罪责。兹因鸿鳞之便，借此谨候。媳妇自与成益结婚以来，经有二载之时间，不幸天不从人愿，日本鬼子无道南进，侵入马来亚，侨民被惨杀者不计其数。至于成益，亲朋良友劝故不理，致自投苦海自寻短路。媳妇并非无义之人，当民（国）卅二年四月间更然被奴寇所掳，受重之罪，故而死。至于死之经过，谅必知晓。当成益欲死时，由吾母厝下坡，余亦当地解劝成益，日本盛炽之时切不可乱行一场，若有何种危险，何人解救？他自己为师不听人言，致白送生命一条。至今成益经已身故四年之时，而最近荣土由唐山至马来亚，曾与我面谈，方知翁姑欲引成益之灵魂。媳妇并不知死之日子，因日本时代禁于牢狱中，若要相见亦不十分容易。余只独见一次，亦曾用钱托人，并无所效。自成益身故至今经已四年，余并无所依靠，仅自种菜园种地瓜，以养夭儿。余亦全愿并无所厌啊！天将欲灭人之路，更然夭儿患喉症而死，灭了成益之香烟。至于今日，媳妇并无其他改嫁之意愿，为成益守节。但恨河山之阻，无情之千山万水阻隔，若是路途非遥，即便回国与母亲谈谈成益别后一切苦衷。至于现今仅每日做女工，维持生活而已。谨此告知，全望母亲不必过忧虑，媳妇只是告知而已，不必过于眼泪。万望大人玉体自珍，努力加餐为要。媳妇贱体粗安，勿介。不尽欲言，余言后禀，专此敬请

福安！

媳妇 许子英 禀

民（国）卅六年八月廿三日

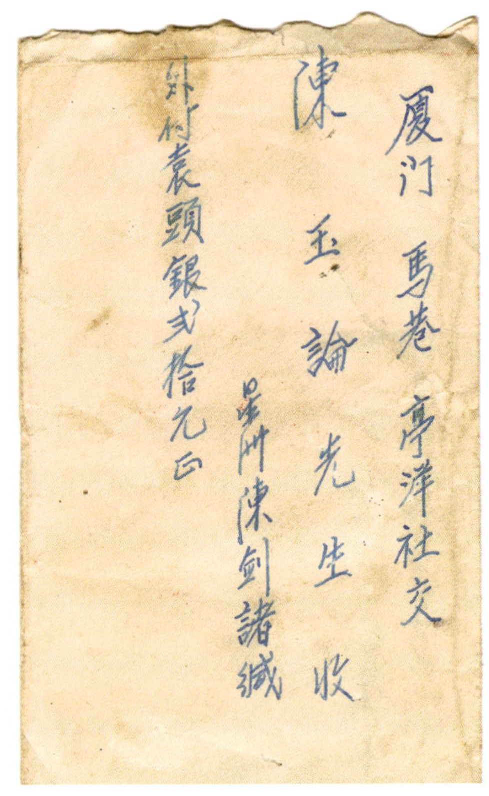

1949 年 8 月新加坡陈剑诸寄厦门马巷亭洋社陈玉论的侨批，时值解放战争的最后阶段，想回国的华侨因国内局势混乱，“进退为难”“满怀苦闷”。

【信文】

双亲大人膝下：

敬禀者，叩别慈颜远离家门，流落海外，瞬息之间，忽转将近十载，时思不能奉侍左右，其罪殊深，谅大人定能体贴不肖儿之苦情而宽恕吧！遥祝福体安康，合家大小安好为祷！在外幸得身体粗安，各事亦如常，勿以为远念也。

祖国局势变乱，不敢即速归计，惆怅奚似！南地市情惨败，谋生亦是不易，但是处此进退为难之际，只是满怀苦闷，如之奈何？前日，永宽叔返国，顺便寄上黑布二块二十码，并黑白车线二打，谅早经收到矣。对于南地情形，当以托其详细告知，以慰大人之心也。兹便付上袁头银弍拾元，到祈查收，以为家用。余不尽禀，专此敬请

福安！

不肖儿剑诸 叩上

八月十六日

NO……………

双親大人膝下敬禀者：叩別 慈顏遠離家门，流落海外，瞬息之間，忽轉將近十載，時思不能奉侍左右，其罪殊深，諒 大人定能体諒不肖兒之苦情，而寬恕吧！遙祝 福体安康，合家大小安好，為禱！在外幸得身体粗安，各事亦好常，勿以為遠念也。

祖國局勢变乱，不敢即速歸計，惆悵奚似！南地市情惨败，謀生亦是不易，但是處此進退為難之際，只是滿懷苦闷，为之奈何？前日 永寬叔返国，順便寄上黑布二塊二十碼，並黑白車線二打，諒早經收到矣，对於南地情形，當以托其詳細告知，以慰 大人之心也。

茲便付上表頭銀弍拾元，到祈查收，以為家用，餘不盡言。

专此敬請

福安！

不肖兒 釗諾 叩上 八月十六日

侨批笺

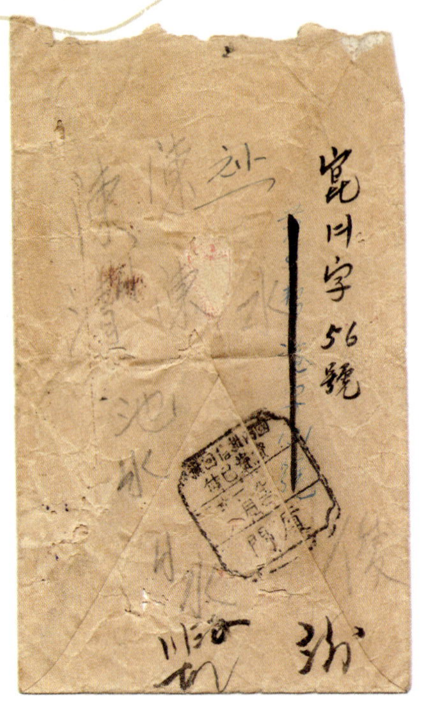

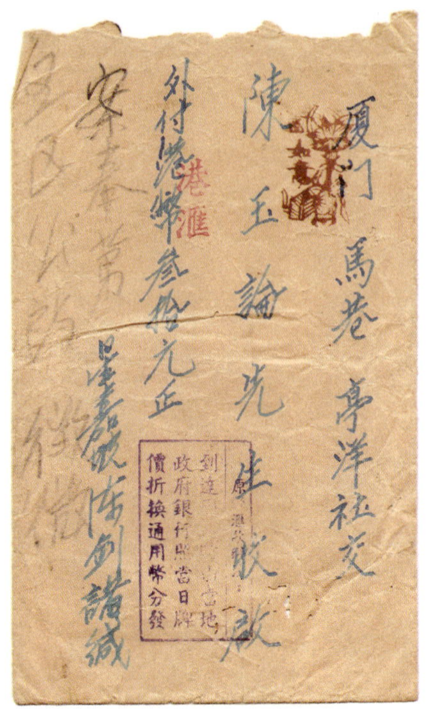

1950 年 8 月新加坡陈剑诸寄厦门马巷陈玉论的侨批。批中提及“待台湾解放后，水路安静，即速装返乡”，表露了华侨盼望祖国统一，国内局势稳定，急迫回到家乡的心情。

【信文】

双亲大人膝下：

敬禀者，华南解放战争，交通阻碍，侨汇因之而停绝，致久未奉禀。现今虽是能交通，但也不能如旧照常，并且汇率不能一定。此地政府只限每人每月准汇叻币四十五元为侨用，近日据章报及友人讯息，借知家乡虽经战乱，但未受灾害及损失，实堪喜慰！南地现时商情惨败，谋生亦是困难，幸儿等在勤劳节俭之下，得以渡生，祈勿介念为祷！抛兴欲在马六甲经营生意，不能如愿获利，儿已去信叫其结束，待路途畅达，可归家设法婚事，或者另谋和剑看投资经营枋廊生意，亦是在马六甲，此乃待年终结束而决定。大人年老，家中各事须由尚仔负责经理，切不可以过劳，玉体为要！丽贞现在学校肄业何程度？须要严教养，儿待台湾解放后，水路安静，即速装返乡，顺此奉告！余容后禀，并便付港币叁拾元，到祈查收为家用。专此敬请

福安！

不肖儿 陈剑诸

一九五〇年元月二十日 国历十二月初三日

父親大人膝下敬稟者：華南解放戰爭，交通阻礙，僑匯因之而停絕，致久未奉稟。現今雖是能交通，但也不能如舊照常，並且匯率不能一定。此地政府只限每人每月準單匯叻幣拾元備用。近日據本報及友人說是，藉知家鄉雖經戰亂，但未受災害及損失，實堪喜慰！南地現時商情慘敗，謀生亦是困難，華兒等在此勤勞節儉之下，得以渡生，祈勿介念為禱！華兒與款在馬六甲經營生意，不能好較獲利，兒已去信叫其結束，待路途暢達，可歸家設法做事，或者另謀和劍看校資經營材廊生意，亦是在馬六甲。此乃待年終結束而決定。大人年老，家中各事須由尚仔負責經理，切不可以過勞玉體為要！碩貞現在學校肄業何程度？須要嚴教養。兒待台灣解放後，水路安靜，即速裝返鄉。順此奉告！餘容後稟，並便付港幣叁拾元，到祈查收為家用。肅此敬請

福安！

不孝兒 陳劍諸

一九五十年元月廿日

國曆十二月初三日

侨批笺

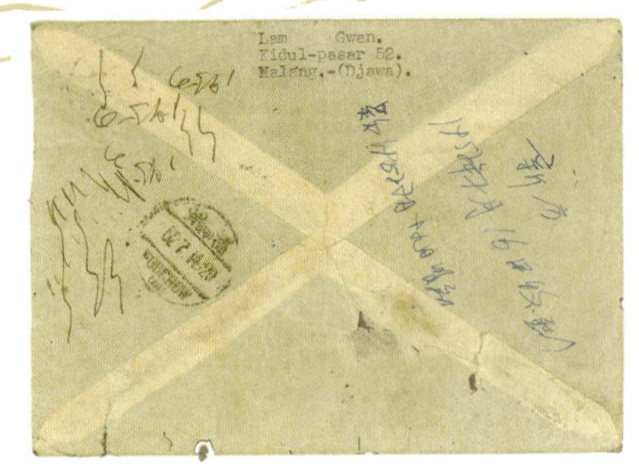

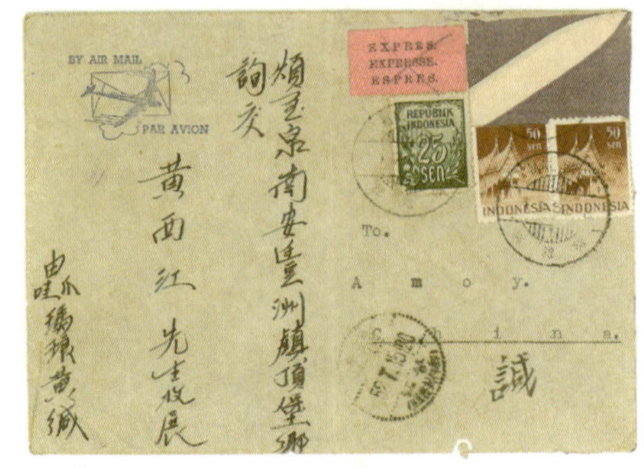

1952年印尼玛琅寄南安丰州镇的侨批，内提到“毛主席曰：健康第一”“新中国的诞生，新婚法的推行”等等，体现了海外侨胞心系祖国，时时刻刻关心国内的变化。

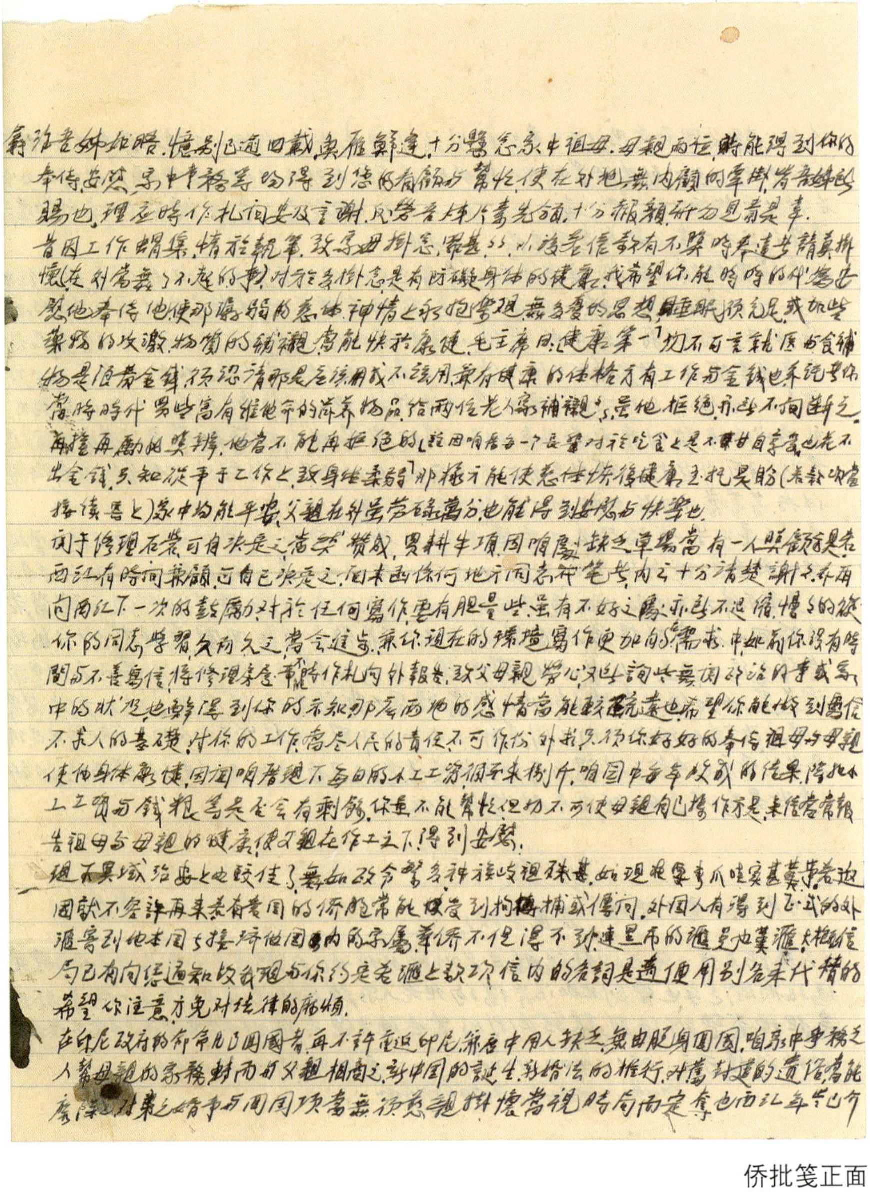

侨批笺正面

结婚之龄，父亲的意思是：待于弟的请求，请母亲先代他结婚，一可帮助家事侍奉他老人家，使作子之心能安于业务者也。祖母年已高，父亲在外，不能时侍奉于膝下，孝悌之心常在神往中。趁两礼结婚之喜，可代为作一小型的生日祝寿之庆，以博他老人家的欢喜，希望照行之，不可违父亲的意思是荷。

与母亲

对选择配偶，须父亲的一些意见，请你参考之可也。但也须得到两亿的同意。因关系他的一生的事也，不可不慎。一、健康第一。美。若欲有健美的体格才合，对现在中国的国民，与未来的主人翁及家中的环境。以后美满的家庭，都在在的不可分离的要素。品行更为重要，需能合于家中的生活，对婆媳间、邻人间、夫妻间，方能相安和好，亦满美家庭的要素之一也。学问上不可过于高求，恐怕过于微慢一切，离开于家中生活的家教也。新时代的降临，对旧礼教的无价值的消耗，当节除之，可简则简，多浪费是无益之处。书到之日，可即进行之，须款多少，可来信示知。但对于选择的经过，对相者的家世、职业、体格等等，当不可疏忽地向父亲报告，是所至嘱。

在外丢毫可告，惟均托安好，差堪告慰。此次侨用款回国，对两亿父亲也曾托彼代转达慈亲，外地暑假可就近查询之，较信札上为较明白。粤语代为请安。是他近来曾有姊丈信过初次的通讯，回文也已接到，知彼身体健康，幸喜收到，甚可称贺。若有时间以后当能接续与彼笔谈。再已三月有余无信款回国，慈亲想已十分的挂念，请原谅之。因美帝国者对[illegible]停购，与压低[illegible]价，大跌涨的高昂，政府对黑市汇兑严励取缔，大事搜捕，人民向有穷富购买力薄弱，商场谈风云变色，破本者累累皆是。政令条例，依各机关不同，万商一不小心即干罪于法，触犯事的人即束手不前，实是侨居者的苦处也。今趁于[illegible]阳有便寄[illegible]鸟纸五百张，不另又上小照两张，到祈查收是荷。情长纸短，不尽所怀，不尽依依。

此致

福安

六月卅日 阳历寄于[illegible]埠 弟黄子铁上

另有寿阿来信一张，已代转，还有三兄所付的信，也已代转寄矣。又[illegible]知于五月间曾来[illegible]埠，所阅已毕，也曾到北加浪岸探询他老人家，现身体健康，如从前一样，免须挂念。但他希望弟能跟彼回的生长地大道之遥远，别无他求，另望以后若要给他的信可交 OEI Hoo Giok 免能收到的，特此示知

muka pasar pekalongan

侨批笺背面

【信文】

拿注吾姊如晤：

忆别已逾四载，鱼雁鲜逢，十分悬念。家中祖母、母亲两位，时能得到你的奉侍、安慰，家中事务等均得到您的看顾与帮忙，使在外地无内顾的牵挂，皆吾姊所赐也。理应时作札问安及言谢，反劳吾姊尺素先颁，十分赧颜，祈勿见责是幸。

昔因工作猬集，惰于执笔，致家母挂念，罪甚！罪甚！以后若信款有不照时奉达者，请莫挂怀（在外当无了不起的事）。对于多挂念，是有妨碍身体的健康，我希望你能时时的代为安慰他、奉侍他，使那孱弱的慈体神情上永抱乐观，无多忧的思想，睡眠须充足，或加些药物的攻激，物质的补衬，当能快于康健。毛主席曰："健康第一。"切不可言就医与食补物是浪费金钱，须认清那是应该用或不该用，兼有健康的体格方有工作与金钱也。兹托者，你当时时代买些富有维他命的滋养物品，给两位老人家补衬补衬，虽他拒绝，亦所不间断之，再接再厉的照办，他当不能再拒绝的（注：因咱厝每一个长辈对于吃食上是不甘自享受，也花不出金钱，只知从事于工作上，致身体柔弱）。那样方能使慈体恢复健康，至托是盼（若款项当接续寄上）。家中均能平安！父亲在外虽劳碌万分，也能得到安慰与快乐也。

关于修理石礐，可自决定之，当然赞成。买耕牛项，因咱处缺乏草场，当有一人照顾方是，若西江有时间兼顾，可自己决定之。阅来函系何地方同志代笔者，内云十分清楚，谢谢！兹再向西江下一次的鼓励：对于任何写作，要有胆量些。虽有不好之处，亦所不退缩。慢慢的从你的同志学习，久而久之，当会进步。兼你现在的环境写作更加的在需求中，如前你没有时间与不善写信，将修理房屋事不能时作札向外报告，致父母亲劳心。又所询些无关政治的事或家中的状况，也鲜得到你的示知，那么两地的感情当能较疏远也。希望你能做到写信不求人的基础。对你的工作，当尽人民的责任，不可作分外求。只须你好好的奉侍祖母与母亲，使他身体康健。因闻咱厝现下每日的小工工资须白米捌斤，咱园中每年收成的结果，除扣小工工资与钱粮等，是否会有剩余？你虽不能帮忙，但切不可使母亲自己操作方是。来信当常报告祖母与母亲的健康，使父亲在作（做）工之下得到安慰！

现下异域治安上也较佳了，无如政令繁多，种族歧视殊甚。如现在要来爪哇实甚难事，若返国就不容许再来，若有爱国的侨胞常能受到拘捕或传问。外国人有得到正式的外汇寄到他本国去接济他国内的家属，华侨不但得不到，连黑市的汇兑也难汇，大概信局已有向您通知。故我现与你约定，若汇上款项，信内的名词是随便用别名来代替的，希望你注意，方免对法律的麻烦。

在印尼政府的命令，凡已回国者，再不许重返印尼。兼店中用人缺乏，无由脱身回国。咱家中事务乏人帮母亲的家务，转而与父亲相商之。新中国的诞生，新婚法的推行，对旧封建的遗俗当能废除也。对弟之婚事与回国项，当无须慈亲挂怀，当视时局而定夺也。西江年岁已介（届）结婚之龄，父亲的意思“又出于弟所请者”，请母亲先代他结婚，一可帮助家事，侍奉他老人家，使游子之心能安于业务者也。祖母年已高，父亲在外，不能时侍奉于膝下，孝悌之心常在神往中。趁西江结婚之喜，可代为作一小型的生日祝寿之庆，以博他老人家的欢喜。希望照行之，不可违父亲的意思是荷。

对选择儿媳项，父亲的一点意见，请你与母亲参考之可也，但也须得到西江的同意，因关系他的一生的事也，不可不慎。一健康第一。美者须有健美的体格方合。对现新中国的国民，与未来的主人翁及家中的环境、以后美满的家庭，都在在的不可分离的要素。品行更为重要，需能合于家中的生活，对婆媳间、邻人间、夫妻间方能相安和好，亦满美家庭的要素之一也。学问上不可过于高求，恐彼过于傲慢一切，难屈于家中生活的家教也。新时代的降临，对旧礼教的无价值的消耗，当节除之，可简则简，多浪费是无益之处。书到之日，可即进行之，须款多少，可来信示知。但对于选择的经过，对相者的家世、淑质、体格等等，当不可疏忽地向父亲报告，是所至嘱。

在外乏善可告，惟均托安好，差堪告慰！此次衍用叔回国对西江项，父亲也曾托彼代转达慈亲。外地景况可就近查询之，较信札上当较明白，寄语代为请安是托。近弟曾与姊丈作过初次的通讯，回文也已接到，知彼身体健康，事业顺利，甚可称贺。若有时间，以后当能接续与彼笔谈，再已三月有余无信款回国，慈亲想已十分的挂念，请原谅之。因美帝国者对树胶停购与压价，致胶价大跌，汇水高昂。政府对黑市汇兑，严励（厉）取缔，大事搜捕。又民间贫穷，购买力薄弱，商场淡风处处殃及，亏本者累累皆是。政令多而纹，各机关不同，华商一不小心即干罪于法，较怕事的人即束手不前，实是侨居者的苦处也。今趁于 6 月 28 日阳历有便，寄岭唛香岛纸五百张正，另现夹上小照两张，到祈查收是荷。情长纸短，不尽所怀，不尽依依！

此致

夏安！

弟 黄孕铁 上

六月卅日阳历寄于玛琅

另，前养防来信一张，已代转语晓之。另，衍经的信也已代转寄矣。玉免叔于正月间曾来玛琅，衍阔兄弟也曾到北加浪岸探询他老人家，现身体健康，如从前一样，无须怀念。“但他希望衍经能跟新中国的生长地大道上迈进，别无他求。”另者，以后若要给他的信，可交“OEI HOO GIOK muka pasar pekalongan”，定能收到的。特此示知。

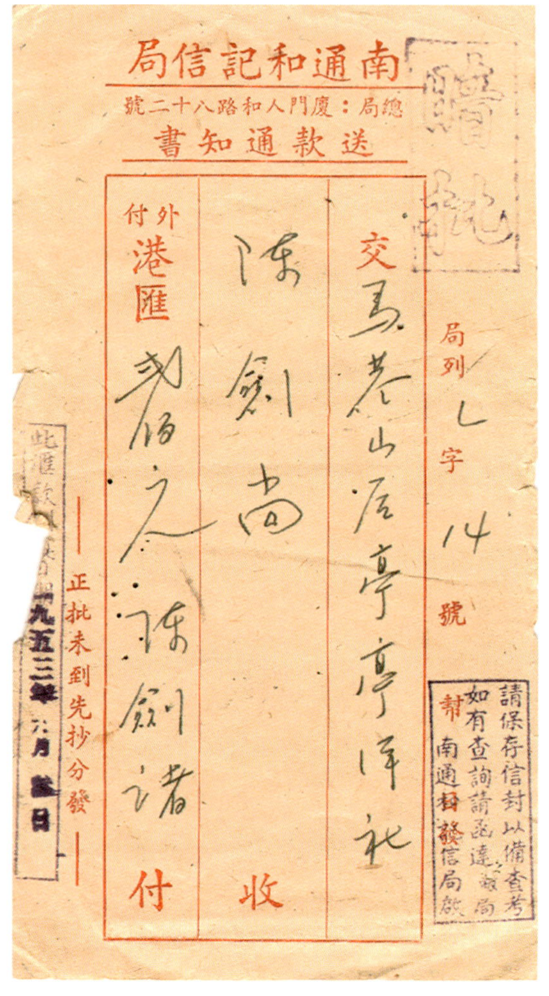
南通和記信局
總局：廈門人和路八十二號
送款通知書
暗批
局列 乙 字 14 號
交 馬巷山后亭亭洋社
陳劍尚 收
外付 港匯 劉伯文 陳劍諸 付
正批未到先抄分發
此匯款……一九五三年 六月 日
請保存信封以備查考
如有查詢請函達敝局
南通和記發信局啟

1953 年 6 月，厦门南通和记信局的送款通知书，上有“暗批”的印戳，显示这是一封不同寻常的侨批。

新中国成立后，受西方反华势力的影响，部分东南亚国家对新中国进行经济封锁，限制或禁止当地华侨汇款回国，妄图断绝中国的外汇收入。爱国爱家的东南亚华侨冒着被逮捕、杀害的风险，配合侨批局、金融及侨务部门采用“暗批”的方式，规避限制，继续寄钱回家补贴家用、支持祖国的经济建设。

侨批中的乡土情结

关心家乡的发展，捐助家乡慈善公益事业，是华侨情系故里、难忘乡情的具体行动。中国东南沿海民众向海外移民具有乡族性的特点，他们在海外建立以乡缘为纽带的同乡会等组织，在侨居地互帮互助、维护乡族利益。此外，他们还会以同乡会或个人的名义，襄助家乡公益事业，反哺故土。

在华侨捐助的慈善公益事业中，捐资办学最为突出。据统计，1915 年至 1949 年福建华侨捐资兴办中学 48 所、小学 967 所，1949 年至 1966 年福建华侨捐资办学达 5494 万元人民币。此外，华侨在家乡造桥铺路、扶贫赈灾、设立医疗机构等方面也有很大贡献。

1921年12月19日菲律宾马尼拉黄古木寄锦宅黄开物的侨批，此时黄开物主持锦宅华侨公立小学校校务工作。其侄黄古木在批信中赞美开物族叔：“同学校以进步，精神健壮，扶教育以热诚，为欣为颂。”

【信文】

开物族叔先生大鉴：

别几何时，夏又冬矣。迩来起居叶吉，同学校以进步，精神健壮，扶教育以热诚，为欣为颂。兹逢快轮如厦，愧之伴函薄具青蚨两员，至希哂纳，聊表微忱，并请

脑安！

侄 黄古木 顿首

辛酉（十年）十一月廿一日（1921年12月19日）

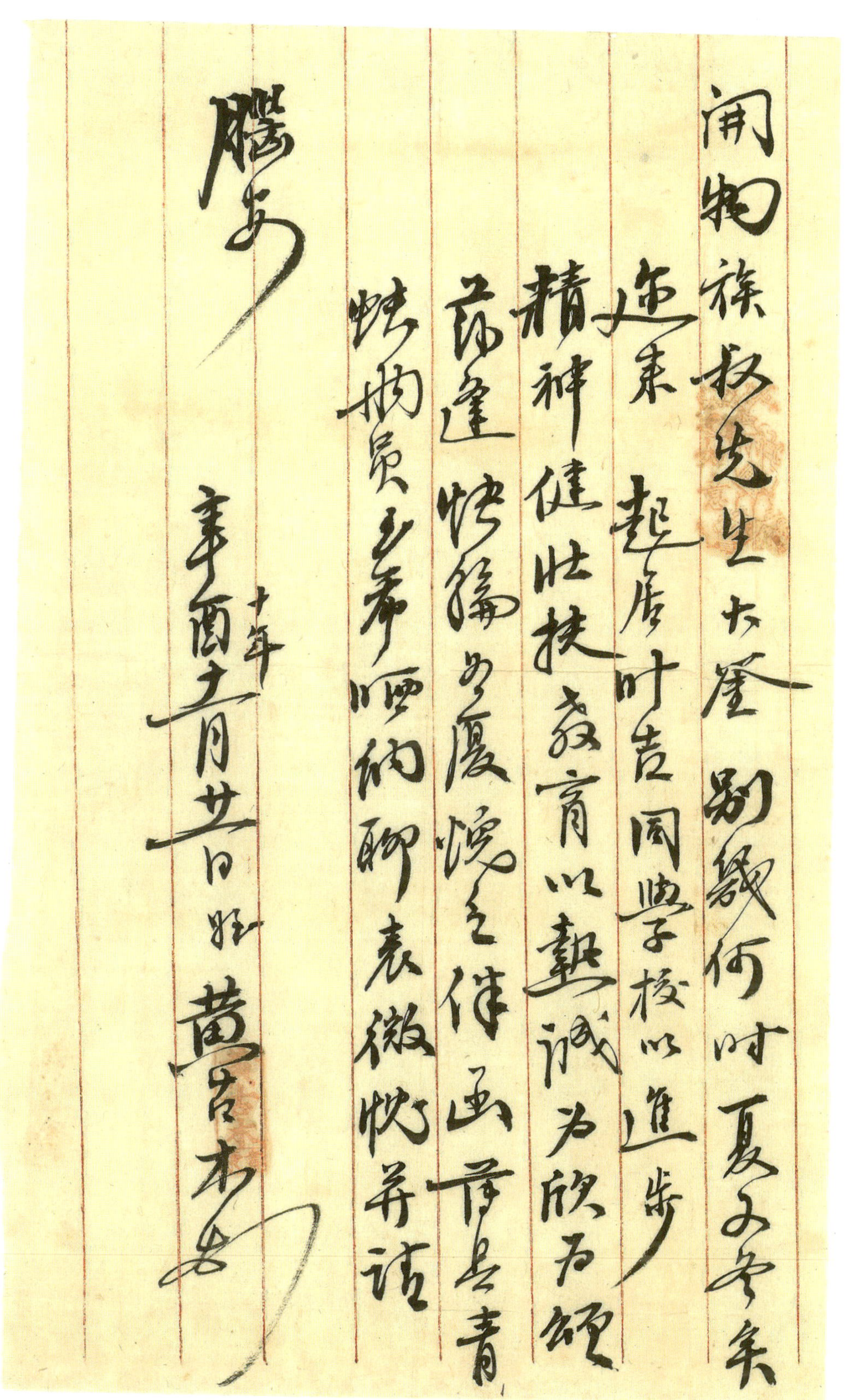
闲物族叔先生大鉴：别离何时，夏又冬矣。近来起居叶吉，同学学校以进步，精神健壮，扶教育以热诚，为欣为颂。兹逢快编如履溪之便，函禀青蚨拾员正，希哂纳，聊表微忱。并请
䯄安
辛酉十年十二月廿日 侄 黄吉本书

侨批笺

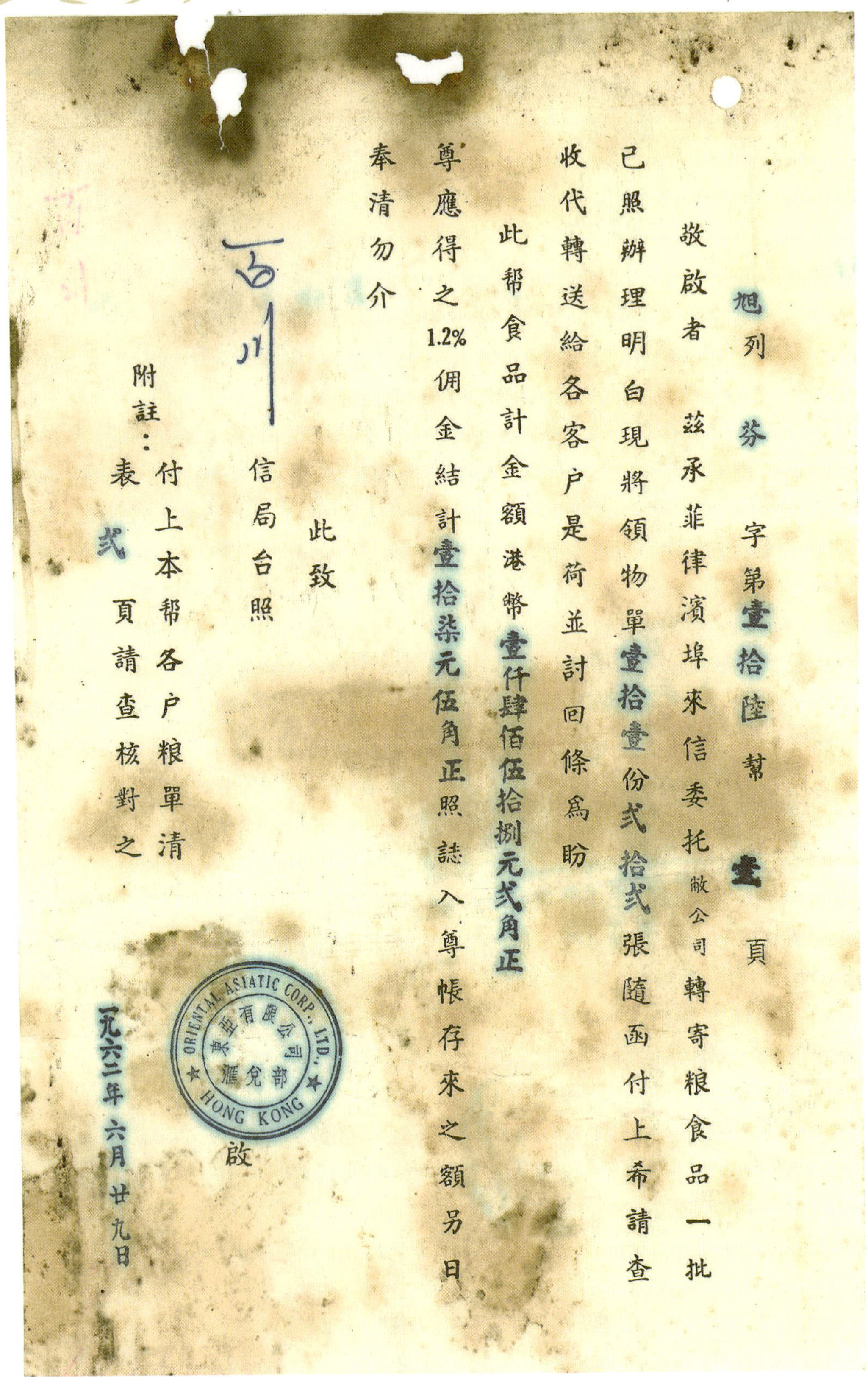
旭列芬字第壹拾陸幫壹頁

敬啟者　茲承菲律濱埠來信委托敝公司轉寄粮食品一批已照辦理明白現將領物單壹拾壹份弍拾弍張隨函付上希請查收代轉送給各客户是荷並討回條爲盼

此帮食品計金額港幣壹仟肆佰伍拾捌元弍角正

尊應得之1.2%佣金結計壹拾柒元伍角正照誌入尊帳存來之額另日奉清勿介

此致

百川信局台照

附註：付上本帮各户粮單清表弍頁請查核對之

ORIENTAL ASIATIC CORP., LTD. 東亞有限公司 滙兌部 HONG KONG 啟

一九六二年六月廿九日

1962 年香港东亚有限公司汇兑部寄石狮百川信局的通知

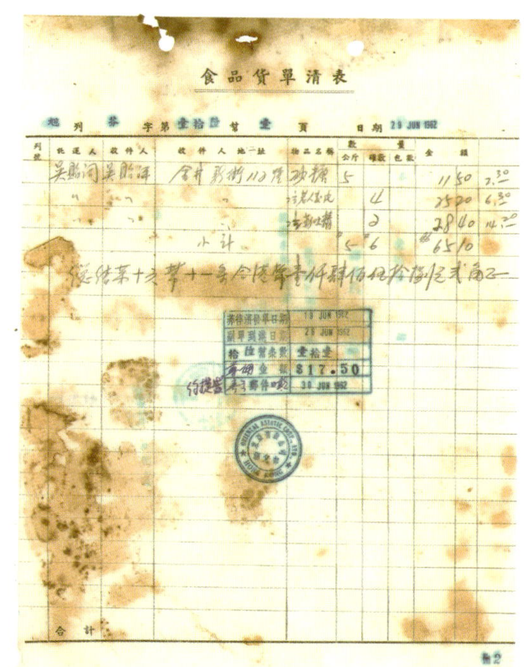

食品貨單清表

日期 29 JUN 1962

批送人	收件人	收件人地址	物品名稱	公斤	磅數	包數	金額	
吳聯詞	吳聯詳	金井新街112號	砂糖	5			11.50	2.30
					4		25.20	6.30
					2		28.40	14.20
		小計		5	6		65.10	

拾陸幣表號	壹拾壹
金額	$17.50
	30 JUN 1962

1962 年香港东亚有限公司汇兑部寄石狮百川信局的食品货单清表

“食品侨批”，是特殊时期的侨批形式。20 世纪 50 年代末 60 年代初的三年困难时期，国内物资十分贫乏，尤其是食品。当时国家鼓励侨批局将办理的侨汇改为进口食品（海外华侨委托香港侨批局用侨汇购买食品寄回家乡）。海外华侨将原本寄侨汇改为寄食品，帮助国内亲人度过这一困难时期。

菲律濱晉江南庄同鄉會

PHILIPPINE LAM CHONG ASSOCIATION

1270 SOLER ST., METRO MANILA

TELS. 20-98-14; 26-35-77

培阔先生鉴：菲接来函，获悉一一。旅菲同乡会于本月廿八日开理监事会议，讨论乡务事宜，海外华侨咸认 先生热心本村各项建设措施，竭力奔努，对改善村民生活水准，提高侨属安定及卫生环境，此种爱国爱乡的精神，非有忠诚肯牺牲大公无私的心情，难以胜任，唯 先生具备此项条件，始得海外村侨的敬佩鼓舞。今后为使本村村务更求完善，当适当行动措施，按序顺进，议决将本村校董会与村务会分开，各专其责，敦请 先生为该二组织总监，全权负责及督察各项改善事宜，唯咱村应组织成立村务委员会或小组，俾能分股工作，发挥动能，各负其责。也望 先生继续以坚毅果决的勇气及才能，领导各部担负建村重大的责任，并使本村呈现出光辉灿烂的前景。海外侨民将全力支持及继续贡献。

又关于今后各项改善需用基金，计划常注采取一律化由人民币、港币或菲币为主位，俾各认捐者有所分清，免受纷乱的构想。并赐的捐款者何处理，希清告知。今后建村的需用款额，欲由旅港侨民共同分摊，菲方应负担若干百分比，需有全盘的计划详细告知。

关于收取用电费用，应规定收取制度，按家庭用电、与工厂用电应适当增减，因消费电千度不同。

谨此奉闻

旅菲南庄同乡会施良吟 上

三月廿九日

1986 年菲律宾寄晋江县龙湖南庄的侨批，内容涉及菲律宾晋江南庄同乡会为家乡的村校、卫生环境等建设谋划捐款，并表示“海外侨民将全力支持及继续贡献”，体现了情系桑梓的爱乡情愫。

侨批封

【信文】

培阔先生鉴:

兹接来函，获悉甚详。旅菲同乡会于本月廿七日召开理监事会议，讨论乡务事宜。海外华侨咸认先生关心本村各项建设措施，竭力奔努，对改善村民生活水准，提高侨属安定及卫生环境，此种爱国家、爱乡村的精神，非有忠诚、肯牺牲、大公无私的心情难以胜任，唯先生具备此项条件，甚得海外村侨欣敬与鼓舞。今后为使本村村务更求完善与适当行动措施，按序顺进，议决将本村校董会与村务会分开，各专其责，敦请先生为该二组织总监，全权负责及督察各项改善事宜。唯咱村应组织成立村务委员会或小组，俾能分股工作，发挥效能，各负其责。甚望先生继续以坚毅果决的勇气及才能，领导各部担负建村重大的责任，则本村将现出光辉灿烂的前景，海外侨民将全力支持及继续贡献。

又关于今后各项改善需用基金计划，希望采取一律化，如以人民币、港币或菲币为主位，俾各认捐者有所分清，免受纷乱的构想，并赐的捐献如何处理，希请告知。今后建村的需用款额，欲与旅港侨民共同分摊，菲方应负担若干百分比，需有全盘的计划，详细告知。

关于收取用电费用，应规定收取制度，如家庭用电与工厂用电应适当增减，因消费与生产不同。

谨此奉闻。

旅菲南庄同乡会（“菲律宾晋江南庄同乡会”章）施良吟上

三月廿九日

灼庭，你们好，祝你们身体健康，生活愉快，工作顺利。

现由树球的哥哥带美金1仟元交给你收，收到後，分给各人过春节之用，這1仟元是前日做工存下来的，現在是吃老本，日後很久才寄一次了，要求你们在家勤儉節約為要。

現在你母亲还是讀書，灼任已接通知在11月6日考試入籍，如果考入，即刻申請姊妹紙，侯你母亲入籍後，再申請你们，求你们耐心等候吧。

祝 你你们在家各人身体健康

母親刘美丹付

87.11.3.

灼庭340元 焕玲170元内20元交家翁姑的 瑞玲170元内20元交家翁姑的，
大伯60元内30元是给他行山的，他的地址广州市广衛路九一二号三樓，
大姑30元，绍笔30元 树球父亲20元 白水焕林母亲20元 白水達中父亲20元，
廟咀阿绍10元 國洽母亲10元 國洽外祖婆10元 然長婆10元
台城長公10元 長婆10元 松彦10元 松彦母亲10元 横水炳哥20元，光哥嫂10元，
秀萍20元 洪會公10元（叫你萍姨交给你洪會公）
（你外祖婆有10元给你包括在340元内） 有外幣交外幣，如果没有外幣就折人民幣（市价）交给各人。

1987年春节前夕美国寄广东省台山的银信。寄信人将“做工存下来的”1000美元分给家乡22位亲朋好友，体现了华侨关爱家乡亲人的善举。

【信文】

灼庭：你们好，祝你们身体健康，生活愉快，工作顺利！

现由树球的哥哥带美金1仟元交给你收。收到后，分给各人过春节之用。这1仟元是前日做工存下来的，现在是吃老本，日后很久才寄一次了，要求你们在家勤俭节约为要。

现在你母亲还是读书，灼任已接通知在11月6日考试入籍，如果考入，即刻申请姊妹纸，候你母亲入籍后再申请你们，求你们耐心等候吧！祝你、你们在家各人身体健康！

母亲刘美丹付

87.11.3

灼庭340元；焕玲170元，内20元交家翁姑的；瑞玲170元，内20元交家翁姑的。

大伯60元，内30元是给他行山的，他的地址广州市广卫路九一二号三楼。

大姑30元，绍笔30元，树球父亲20元。白水焕林母亲20元。白水德中父亲20元。

庙咀阿绍10元，国洽母亲10元，国洽外祖婆10元。然长婆10元。

台城长公10元，长婆10元，松彦10元，松彦母亲10元。横水炳哥20元，光哥嫂10元。

秀萍20元，洪舅公10元（叫你萍姨交给你洪舅公）。

（你外祖婆有10元给你，包括在340元内。）有外币交外币，如果没有外币就折（折）人民币（市价），交给个人。

1956 年 12 月 12 日海外汇款给厦门集美学校校董会尤仲权的侨汇单据

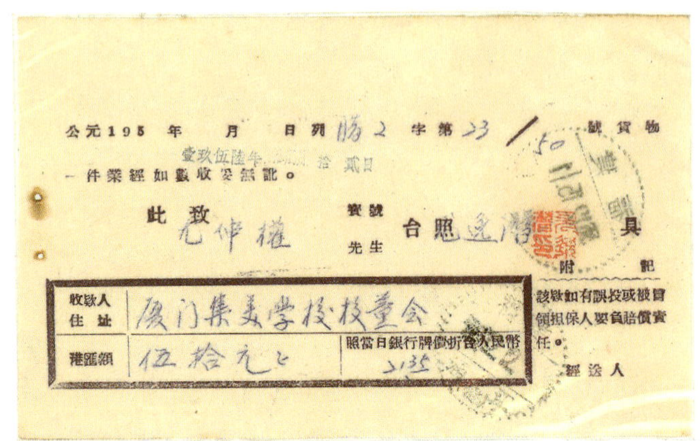

公元195 年 月 日列 勝2 字第23 號貨物
一件業經如數收妥無訛。
此致 尤仲權 寶號 先生 台照 具
附記
收款人住址 廈门集美学校校董会
匯額 伍拾元
照當日銀行牌價折合人民幣
該款如有誤投或被冒領担保人要負賠償責任。
經手人

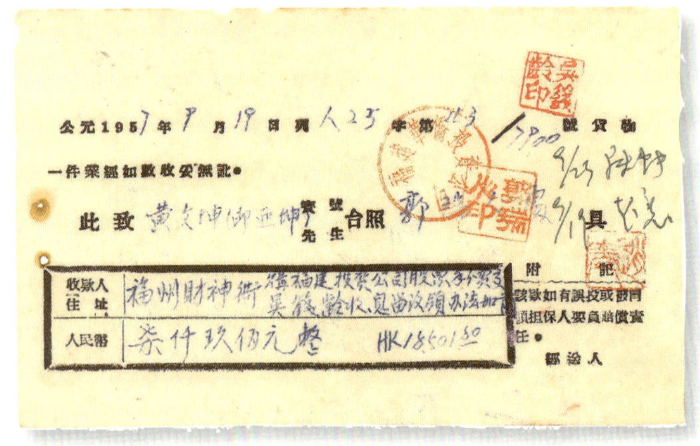

公元1957年9月19日列 人25 字第113 號貨物
一件業經如數收妥無訛。
此致 寶號 先生 台照 具
附記
收款人住址 福州財神街
人民幣 柒仟玖佰元整
該款如有誤投或被冒領担保人要負賠償責任。
經手人

1957 年 9 月 19 日海外汇款购买福建华侨投资公司股票的侨汇单据

新中国成立初期，百废待兴，资金匮乏，海外侨胞纷纷将外汇资金汇回家乡投资。1952 年 7 月，福建省华侨投资公司应运而生，先后募集外汇资金折合人民币 8000 多万元，在全省投资兴建或扩建工矿企业 62 个，涉及制糖、榨油、造纸、食品等多个领域，助推福建经济发展。

侨批中的孝悌德行

华侨华人下南洋，多是为生活所迫，背井离乡。他们在异国他乡打拼，通过侨批寄钱回家，为的是赡养父母，抚养儿女，改善家庭生活。侨批作为家书，记载着千千万万个华侨华人家庭日常生活的点滴，蕴含着纲常伦理，饱含着海外侨胞对家庭、家族强烈的责任感，浸透着海外侨胞对家乡眷属的一片深情，是维系海外侨胞与家乡亲人感情的精神纽带。

心中无限相思意，意在批中情不尽。每一封侨批都是一份孝心、一种责任、一片亲情，绵绵不绝地传递着忠义孝悌的中华传统美德。

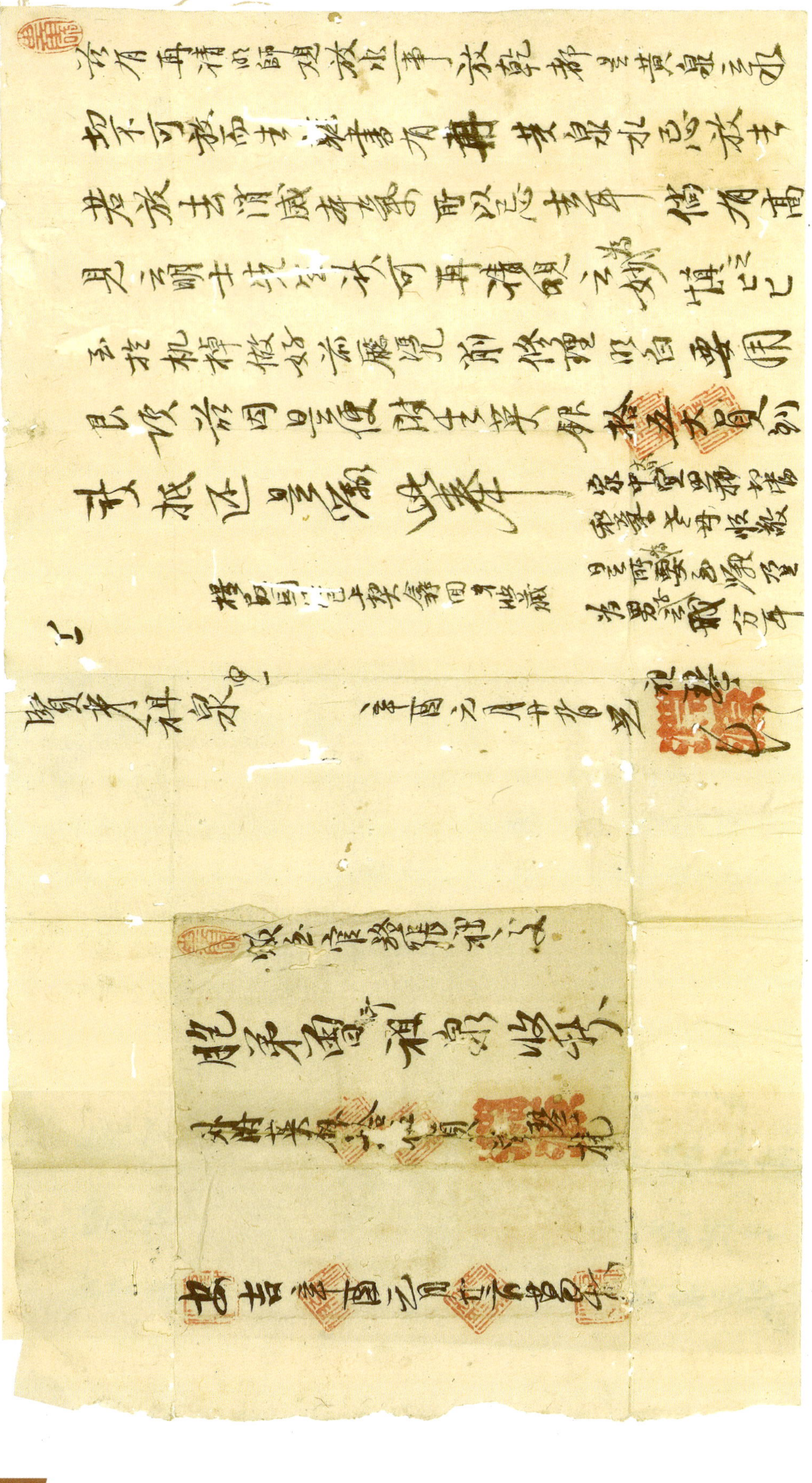

辛酉（1861）元月廿九（吧城）寄漳州官路张社的侨批（福建迄今发现的最早的侨批），寄英银（墨西哥银元）15元，"老母顺敬，是所为要"。

【信文】

兹有再请明师观放水一事，放干都是黄泉之水，切不可放而去。□书有再黄泉水忌放去，若放去消灭本气，所以忌去耳。倘有高见之明士先生，祈可再请观之为妙，慎之慎之。至于机掉做好前厅，凭削修理明白，要用银项，兹因是便，附去英银拾五大员，到祈抵还是嘱。此奉

贤弟祖泉照

家中大小宜照拂，切当和气，老母顺敬，是所为要，至嘱。乃是为男子之职分耳。粮□园经已上契，拿回弟收藏。

辛酉元月廿九日（1861 年 2 月 8 日）

兄 祖琴 顿首

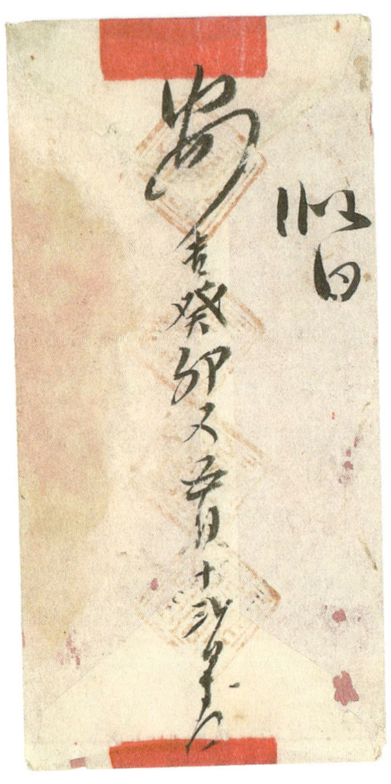

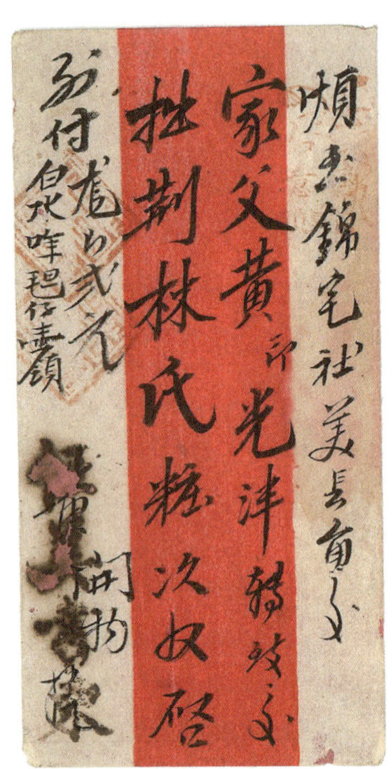

1903年菲律宾寄锦宅的侨批，由“郭有品局带去信项”，叮咛妻子“在唐玉体自保为要”。

【信文】

夫妇之情，锦文勿叙。

谨查日前曾付郭有品局带去信项，想早收入。兹因船便，顺付龙银式元，并白水哖被壹领，到祈查收，回息来知。在唐玉体自保为要，贱体粗安，特此以闻。顺候

阃安！

林氏贤内助妆次

愚夫 黄开物 泐

癸卯闰蒲月十式日（1903年7月6日）

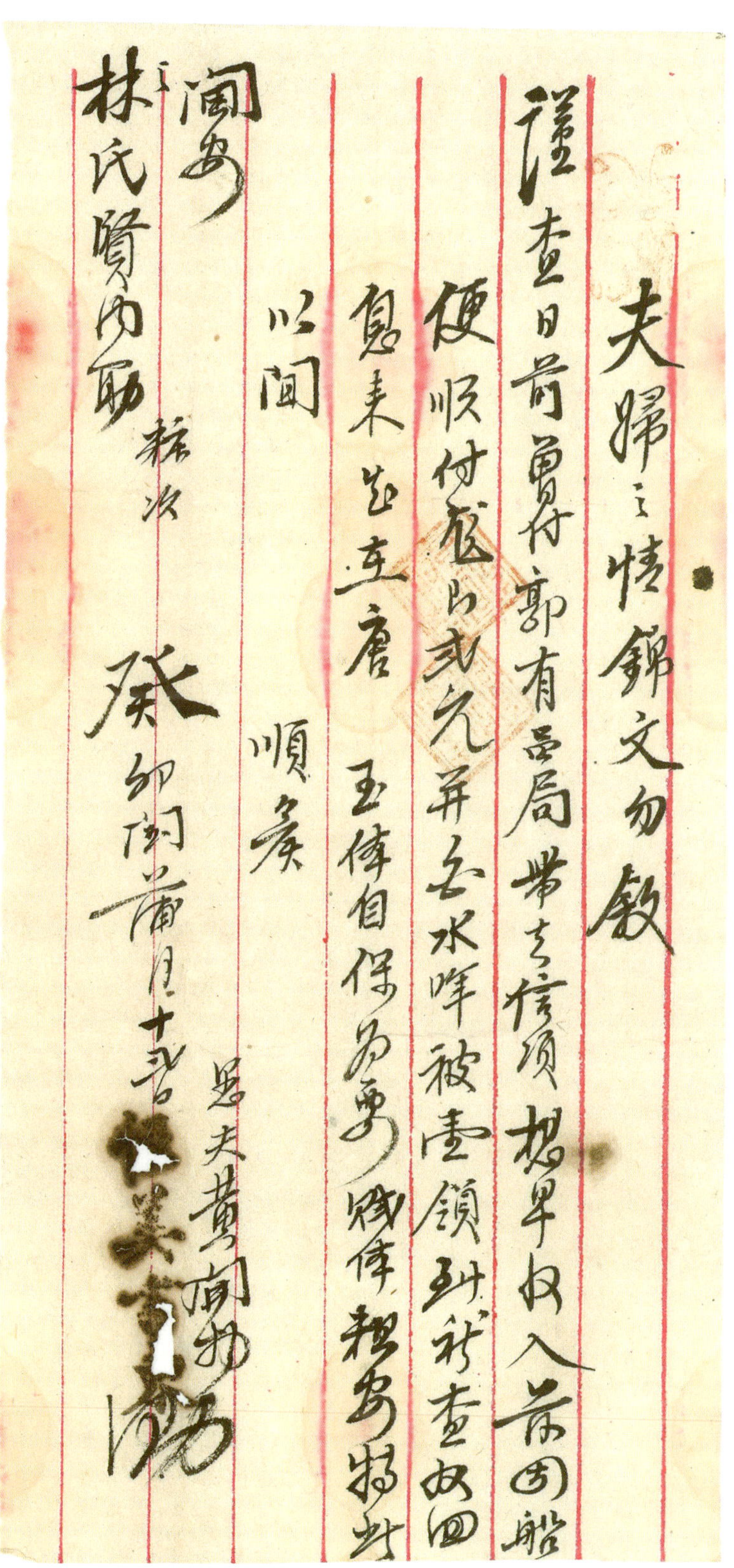

侨批笺

1903年菲律宾黄开物写给漳州东山社岳祖母、岳母的侨批，特意交代银款是孝敬老人的，“免交令孙女”。

【信文】

拜禀

岳祖母、岳母二位大人尊阅：

刻逢轮便，顺具龙银伍拾大元，到祈收入，聊充应用。玉体自保为要，贱体叩天庇佑，免介。特此奉启，此请

潭安！

另者，该项系与大人应用，免交令孙女是嘱。凡妇幼人勿令其开用，有余而非为。又及。

愚婿 黄在毓 顿首

癸小春卅日（1903年12月18日）

夫妇之情，语勿用套。

查是帮付家平轩侄带去信银式元，并什布乙包，想早收接否？祈为赐示来明。特此再启。此询

阃安！

林氏贤内妆（次）

在毓 顿首

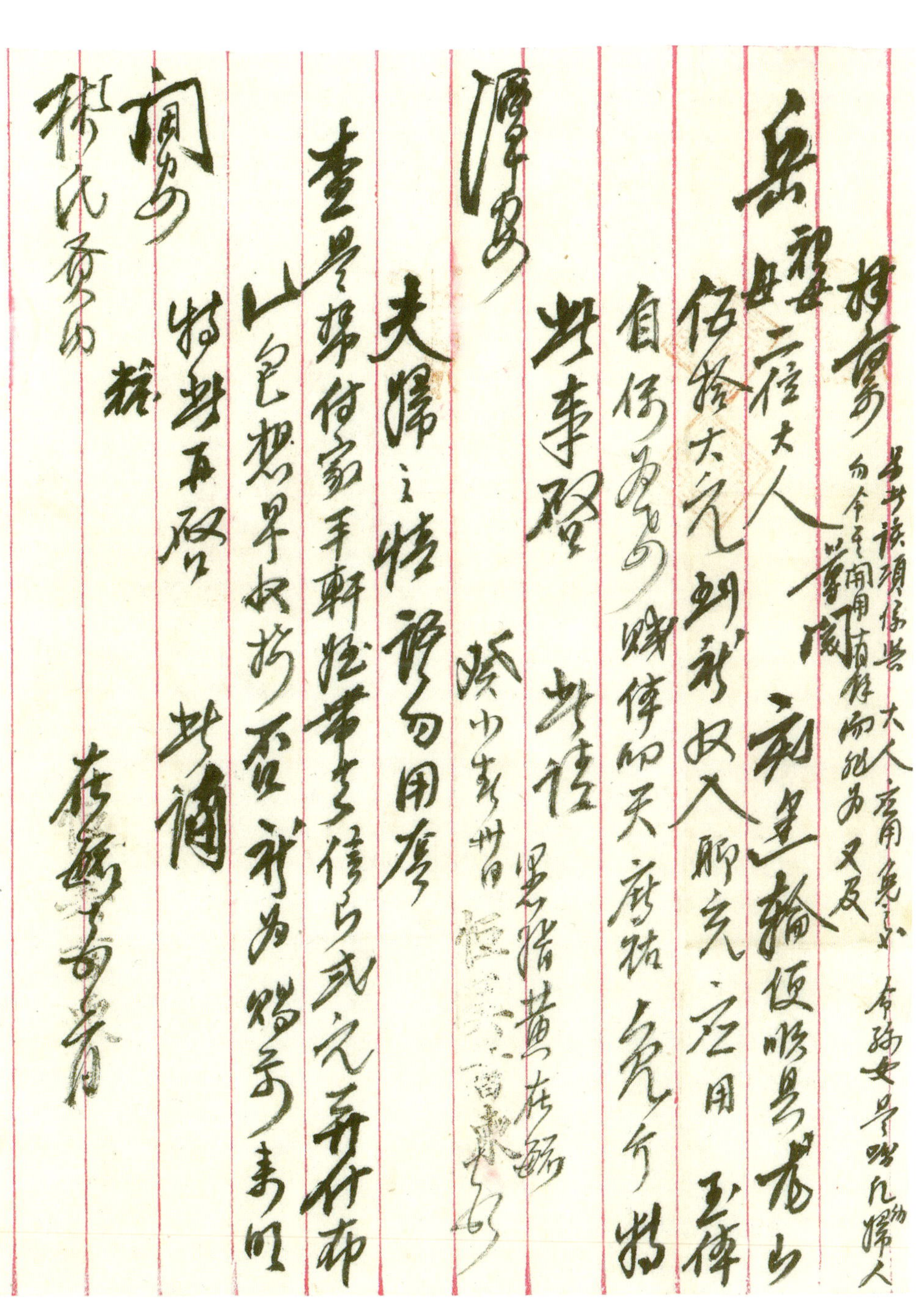
拜禀
岳親母二位大人 萬福 前達輪便順寄龍山
侄孫大元到前收入聊充應用 玉律
自從前為時律所天府枯免介粉
此事啓 此請
渾安 癸巳冬廿日 黑龍黃 在縣
夫婦之情 許多用度
查是婦侍家手軒埋帶之信之式元莳仔布
山鳥想早收拾不負前為贈妻回
闔安 特此再啓 此詢
楊氏 在縣

侨批笺

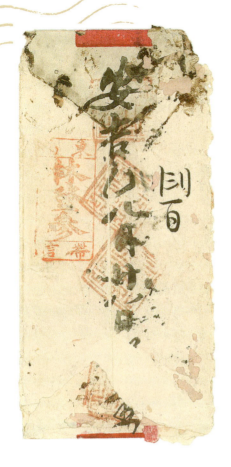

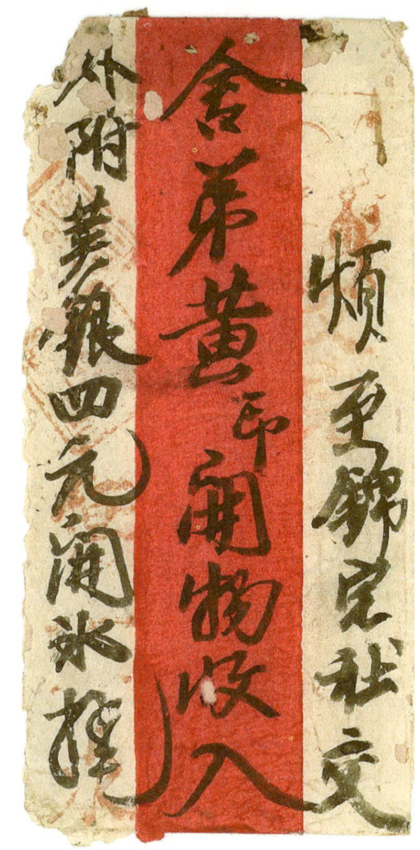

侨批封

【信文】

开物贤弟知情：

启者，昨接来信，知其到家，水途均安，甚慰鄙怀。方知要项，兹附家印开安哥去林印安邦翁银票壹纸，载银式佰元，如到收领分交，余伸可以应不仁家金钧。此回唐，昔日家父大人有向他借来银壹佰元，谅必未还，可问大人速即清楚。如大人尚未思还，可就中抽出，以免失了体面。自贤弟回唐之时，洲府五路尽行禁港，以致生理更败。店中零星每日只兑几十元而已，望此去生理能转市否？兹附去银四元，祈可收入，回息来知，此达。

一抽出式元交培坛婶收去。

又抽出式元交查某之妻收去。

又抽出叁元交连蒲收去。

又抽出叁元交五弟开鋳收去。

又抽出叁元交七弟开衍收去。

又抽出叁元交吾妻收去。

如到，祈可如数分交，计十六元。

乙巳桂月廿八日（1905年9月26日）

愚兄 开冰 沕（“恒美书柬”章）

1905年菲律宾华侨黄开冰寄锦宅黄开物的侨批，16元分成不等的6份给亲人，最后的一份才给自己的妻子。

1938 年 5 月 3 日印尼安汶经望加锡寄永春的侨批（盖“厦门源信昌批信局”章），华侨陈金场希望年老多病的母亲“倘有需补养品，务宜购之，以供调养”。

【信文】

母亲大人膝下：

敬奉者，近接家信敬悉种切，至谓大人年老多病，甚望自己保卫，倘有需补养品，务宜购之，以供调养是盼。兹有启者四贺孙，现承渊元弟应承所费，倘有妥人来汶，可与他同来。至入口手续如报父母补照实报之，兄弟须报四人，祈知之。切勿为误方符，注意为要。兹便付去国银弍拾元正，到希查收为荷，便中来慰乃盼。儿外体安好，勿念，此达敬请

金安！

儿 金场 奉

弍柒年五（月）三（日）

母亲大人膝下

敬禀者近接家信敬悉种切[illegible]
至谓大人年老多病甚望自
己保卫健康需补养品务宜购
之以供调养是所盼至[illegible]
回[illegible][illegible]现[illegible]潮[illegible]本应[illegible]
所费[illegible]已交人[illegible][illegible]可[illegible][illegible]
全书[illegible]入口[illegible][illegible][illegible]报[illegible]母
補[illegible][illegible]报之[illegible][illegible][illegible]报回人
[illegible][illegible][illegible][illegible][illegible][illegible][illegible][illegible][illegible][illegible]
[illegible][illegible][illegible]便付[illegible][illegible][illegible][illegible]
[illegible][illegible][illegible][illegible][illegible]收[illegible][illegible][illegible]
[illegible][illegible][illegible][illegible][illegible][illegible]信[illegible][illegible][illegible]
念此[illegible]致[illegible]

儿 金[illegible][illegible]

戊戌年五.三.

金[illegible]

侨批笺

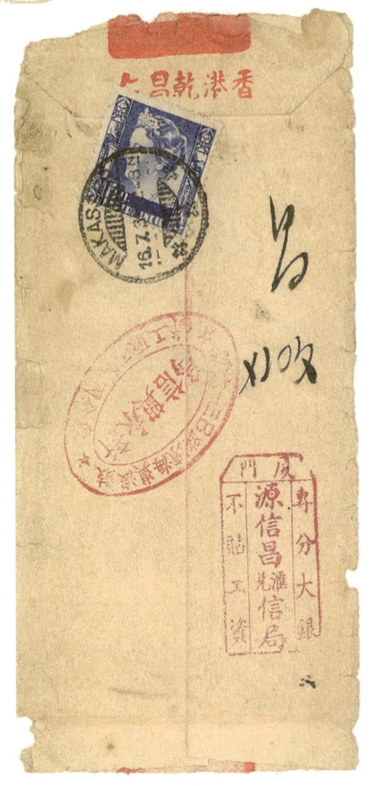

厦门沦陷后，印尼安汶经望加锡寄永春的侨批（一封两笺，接收的新永兴信局迁至鼓浪屿，盖有印章），儿子牵挂母亲安危，交代如战火阻隔，收不到银信，先向外人借款，“免青黄不接之患”。

【信文】

母亲大人膝下：

敬禀者，查前曾合鸾哥信内寄上银 15 元，又儿另自寄一信 25 元，又一信 20 元，又渊源弟寄回 10 元。此四条因战事关系，其回文尚未接到，未知大人有收妥否？祈示知乃幸。玉体祈善珍重为祷。儿在外如常。至咱家欠用，儿所深知，因辛（薪）金无多，船费尚未能清还，故不敢加寄，祈谅之。至战事音信难通，实属为念。此后如不得通时，祈在家向谅弟转向外人先借，以暂维持，庶免青黄不接之患耳。如谅弟要来汶时，祈大人将赐贺儿托其同为带来乃幸。顺付信局带上银 20 元，祈收家用。又转交谅弟一信五元，并照交为幸。专此呈请

金安！

儿 金场 禀

廿七年七月十二日

母親大人膝下 敬禀者 查前曾付鸞哥信內寄
上[illegible]元 又兒另自寄一信[illegible]元 又一信[illegible]元 又淵源弟
寄回[illegible]元 此四条因戰事阻[illegible] 回文尚未接到
未知 大人有收妥否 祈示知乃幸 玉倩弟
善珍妻為禱 兒在外亦常思咱家欠用 兒諒
深知 因本年金器多船費尚未能清還 故不敢加
寄 祈諒之 且戰事音信難通 實屬為念 此次
若不日通時 祈在家向諒弟籌向外人先借以
暫[illegible]糜免青黃不接之患耳 至 諒弟要來
沒時祈 大人將錫賀兒說足令為带來乃幸
專此並請 順付信內带上[illegible]元 祈收家用 又特交諒
弟一信 五元 希照
和[illegible]
金安 兒金塘禀 廿七年七月十三

侨批笺

“中日战事……致音信难通，兄家日食殊难把握”，1938 年 7 月印尼安汶经望加锡寄永春的侨批，祈求兄弟代为照顾自己在国内的家庭，“转借多寡借以维持”。

【信文】

金谅贤弟台鉴：

近来想多纳福为慰。际此中日战事，吾国沿海口岸被敌占据，致音信难通。兄家日食殊难把握，祈望弟台鼎力提携。如遇青黄不接时，乞代转借多寡借以维持，兄自当寄还，请勿廑念乃荷。前期令四弟渊源来汶，云及如船途流通时，弟台要来汶者，祈将小儿赐贺劳神带来乃感。辰下炎夏方张，千祈珍重，起居为祝。兄在汶平平，顺此告慰。兹奉上伴函五元，到祈收入，以充茶敬乃荷。专此并请

大安！

兄战相顿首

廿七年七月十二日

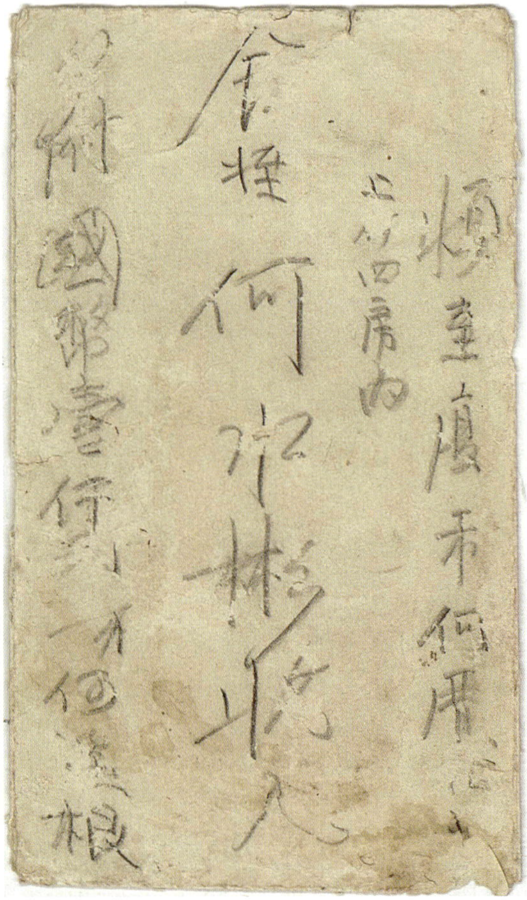

“自战事启端，家信随之无从致”，1945年10月弟弟抱着一丝希望，从南洋给厦门何厝的嫂子写信，惦记着“咱家先父母等一切忌辰”。

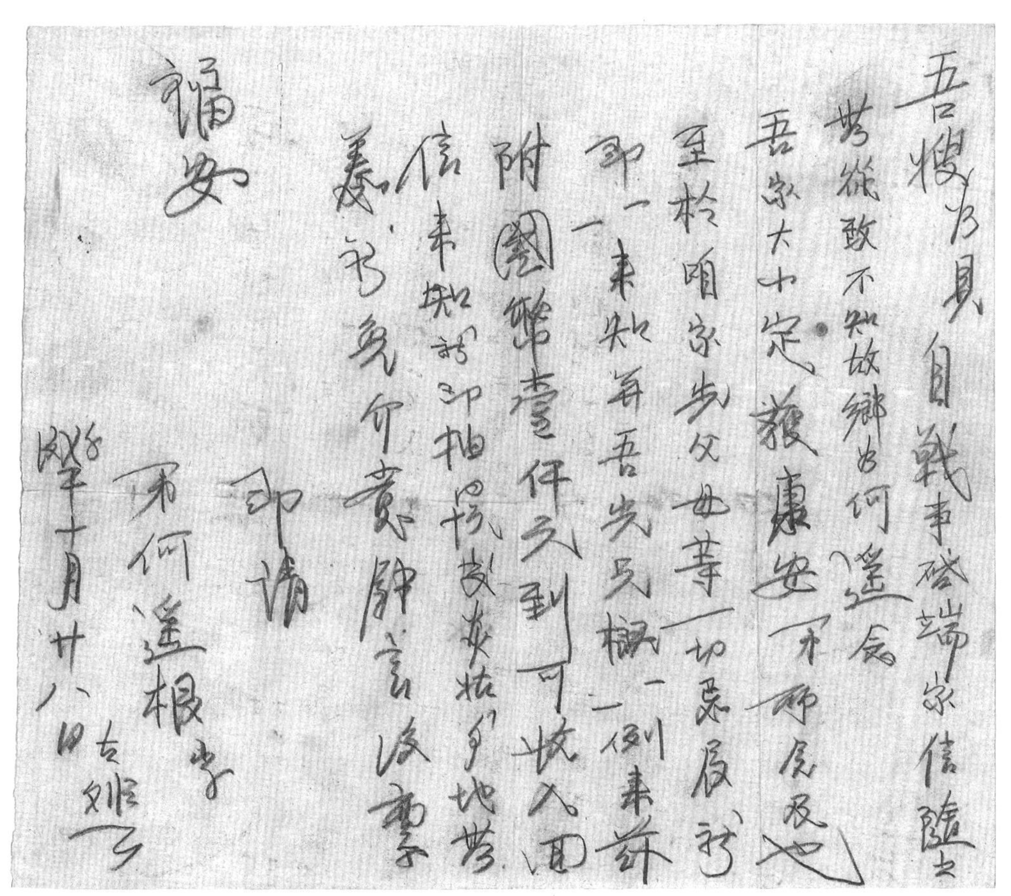

侨批笺

【信文】

吾嫂如见：

自战事启端，家信随之无从致，不知故乡如何，遥念吾家大小定获康安，弟所念及也。至于咱家先父母等一切忌辰，祈即一一来知，并吾光兄概一一例（列）来。兹附国币壹仟元，到可收入，回信来知，祈即抽十元交炎姑。外地无恙，祈免介意，余言后禀，即请

福安！

弟 何遥根 字

古九月廿三日 1945 年 10 月 28 日

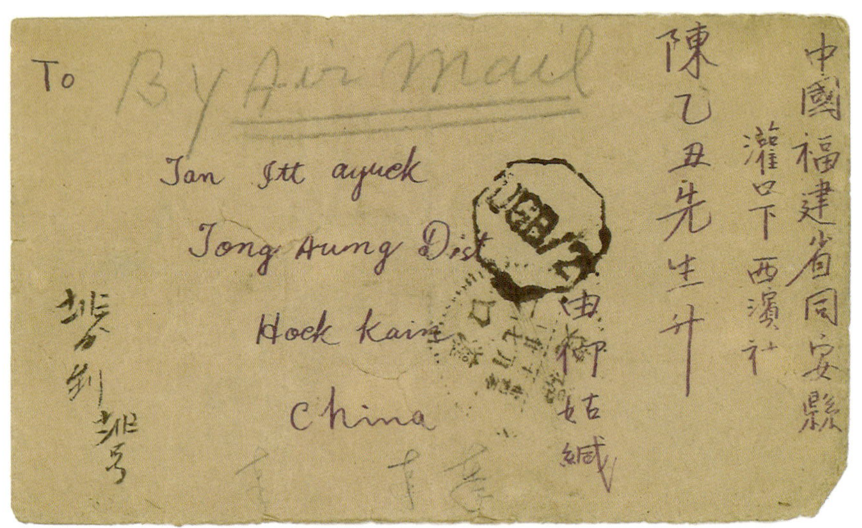

1945 年 11 月缅甸仰光寄同安灌口的侨批，侄儿不知伯父、大姑、二姑等亲戚情形，“颇觉难过”，深以为念。

侨批笺

【信文】

伯父、伯母大人尊前：

敬禀者，伯父一家返国后，南洋战事爆发，未得伯父一家之消息，父亲也颇以为念，惟遥祝伯父之安康，家中平安为颂，及也未知大姑、二姑、二嫂与其他亲戚亲友之消息，也颇觉难过，也时刻祝大家之平安！兹祖国经打走了敌人，吾们乡下生活安宁否？伯父生活怎样，很以为念矣。缅甸于战期间当遭受未少灾祸，但兹经安宁了，惟生活程度还颇高。赞生哥成婚自立家庭，经有四五个月了，石京哥一家，水梨、坪仔、文梨哥、载球哥均都平安。惟清河哥于缅甸战事未（爆）发前独赴上缅甸腊戌经商，缅甸战事偶然爆发，交通断绝，竟未能返回下缅甸，至今还未得到他之消息，惟略有听人说他在印度西南运输公司。兹蚶目姊在吾家，家中自父母亲下都平安，请勿念。来足已出嫁，经添一男孩。吾家前居于山邑，扰乱时遭受盗人掠劫，迁居瓦溪码埠陈聪明之大成米绞边，至今还于此地。侄因学识浅薄，胡乱上几言问侯（候），错处伏乞伯父垂亮（谅），专此叩禀，敬请

福安！

侄 世禄 叩禀

卅四年十一月二十日

通信地址：仰光瓦溪码大成米绞转交

TO: TAN LE CAW TAI SENG RICE MILL （WAKEMA） MYAUNGMYA DIST RANGOON BURMA

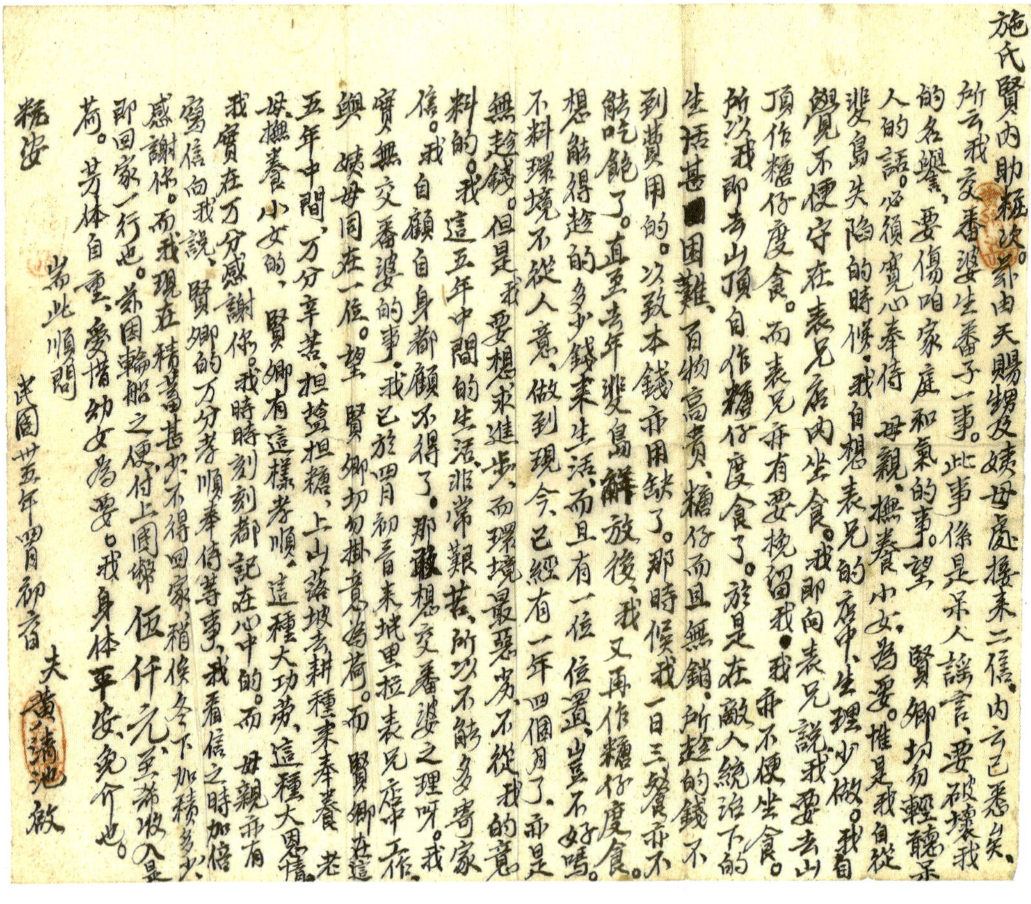

施氏賢內助粧次。前由天賜甥及姨母處接來二信，內云已悉矣。所云我交番婆生番子一事。此事係是吊人謠言，要破壞我的名譽，要傷咱家庭和氣的事。望 賢卿切勿輕聽吊人的話。必須寬心奉侍 母親，撫養小女為要。惟是我自從斐島失陷的時候，我自想表兄的店中生理少做。我自覺不便守在表兄店內坐食。我即向表兄說我要去山頂作糖仔度食。而表兄亦有要挽留我。我亦不便坐食。所以我即去山頂自作糖仔度食了。於是在敵人統治下的生活甚[redacted]困難，百物高貴，糖仔而且無銷，所趁的錢不到費用的。以致本錢亦困缺了。那時候我一日三餐亦不能吃飽了。直至去年斐島解放後，我又再作糖仔度食。想能得趁的多少錢來生活，而且有一位 位置，豈不好嗎。不料環境不從人意，做到現今已經有一年四個月了，亦是無趁錢。但是我要想求進步，而環境最惡劣，不從我的意料的。我這五年中間的生活非常艱苦，所以不能多寄家信。我自顧自身都顧不得了。那敢想交番婆之理呀。我實無交番婆的事。我已於四月初旬來岷里拉表兄店中工作。與 姨母同在一位。望 賢卿切勿掛意為荷。而 賢卿在這五年中間，万分辛苦，担鹽担糖，上山落坡去耕種來奉養 老母，撫養小女的， 賢卿有這樣孝順。這種大功勞，這種大恩情，我實在万分感謝你。我時時刻刻都記在心中的。而 母親亦有寄信向我說， 賢卿的万分孝順奉侍等事，我看信之時加倍感謝你。而我現在積蓄甚少，不得回家，稍候冬下加積多少，即回家一行也。茲因輪船之便，付上國幣伍仟元，至希收入是荷。芳体自重，愛惜幼女為要。我身体平安，免介也。

專此順問

粧安

民國卅五年四月初旬 夫黄謫池 啟

1946 年 4 月菲律宾马尼拉寄石狮的侨批，丈夫驳斥外遇谣言，向妻子诉说衷肠。

【信文】

施氏贤内助妆次：

兹由天赐甥及姨母处接来二信，内云已悉矣。所云我交番婆生番子一事，此事系是呆人谣言，要破坏我的名誉，要伤咱家庭和气的事。望贤卿切勿轻听呆人的话，必须宽心奉侍母亲，抚养小女为要。惟是我自从菲岛失陷的时候，我自想表兄的店中生理少做，我自觉不便守在表兄店内坐食，我即向表兄说我要去山顶作糖仔度食，而表兄亦有要挽留我，我亦不便坐食，所以我即去山顶自作糖仔度食了。于是在敌人统治下的生活甚困难，百物高贵，糖仔而且无销，所趁的钱不到费用的，以致本钱亦用缺了，那时候我一日三餐亦不能吃饱了，直至去年菲岛解放后，我又再作糖仔度食，想能得趁的多少钱来生活，而且有一位位置岂不好吗？不料环境不从人意，做到现今，已经有一年四个月了，亦是无趁钱。但是我要想求进步，而环境最恶劣，不从我的意料的，我这五年中间的生活非常艰苦，所以不能多寄家信，我自顾自身都顾不得了，哪敢想交番婆之理呀，我实无交番婆的事。我已于四月初三日来岷里拉表兄店中工作，与姨母同在一位，望贤卿切勿挂意为荷。而贤卿在这五年中间，万分辛苦，担盐担糖，上山落坡，去耕种来奉养老母、抚养小女的。贤卿有这样孝顺，这种大功劳，这种大恩情，我实在万分感谢你，我时时刻刻都记在心中的，而母亲亦有写信向我说贤卿的万分孝顺奉侍等事，我看信之时加倍感谢你。而我现在积蓄甚少，不得回家，稍俟冬下加积多少，即回家一行也。兹因轮船之便，付上国币伍仟元，至希收入是荷。芳体自重，爱惜幼女为要。我身体平安，免介也。专此顺问

妆安！

夫 黄清池 启

民国卅五年四月初六日

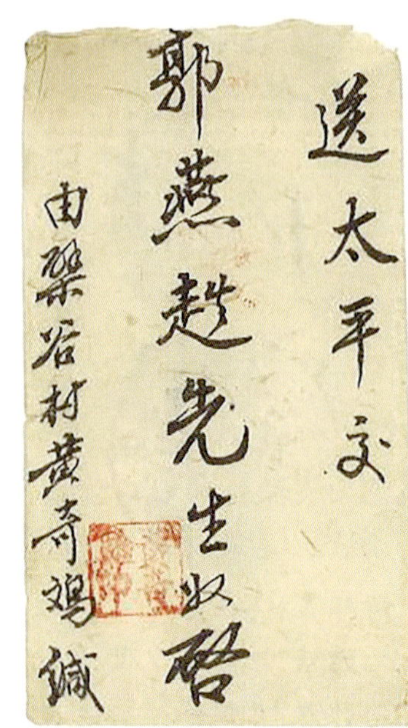

燕趙吾兄如握 別後以來殊深念念 乃荷時賜教函 銘感
無已 前後蒙惠錫金圓弍拾元 如數拜領 謝謝 諒維儒祉
亨佳 操勞順手為祝 令郎正[illegible]為惋惜 然死生乎數
非人力所能挽回 弟亦同為徵逐 延醫等乃費盡精神 無
補于事 蓋達人知命 切勿以已然之事 作無益之悲 要在惜身
為重 努力前途 希期于早晚間 得賺些來 以計是達人所
深望也 此生意如常 切勿[illegible] 此後即[illegible]
儒祉 弟黃奇繼[illegible]

文務吾兄台鑒 叨在知己 贅語剪除 前蒙寄聲 並惠厚貺
心感無既 遙祝 旅祺延禧 生意興盛 為頌無量 而二
位令郎努力家計 奮斧前途 弟深代為欣慰 此乃兄之福
而致然也 中之生理 經營依舊 對于諸股東大都抽回建業
等情 弟亦時常招呼 均由財根不就 是以不能如願 然同時
之斧起 豈不令人驚念也 然生意雖不同作 而當時之舊
情猶在弟腦中 今之同股者惟 燕趙兄耳 郎[illegible]近來頗欲
如何 但係前客允乃希 二兄共為吹噓耳 如有得意
務早決定計為荷 未知為盼 此復 並請
財安
卅七年古十月初三日 弟黃奇鵠啟

1948年晋江寄马来亚太平的回批，寄给两兄弟的连书，诉说思念之情。

【信文】

燕趁吾兄如握：

别后以来，殊深念念，乃荷时赐教函，铭感无已。兹复蒙惠锡金圆式拾元，如数拜领，谢谢！谅维侨祉亨佳，操事顺手如祝。令郎玉折，殊为扼惋。然死生乎数，非人力所能挽回，弟亦同为征逐延医等事，费尽精神，无补于事。盖达人知命，勿以已然之事，作无益之悲，要在惜身为重，努力前途，希期于早晚间得赋归来之计，是远人所深望也。弟生意如常，勿介。此复，即候侨祉！

弟 黄奇鸡 泐

十月初三日

文务吾兄台鉴：

叨在知己，赘语剪陈。兹蒙寄声并惠厚贶，心感无既。遥祝旅祺延禧，生意兴盛，为颂无量。而二位令郎努力家计，奋发前途，弟深代为欣慰，此正兄之福而致然也。弟之生理，经营依旧。对于诸股东大都抽回建业等情，弟亦时常招呼，均由财根不就，是以不能如愿。然同时之发起者，岂不令人系念也。然生意虽不同作，而昔时之旧情犹在弟脑中，今之同股者，惟燕趁兄耳。郎阿近来头绪如何？但系新客，凡事希二兄共为吹嘘耳。如有得意，祈早决归计为荷，示知为盼！此复，并请

财安！

弟 黄奇鸡 启

卅七年古十月初三日

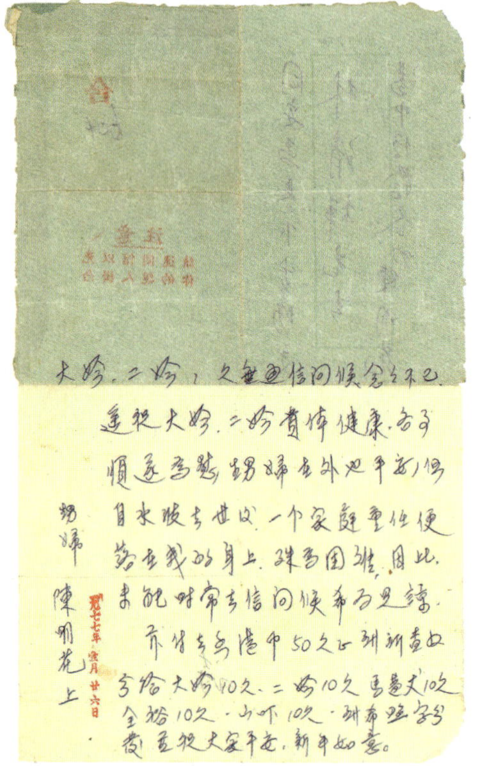

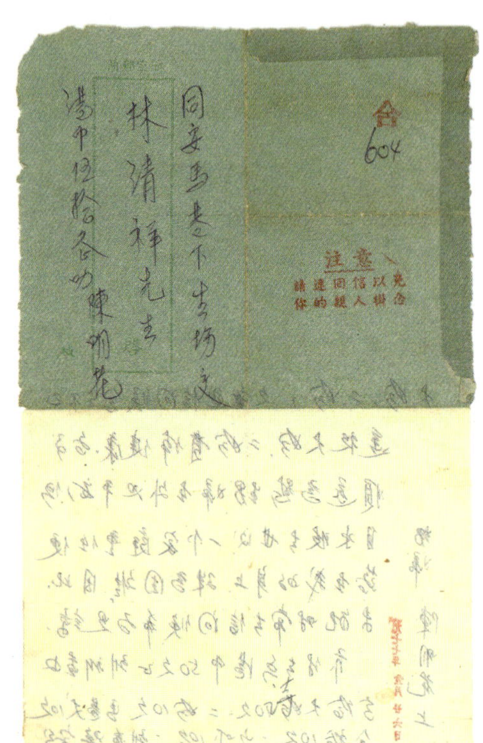

1977年1月新加坡寄同安马巷的侨批，寄钱分赠亲友。

【信文】

大妗、二妗：

久无通信问候，念念不已，遥祝大妗、二妗贵体健康，各事顺遂为慰。甥妇在外也平安！但自水波去世后，一个家庭重任便落在我的身上，殊为困难，因此未能时常去信问候，希为见谅。兹付去香港币50元正，到祈查收，分给大妗10元、二妗10元、马巷丈10元、全裕10元、山吓10元，到希照字分发，并祝大家平安，新年如意！

甥妇 陈明花 上

一九七七年壹月廿六日

侨批中的家风文化

远在海外打拼的侨胞，心系家园，不忘亲情。他们通过侨批家书，不仅寄来了家费，赡养父母、妻儿、兄弟、姐妹，而且传递了家庭的价值观，对家庭成员的道德标准、为人处世行为和生活方式起到指导和规范作用，从而形成了独特的侨乡家风文化：孝悌为本、勤俭持家、勤学向上、诚信处世、家国一体等等。侨批中蕴含着厚重的人文精神和丰富文化内涵，涵盖诸多优秀家风文化。

以下精选 3 个家族的侨批，以反映海外华侨华人优秀的家风传承。

一、厦门灌口陈氏侨批

厦门灌口陈氏侨批记载了关爱家人、尊敬长辈、注重教育、乐捐公益等内容，体现了良好的侨乡家风文化。

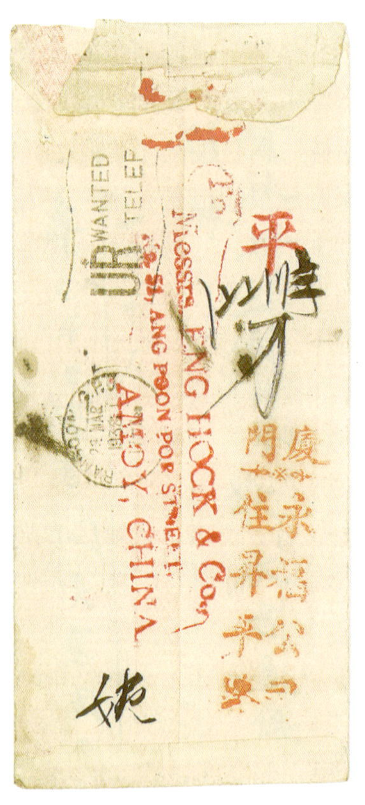

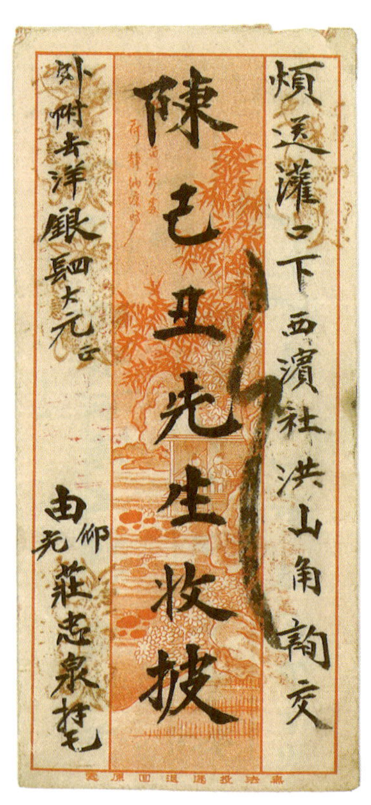

1938 年缅甸仰光寄厦门灌口的侨批，亲情问候长辈，“抽出式大元交母姨收为茶资之敬”。

侨批笺

【信文】

贤妹婿、贤妹二位均（钧）鉴：

敬启者，遥想去年荣归梓里，谅然水路一切顺序，天相吉人，早日安抵家中，以符式颂也。本应早日修书问候，奈因居在山芭僻处，一纸传投殊感困难，是以延滞于兹，希乞原谅焉。但拙夫前虽下仰一次，本欲寄寸楮问候，因不知妹婿住址，是以空返。兹愚下仰询详住址，是以谨修问候耳。但未知唐境迩来得以安居否？便中回慰。但愚所营生理幸喜如常，实堪告慰。近闻中日战事屡趋激烈，而日方利用飞机妄投炸弹炸害平民，旅人闻此消息不胜悬介，希顺笔回慰。兹因便附去肆大元，如到查收，从中抽出弍大元交母姨收为茶资之敬，旋祈将母姨近况赐示，余伸可自收用。在外客体平安，请免锦介。余无他叙，谨此并请

时安！

愚 周玉枝 手泐

戊寅年二月十七日（1938 年 3 月 18 日）

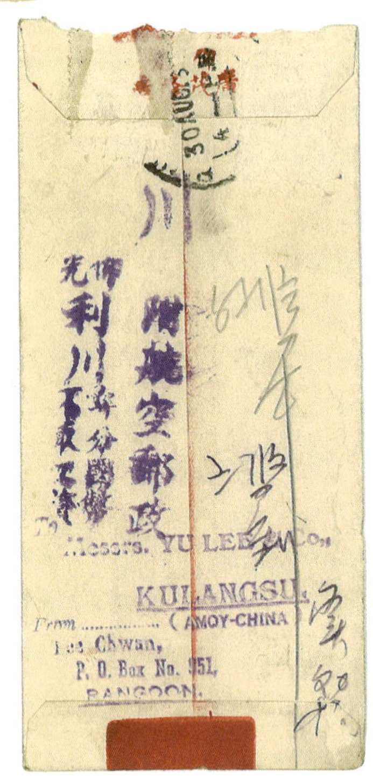

父母親大人尊鑒敬禀者
曉讀來示知付之[illegible]中途失落未稔內裡悉
家中堂上大小均安而南渡一節望父親猷
有良机即速提眷來仰近来世界各國備
戰二次大戰難以避之且咱鄉接近於海
邊恐介時受日机轟炸故望大人早日決
心免兒遠掛也
兒自旅外將近一載未能侍奉高堂而
弟年幼相顧照料心中感到不安
近聞德隆君已往山邊叫豬尾對此款項一
俟大人來時以便面論對其家產望大人
勿承管也且此乱時有何用此言乃兒所
懇求然对咱田園一切事务自種作家中担
负一概請叫他人万勿自勞玉体近来承
咸珍號來函頗啖媽挨餓延賬罷兒
在外祖体康健对於店中一切职業未敢
[illegible]謹慎花柳叢中睹柳隊裡從未涉足
以慰遠注矣順奉國幣壹佰元內中抽二
元外祖母二元姑母以茶菓之用小弟
二元餘者望兩大人查收餘言後禀
敬請
福安
兒燮生敬禀
己 瓜月二十六日

1939 年仰光寄厦门灌口的侨批，儿子挂念战时家人安全，“望父亲遇有良机即速提眷来仰”，并向父母禀告自己洁身自好，“花柳丛中、睹柳队里从未涉足”。

【信文】

父母亲大人尊鉴:

敬禀者，跪读来示，知付去之书中途失落未祥（详）内。捧悉家中堂上大小均安，而南渡一节，望父亲欲（遇）有良机即速提眷来仰。迩来世界各国备战二次大战，难以避之，且咱乡梓近于海边，恐介（届）时受日机滥炸，故望大人早日决心，免儿远挂也。儿自旅外将近一载，未能侍奉高堂，而弟年幼未能相顾照料，心中感到不安。近闻德隆君已往山邑叫猪尾，对此款项，一俟大人来时，以便面论。对其家产，望大人勿承管也，且此乱时有何用，此言乃儿所恳求。然对咱田园一切，望勿自种作，家中担水一概请叫他人，万勿自劳玉体。近来承成珍号来哥颇咯妈挨彪还账一百盾。儿在外粗体康健，对于店中一切职业未敢，事事谨慎，花柳丛中、睹柳队里从未涉足，以慰远注矣。顺奉国币壹佰元，内中抽二元外祖母，二元杏林姑母，以茶果之用，小弟六元，余者望两大人查收。余言后禀，敬请福安!

儿赞生敬禀

已瓜月十六日（1939年8月30日）

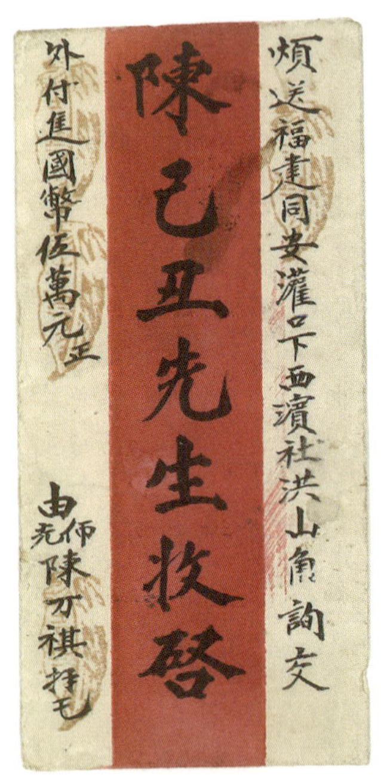

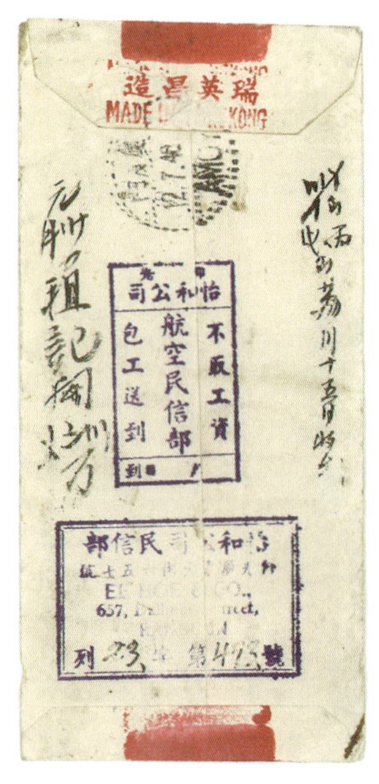

侨批封

【信文】

己丑先生电鉴：

敬启者，自别光仪，时深驰念，遥想迩来起居集福，诸凡顺遂，暨阖家大小亦皆康安，定符远颂也。窃思中元节届，本房角大都寒素之家，难免乏力开用，是以在仰咱角诸人讨论，筹付接济，以减轻咱角各户负担之苦，是以众议筹付帮助。兹因乘便，付进国币伍万元，如到查收，以助中元节开用。旋祈复函示慰。在仰诸人均皆平安，实堪告慰耳。余无他陈，谨此奉闻，并颂

近安！

陈万祺、银礴、水婴、南阳 同付

民国三十五年丙戌四月十八日

（1946 年 5 月 18 日）

乙丑先生電鑒　敬啓者自别光儀時深馳念遥想近来起居集福諸

凡順遂　暨闔家大小亦皆康安定符遠頌也窃思中元節届辛

房角大都寒素之家难免乏力開用是以在仰咱角諸人討論

籌付接濟以减輕咱角各户負擔之苦是以衆議籌付幫助爺

因乘便付進國幣伍萬元如到查收以助中元節開用旋祈復

函示慰在仰諸人均皆平安实堪告慰耳餘無他陳謹此奉聞

並頌

近安

陳万祺、跟禮、水嬰南陽仝付

民國三十五年丙戌四月十日

1946年缅甸仰光寄厦门灌口的侨批，提议“在仰咱角诸人讨论”“是以众议筹付”“以助中元节开用”，显示众乡亲乐捐公益，体现了和谐、团结、爱乡的侨乡风气。

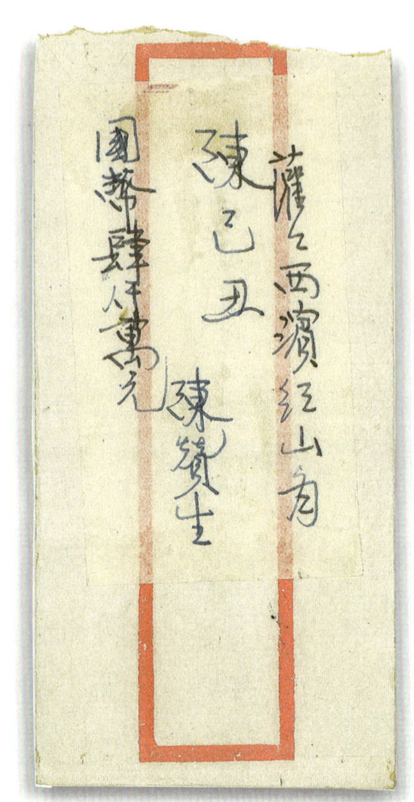

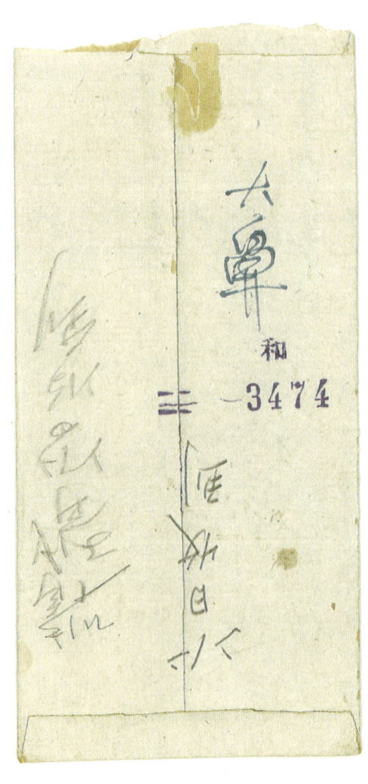

1948 年缅甸仰光寄厦门灌口的侨批，提醒兄姊帮弟弟选择一所好学校就读，学费当汇交，体现了海外华侨重视教育的良好家风。

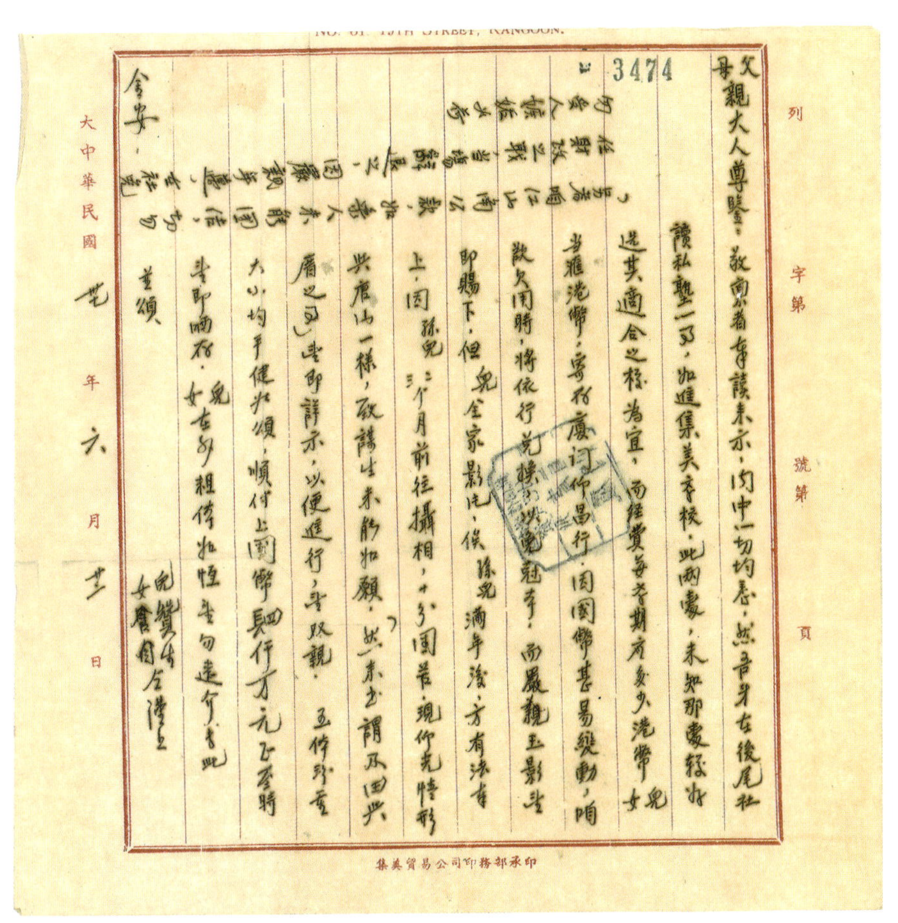
NO. 61 19TH STREET, RANGOON.

3474

大中華民國 卅七 年 六 月 廿二 日

集美貿易公司印務部承印

侨批笺

【信文】

父母亲大人尊鉴：

敬禀者，奉读来示，内中一切均悉。然吾弟在后尾社读私塾一事，如进集美学校，此两处，未知那（哪）处较好？选其适合之校为宜。而经费每学期应多少港币，儿、女当汇港币，寄存厦门仰昌行，因国币甚易变动，咱欲欠用时，将依行兑换，以免克本。而严亲玉影望即赐下，但儿全家影片，俟孙儿满年后方有法奉上。因孙儿二三个月前往摄相（像），十分困苦。现仰光情形与唐山一样，致谋生未能如愿，然来书谓及田与厝之事，望即详示，以便进行。望双亲玉体珍重，大小均平健为颂。顺付上国币肆仟万元正，至时望即哂存。儿、女在外粗体如恒，望勿远介。专此并颂

金安！

另者，咱江山角公款，如众人未能团结，切勿任财政之职，当场辞退之。因严亲年迈，在社免受人嫉妒为荷。

儿赞生、女仓自同谨上

民国卅七年（1948年）六月廿二日

二、漳州锦宅黄开物侨批

黄开物，字在毓，1878 年出生于泉州府同安县锦宅村（现属漳州台商开发区角美镇锦宅村），爱国华侨，辛亥志士，在菲律宾加入孙中山领导的同盟会，任同盟会小吕宋分会机关报《公理报》的撰稿人，在家乡兴办华侨公立小学，是一位“好行义务，为社会同钦”的乡绅。

黄开物侨批记载了尊老爱幼、俭约持家、和睦亲友、提倡文明、重视教育等内容，展现了华侨爱家人、爱家乡的良好风貌。

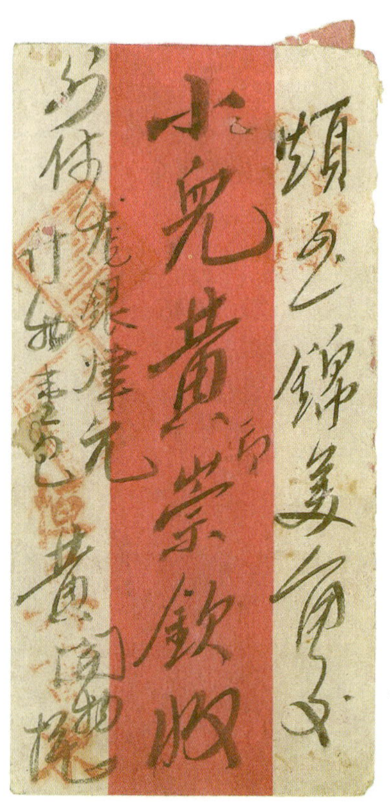

1904 年菲律宾马尼拉黄开物寄锦宅的侨批，叮嘱妻子“小儿务须尽力照顾”“女婢经已长大，切宜严为拘束”，既关爱又严管。

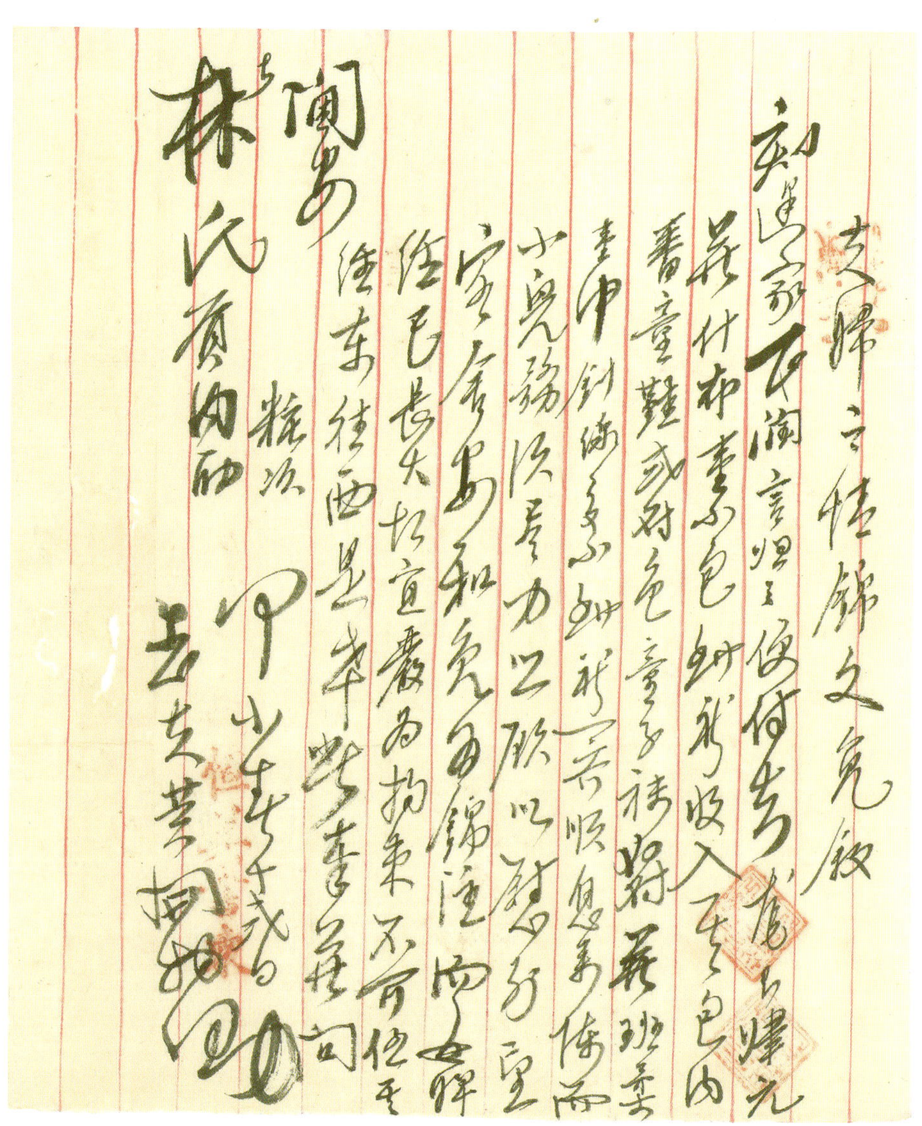

侨批笺

【信文】

夫妇之情，锦文免叙。

刻逢家正润言归之便，付去龙银肆元并什布壹小包，到祈收入。其包内番童鞋式对，色童子袜四对，花班柔壹申，针线多少，到祈一齐顺息来陈。而小儿务须尽力照顾，以慰外望。客舍安和，免为锦注。而女婢经已长大，切宜严为拘束，不可任其经东往西是幸。此奉，并问

阃安！

林氏贤内助妆次

愚夫 黄开物 泐（“恒美书柬”章）

甲小春十式日（1904 年 11 月 18 日）

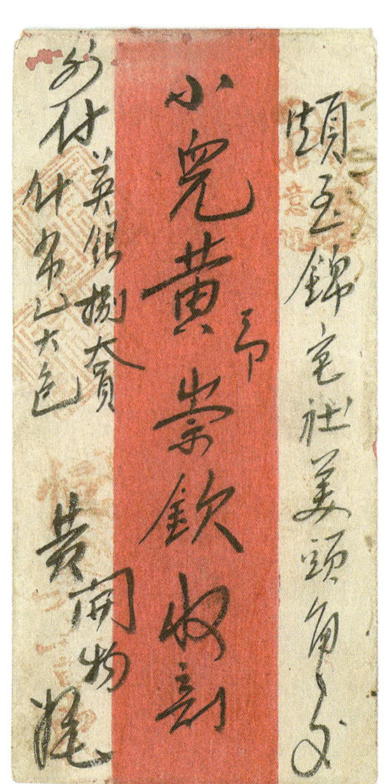

1907 年菲律宾马尼拉黄开物寄锦宅的侨批，嘱托妻子“孝顺家翁，和睦妯娌，照顾儿女，玉体亦当自保”。

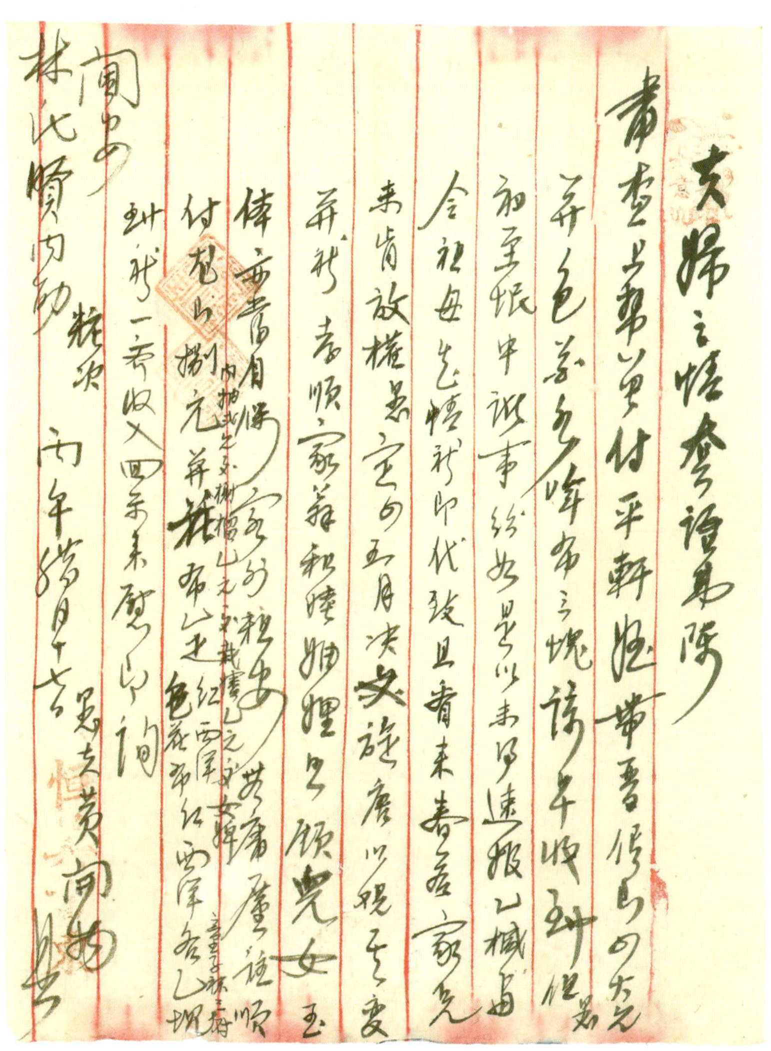

侨批笺

【信文】

夫妇之情，套语弗陈。

肃查上帮曾付平轩侄带晋信银四大元，并色花各哞布三块，谅早收到。但愚初至坻中，诸事纷如，是以未得速报乙缄与令祖母知情，祈即代致。且看来春后家兄未肯放权，愚定四五月决必旋唐，以观其变。并祈孝顺家翁，和睦妯娌，照顾儿女，玉体亦当自保。客外粗安，无庸廑注。顺付龙银捌元，内抽弍元交榭榴，乙元交栽婶，乙元交女婢。并花布乙匹，红西洋色花布、红西洋布各乙块、童子袜三对，到祈一齐收入，回示来慰，即询

闻安！

林氏贤内助妆次

愚夫黄开物具（“恒美书柬”章）

丙午腊月十七日（1907 年 1 月 30 日）

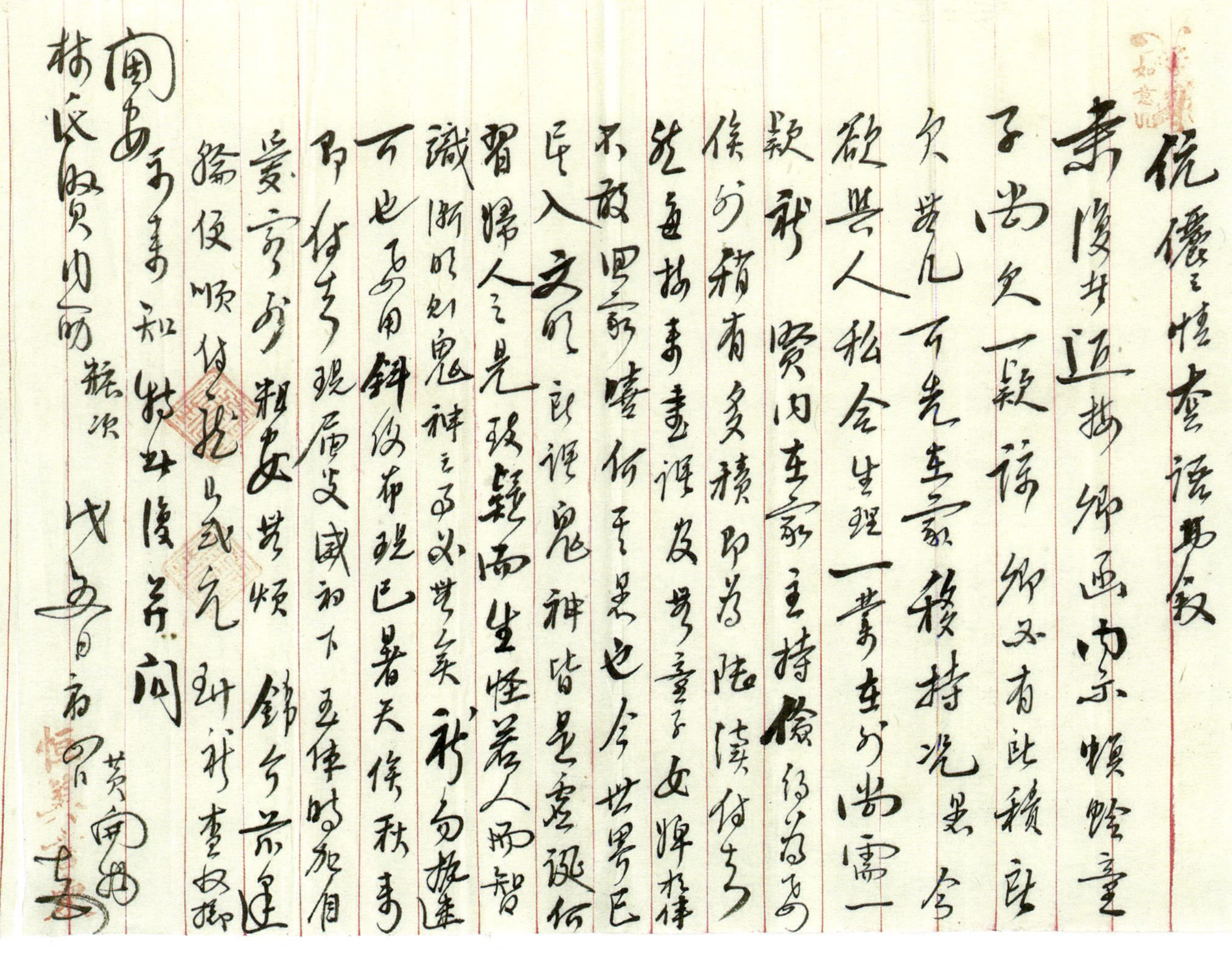

1908年菲律宾马尼拉黄开物寄锦宅的侨批，希望“贤内在家主持俭约为要”，开导夫人“今世界已导入文明，所谓鬼神皆是虚诞”，“祈勿执迷”。

【信文】

伉俪之情，套语弗叙。

肃复者，近接卿函，内示螟蛉童子尚欠一款，谅卿必有所积，所欠无几，可先在家移持。况愚今欲与人私合生理一业，在外尚需一款。祈贤内在家主持俭约为要，俟外稍有多积，即为陆续付去。然每接来书谓及无童子女婢相伴，不敢回家。嘻，何其愚也。今世界已导入文明，所谓鬼神皆是虚诞，何习妇人之见，致疑而生怪。若人而智识渐明，则鬼神之事必无矣，祈勿执迷可也。要用斜纹布，现已暑天，俟秋来即付去。现届炎威初下，玉体时加自爱。客外粗安，无烦锦介。兹逢轮便，顺付龙银弍元，到祈查收，掷示来知。特此复，并问

闻安！

林氏贤内助妆次

戊五月初四日（1908 年 6 月 2 日）

黄开物 顿首（“恒美书柬”章）

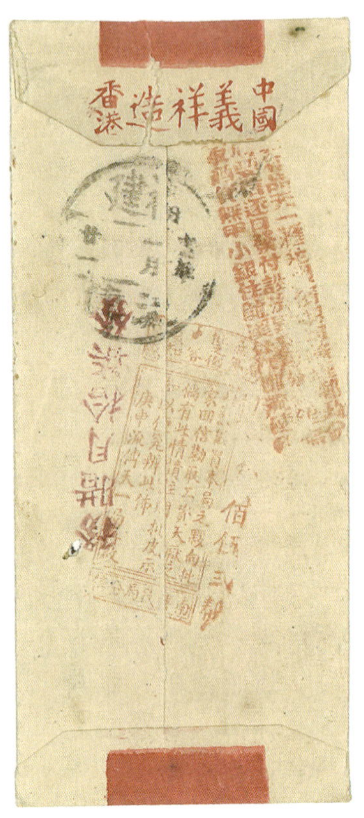

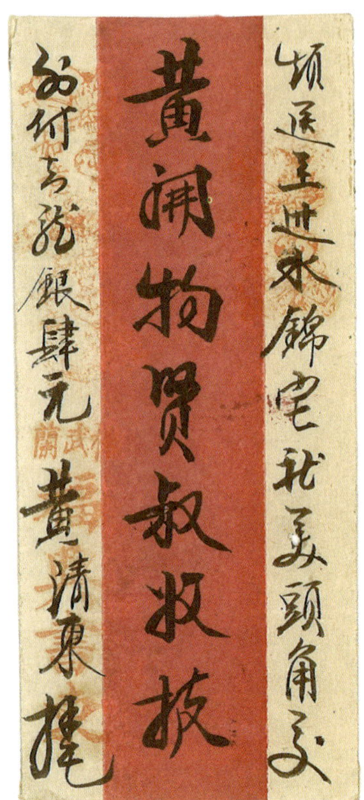

1922 年菲律宾宿务黄清东寄锦宅黄开物的侨批，要求“敝诸舍侄并侄女及小女俱皆使入华侨公立学校”，接受现代教育，“切不可再读私俗（塾）”。

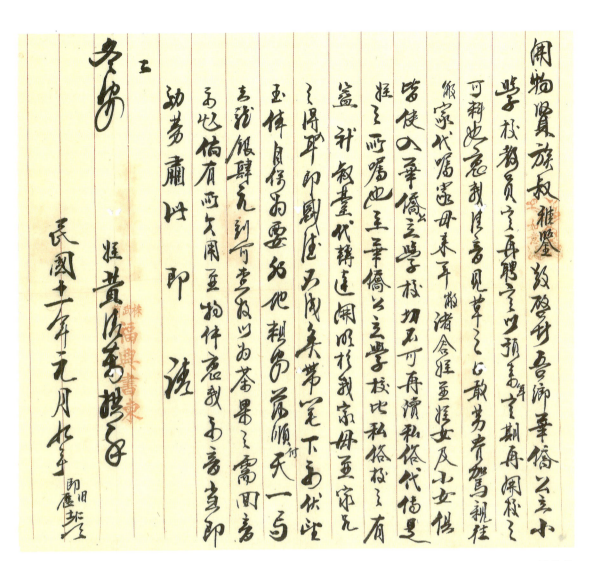

侨批笺

【信文】

开物贤族叔雅鉴：

敬启者，吾乡华侨公立小学校教员定再聘定，以预来年定期再开校之可料也。应我佳音，见草之日敢劳贵驾亲往敝家代嘱家母来耳，敝诸舍侄并侄女及小女俱皆使入华侨公立学校，切不可再读私俗（塾），代传是侄之所嘱也。至华侨公立学校比私俗（塾）校之有益，祈叔台代转达，开明于我家母并家兄之得入耳，即感德不浅矣。带笔下示，伏望玉体自保为要，外地粗安。兹顺付天一局去龙银肆元，到可查收，以为茶果之需，回音示知。倘有所欠用并物件，应我示音，当即效劳。肃此，即请

冬安！

侄 黄清东 拱手

民国十一年元月九日，即旧历十二月十二日（“株武兰 福兴书柬”章）

1903年菲律宾马尼拉黄开物寄东山社的侨批，请求岳祖母、岳母“聊应捌月令孙女补养之事。到期祈大人必须亲往敝家”，体现尊老爱幼。

【信文】

缄奉

岳祖母、岳母二位老大人尊前：

谨启者，查上帮曾付郭有品局带去信银陆元，内抽式元交令孙女收入，想早收到否？兹顺寄郭局带去龙银肆拾大员，到祈收入，聊应捌月令孙女补养之事。到期祈大人必须亲往敝家。敝家如有款待不周，祈原情小婿面上是祷，勿误。此布，肃启，即请

谭安！

门婿 黄在毓 顿首（“恒美书柬”章）

癸卯年瓜月十二日（1903年9月3日）

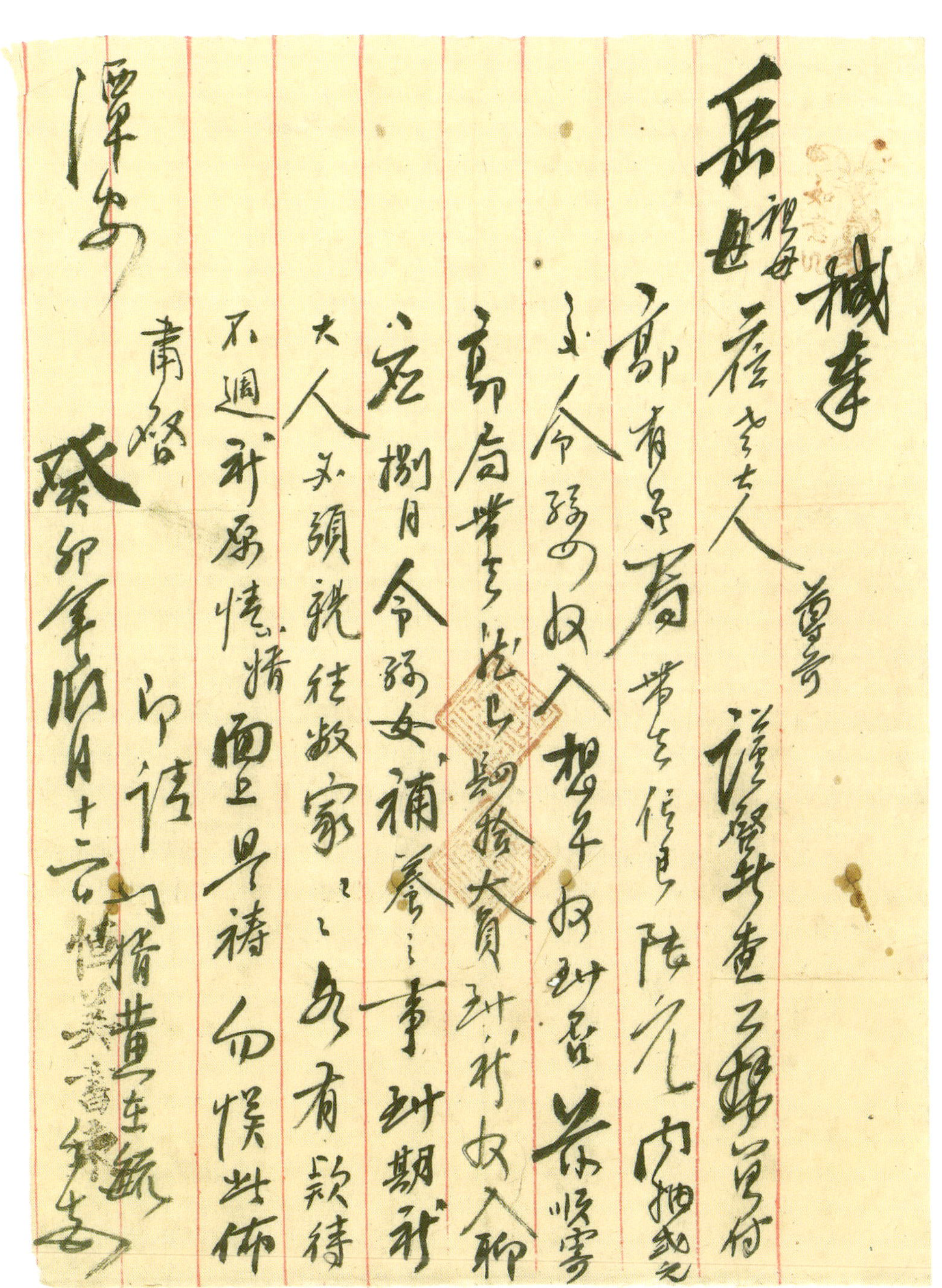
岳祖母
岳母[illegible]大人 尊前

謹啟者 查[illegible]付
郎有信寄 帶去信息陸元 內抽式元
交 令孫女收入 想早收到 茲順寄
郎前帶去港[illegible]拾大員 到新收入 聊
以應捌月 令孫女補養之事 到期新
大人亦須就往敝家之[illegible]有款待
不過新[illegible]情情 面上只禱勿[illegible]此佈
肅啟 即請
潭安
癸卯年八月十六日 [illegible]婿黃[illegible]

侨批笺

侨批中的家风文化

三、永春郑金纯侨批

现居北京的永春人、清华大学八旬校友郑金纯珍藏的数十封侨批，时间跨度从 1958 年至 1967 年，讲述郑金纯的养父、生母、姨母从马来西亚柔佛州麻坡寄回的侨批侨汇，供养、激励他从初中、高中直至清华大学毕业的真实故事，展现身在海外的父母省吃俭用，倾囊支持儿子学习生活，鼓励其求学上进，谆谆教导他要孝顺长辈、勤俭节约、和睦亲友等等。展信阅读，浓烈的优良家风扑面而来。

“惟对读书、未来进步，须知锐志用功”“唯望你不假时日，勤力修书，好为祖国贡献一生”，困难的家庭、长辈的关爱、良好的家风，造就了郑金纯顽强的意志、品质。展览通过“侨汇资助”“劝学上进”“勤俭节约”“关爱身心”四个主题，力图让参观者既能看到留守乡村的华侨子弟通过自身的努力，从一个孤身乡间的寒门子弟成长为一名清华学子、一名汽车制造专家的奋斗历程，也能感受海外华侨在异国他乡艰苦创业、心系故乡、关爱亲人的情怀。

郑金纯出生于一个极度贫困的家庭，1933 年他的父母和大哥随爷爷从马来亚回到永春湖洋老家定居。由于子女多，他的父亲又沾染恶习，一家生活难以为继，不得不将他的两个哥哥和三个妹妹过继给他人抚养。1951 年，郑金纯的父亲因病去世，母亲程香改嫁，郑金纯随母亲到了养父家。之后，母亲与养父郑南再次“下南洋”，艰苦创业，省吃俭用供养孩子读书。郑金纯退休前系北汽集团技术处长，高级工程师，从事汽车设计和引进技术国产化工作。

（一）侨汇资助

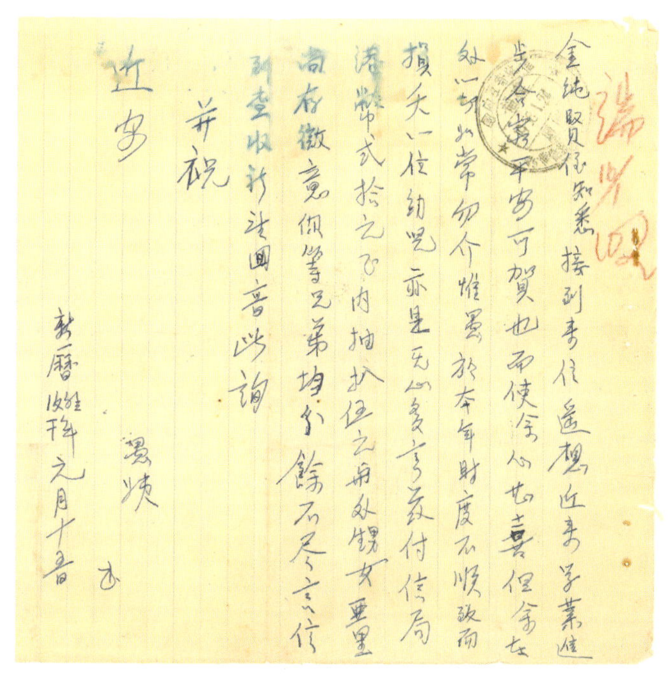

1958 年 1 月 15 日郑金纯姨母从马来西亚麻坡经厦门寄永春的侨批，“付信局港币式拾元”，“你等兄弟均分”。

【信文】

金纯贤侄知悉：

接到来信，遥想近来学业进步，合家平安，可贺也，而使余心甚喜。但余在外一切如常，勿介。惟愚（姨）于本年时度不顺，致而损夭一位幼儿，亦是无心多言。兹付信局港币式拾元正，内抽拨伍元与外甥女亚里，尚存微意，你等兄弟均分。余不尽言，信到查收，祈望回音，此询

并祝

近安！

愚姨 书

新历一九五八年元月十五日

【郑金纯释读】这是我在永春收到的姨母从南洋寄来的第一封侨批。我母亲程香从小失去父母，姨母像妈妈一样将她抚养长大。1956 年母亲从中国返回马来西亚，姐妹俩再次相会（母亲住在姨母家附近），姨母特地写信并汇款给我们。可以看出，姨母家境并不富裕，却给我们寄了港币 20 元。当时百元港币折合人民币 42.70 元。

【信文】

金纯吾儿：

由邮来信已收到，借悉一切。九月底由民信局寄交壹号楼436室吾儿收港币弍百元，未知收到否？若未收到，希速到436室调查为要。

兹由民信局再付去港币壹佰元，到希查收，示知为盼。顺祝安好！

父 郑南字

一九六〇、十二、十七

【郑金纯释读】由于学校统一调整学生宿舍，我的宿舍由一号楼436室换到二号楼，导致汇款没及时收到，让父母担心了。不过，由于邮路不畅，信件或汇款迟到的事时有发生，不足为怪，有时拖延一个多月。为此，父母常常不得不来信询问，对于不能写信的父母，有多为难呀！从我9月1日进入清华到这时不到四个月，父母先后四次密集寄来港币450元。我终于能在寒冷的北方安顿下来，安心学习了！

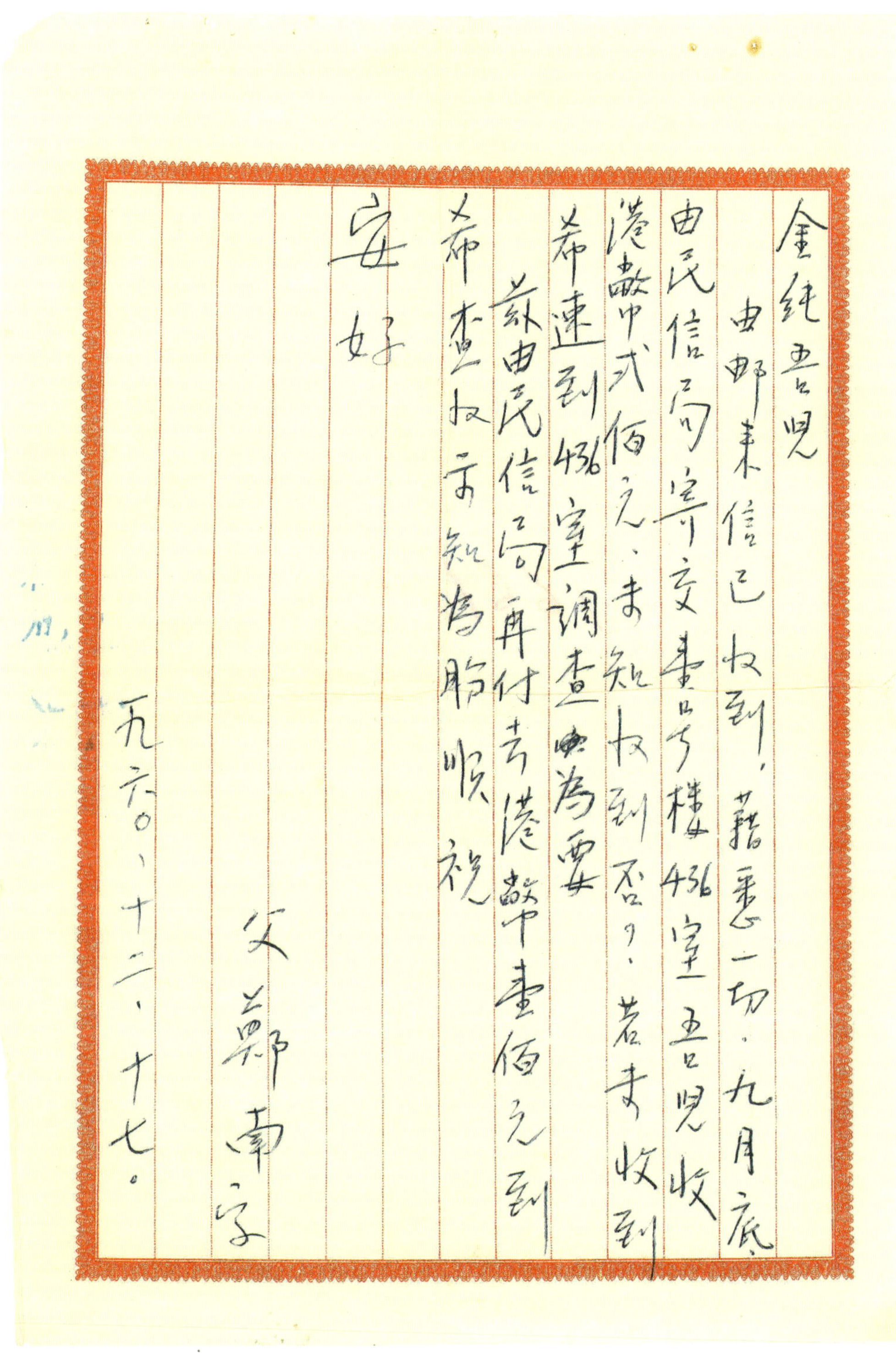

金纯吾儿

由邮来信已收到，藉悉一切。九月底、由民信局寄交壹号楼436室吾儿收港币贰佰元，未知收到否？若未收到希速到436室调查为要

兹由民信局再付去港币壹佰元，到希查收示知为盼，顺祝

安好

父 郑南字

九六〇、十二、十七。

1960 年 12 月 17 日马来西亚麻坡寄北京的侨批，提及“由民信局再付去港币壹佰元”。郑金纯进清华大学不到 4 个月，父母 4 次共寄来 450 港元。

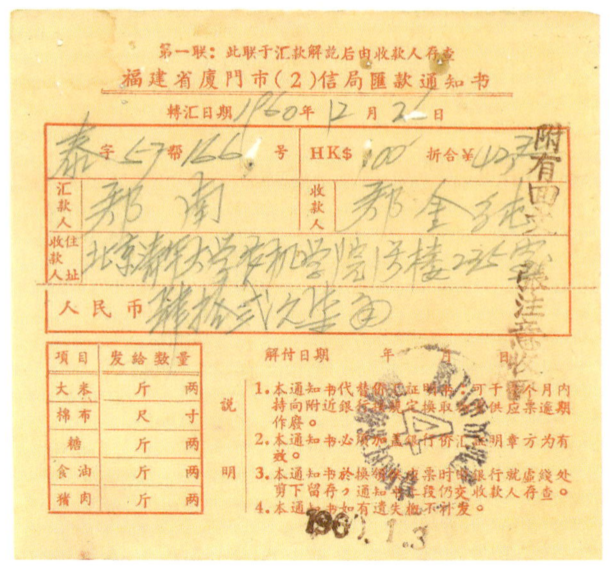

第一联：此联于汇款解讫后由收款人存查

福建省廈門市（2）信局匯款通知书

轉汇日期 1960 年 12 月 2[illegible] 日

泰 字 57 帮 166 号	HK$ 100	折合 ¥ 42[illegible]
汇款人 郑南	收款人 郑金纯	
收款人住址 北京清华大学[illegible]机学院[illegible]楼225[illegible]		
人民币 肆拾弍元[illegible]		

項目	发給数量
大米	斤 两
棉布	尺 寸
糖	斤 两
食油	斤 两
豬肉	斤 两

解付日期 年 月 日

說明

1. 本通知书代替侨汇証明书，可于[illegible]个月内持向附近銀行按規定换取[illegible]供应票逾期作廢。
2. 本通知书必須加蓋銀行侨汇証明章方为有效。
3. 本通知书於换[illegible]票时由銀行就虛綫处剪下留存，通知书[illegible]段仍交收款人存查。
4. 本通知书如有遺失概不补发。

1960 年 12 月 26 日厦门市 2 号信局汇款通知书

【信文】

金纯吾儿：

现今因为种菜无价，生活困苦，无法多寄助汝，倘汝真的不够开（支），就暂向朋友扯借为是。此信收到，切要速复，仍旧由香港联和行转交，至切，至切。今付港币伍拾元正，查收。即讯

近好！

父 郑南具

（一九六三年）十一月三日

纯儿：

余于十月五日寄给汝壹佰元，但至今未见汝复信，究竟如何？希来（信告）知。但要另复，不可连汝父之复信。复信仍寄香港联和行转，至切，至切！

母 程香

（一九六三年）十月三日（应为十一月三日）

【郑金纯释读】这是唯一一封父母分别写在同一封信里的信，估计是母亲在父亲的信后面添加的，匆忙之际写错了日期，足见母亲为我筹钱操碎了心。我第一次得知父母"生活困苦"，心如刀绞。父母还为收不到我的复信焦虑，怕我没收到钱，所以用了四个"至切"，可见家书多么重要啊！

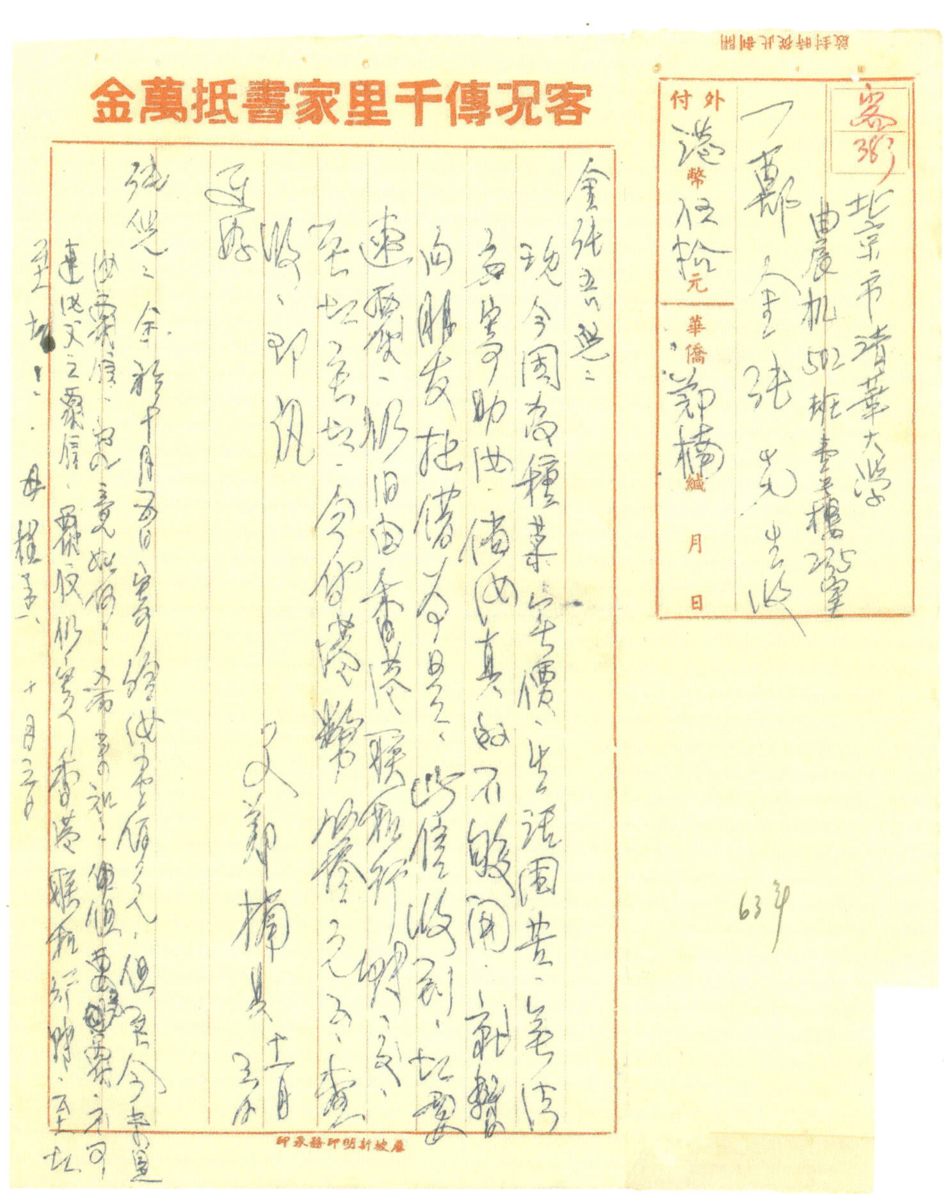
客況傳千里家書抵萬金

北京市清華大學
由農机502班

鄭金純先生收

外付 港幣伍拾元

華僑 鄭楠 緘

1963 年 11 月 3 日郑金纯父母寄北京的侨批，告知他们在马来西亚“生活困苦”，为了儿子的生活费向朋友借款。

【信文】

金纯吾儿：

兹再付去港币壹佰元，以为汝之学费。余之手部尚未痊愈，此款乃向亲友借来应付汝的。汝于收到后，须立即来信告我为要。余无别言，即问

近好！

父 郑南

（一九六四年）五月廿三日

【郑金纯释读】父亲手疾未愈，仍惦记我，向人借钱寄给我。

客況傳千里家書抵萬金

金纯吾儿：

一、兹再付上港币壹佰元，以为汝之学费，余

二、家乡尚未有信来，款仍由[illegible]领支借来存

汝处。汝于收到后，须立即来信告我为要。

余无别事，即问

近好

父 郑南

五月廿三日

外付 币 100元

华侨 郑南 缄 月 日

北京清华大学 六十二班 二百三十五室交

郑金纯先生收

海 203

1964年5月23日马来西亚麻坡寄北京的侨批

（二）劝学上进

【信文】

付字

金纯吾儿：

启者周知，父与尔别后至今，近来思念，儿谅必玉体康健、平安，为欣祝慰（慰）否？现今时付港敝（币）陆拾元正，到即查收付应。尔大人耳门听见言及，儿着照校内法律，如是无照法律，恐泊格出校，无好名义。尔父有言报尔，批信时常着寄来，儿尔玉体各自保重为要，父母在外身体平常过日，儿不勉（免）挂意。余言不尽，端请此布。

金安！

父 郑南 寄唐谨启

公元一九五八年二月二十号

【郑金纯释读】这是我上高中后收到的第一封父亲来信。记得母亲 1956 年初返回马来西亚不久，就安排我住校。父母第一次汇款给我，是通过校长转交的（他们怕我乱花钱），校长还以为是父母向学校捐款，后经母亲来信向校长解释，我才得到这笔款。从此之后直到大学毕业，我都住在学校，靠侨批侨汇生活。父母识字不多，大部分批信需花钱请人代写。此信可能是父亲亲笔写的，或书写者不太精通现代汉语，文句欠通顺且夹杂闽南土语方言。

付字

金純吾兒啓者週知 父与你别後至今近來思念兒

諒必玉体康健平安為欣祝懇否現今時付港激陸拾元正

到即查收付應你大人耳门听見言及兒着照校内法律

如是無照法律恐怕格出校無好名義你父有言报你批信時

常着寄來兒你玉体各自保重為要 母父在外身体平常

过日兒不免掛意餘言不尽 端請 此佈

金安

公元[illegible]年 二月二十号 父鄭南寄厦 謹啓

1958 年 2 月 20 日马来西亚麻坡郑南经厦门寄永春的侨批，训导儿子郑金纯“着照校内法律”，否则“无好名义”。

【信文】

字复

金纯吾儿收知：

兹于八月廿八号接来手书，阅悉之下，诸情均悉，至为欣慰。但你信中所说此次经由北京回到福建永春，对家乡大小其他都说不少，为何并没有言及汝二兄家况如何，使余挂念压心，是何缘故？兹随信付去港币壹佰元正，到可查收，以应求学之费，回音来慰。家中大小现如常安好，免介。惟对读书、未来进步，须知锐志用功，他日成就，不特双亲喜慰，在你前途最为紧要。余言难尽。（你母不要回家。）祝

成绩日佳！

双亲 郑南 字复

一九六四（年）八月卅一日

【郑金纯释读】信最后添加的“你母不要回家”这几个字，肯定是父亲后来亲笔加的（母亲不会写字）。从这几个字中可以看出，这是他们最后做出的痛苦决定，肯定出于经济困难的原因。此信道出双亲拼尽全力培养我的良苦用心，他们期望我出人头地，有美好前程。

字復

金纯吾儿收知 兹於八月廿八号接来手書阅悉之下，

諸情均悉至为欣慰但你信中所説此次经由北京

回到福建永春对家鄉大小事他都説不少为何並没

有言及汝二兄家况如何使余掛念在心是何缘故兹

隨信付去港币壹佰元正到可查收以応求学之费

回音来慰 家中大小現如常安好免介惟对读書

未来進步須知鋭志用功他日成就不特汝親喜慰

在你前途最为紧要 餘言後覆 祝

成績日佳

双亲 郑南字复

一九六四、八月卅一日

1964 年 8 月 31 日郑南从马来西亚麻坡寄侨批至北京，淳淳教导儿子“惟对读书、未来进步，须知锐志用功”。

【信文】

金纯吾儿：

您给您父之书已收悉，一切情由，您父已简函致去。知您在国（内）平安，而也已攻读（完）大学，母自心（欣）慰。唯望你不假时日，勤力修书，好为祖国贡献一生。

而今而后，生活需要养成独立，才能自立立人，父母亲虽在数千里外，当能稍慰心！

兹暂寄付上港币伍拾元正，若不敷用，经济有所难言，望我儿放心，尽将各衷情告知您父母，而父母当能尽心劳力，付上汗金，以刊（堪）儿益用。目下家中安幸，吾儿无须挂怀于心。平日有闲，盼望来书，以慰心念！愿您：百尺竿头，更进一步！

母字

公元一九六七年一月廿三日

【郑金纯释读】母亲改嫁，我更改姓名，随养父姓。“文革”时，我受极左思潮的影响，写信给父母提出要改回原来的姓名。母亲指责我“忘恩负义”，要我“悬崖勒马”。之后，母亲怕我因改名之事心里不舒服，特意在我父亲上一封来信的次日，再写一信勉励我努力上进，学会独立生活。此信略欠通顺，但尚能读懂。

金纯吾儿：

您给您父之书已收悉，一切情由，您父已函达致我。知您在国平安，而也已攻读大学，母自心慰。唯望您不假时日，勤力修书，好为祖国贡献一生。

而今而后，生活需要养成独立，才能自立立人。父母亲虽在数千里外，当能获慰心！

前暂寄付上港币伍拾元正，若不够用，经济有所难言，望我儿放心，尽将各衷情告知您父母，而父母当能尽心尽力，付上汗金，以利儿学用。

目下家中安幸，吾儿无须挂怀于心！

平日有闲，盼望来书，以慰心念！

顺您

百尺竿头，更进一步！

母字

公元一九六七年一月廿三日

1967年1月23日郑金纯的母亲寄信北京，希望儿子“不假时日，勤力修书，好为祖国贡献一生”。

【信文】

金纯吾儿：

寄来书函并附夹照片，均已收妥，勿念！

吾儿塾居乡里，事事都得自为，加以须注（重）学业，自强不息，为父则心安乐哉！唯望吾儿百尺竿头，更进一层，乃慰！

至于名性（姓）更改，是正理即行之，且为环境之故，为父既非思想封固，且瞭今日世事远非以往，吾儿尽可放心！但于风云尘世中，吾儿行事，该三思而后行，才不致铸成大错，切切！

为父母者身体都康良，吾儿均可安心，但能（愿）吾儿勤学求志，做个有用青年，为国为民服务，则为父母者算流多点汗，即宽心大慰矣！

儿若生活开支遇欠缺，务须来函告之，才能尽可付上汗金。现随附港币壹佰元正，祈查收并检（俭）用。为此

即颂

进步！

父 郑南托 文字

1967.3.17 日

【郑金纯释读】改回原名一事，我写信向父亲解释原委，求他原谅。父亲专门写了这封信安慰我，不但理解我，还允许我自己决定。他还鼓励我勤学求知、报效祖国。看到养父如此大度，想到他几十年来对我的信任和栽培，我决定不但不改名字，而且立志永远做养父的子孙，以报答他的养育之恩，绝不动摇！

金生吾儿：

寄来书函，并附来照片，均已收妥，勿念！

吾儿远居乡里，事事都得自爱，加以须注学业，自强不息，为父则心安乐哉！唯望吾儿百尺竿头，更进一层，乃慰！

至于名姓更改，只可理即行之，因为环境之故，为父既非思想封固，且瞭今日世事远非以往，吾儿尽可放心！但于风云尘世中，吾儿行事，请三思而后行，才不致铸成大错。切切！

为父母者身体都康良，吾儿均可安心！但愿吾儿勤学求志，做个有用青年，为国为民服务，则为父母者宜无忧矣，即觉心大慰矣！

儿若生活开支遇欠缺，務须来告之，才能尽可附上仟金。现随附港币壹佰元正，祈查收，并检用为盼。

即颂

近安！

父 郑南 親 父字

1967.3.17日

另者付来相片已经收妥是荷

1967年3月17日郑南教育儿子：“须注（重）学业，自强不息”，“（愿）吾儿勤学求志，做个有用青年，为国为民服务”。

（三）勤俭节约

【信文】

金纯小儿收知：

兹启者，谅近日身体平安为慰。外地如常勿念。现付回港银伍拾元，到祈查收以为校中火（伙）食费用。以后拟暂停寄，因外地银关为难，对付回之银项切勿乱支及为人借去为要，必须节约俭用，是为至盼。前日有付回你兄手五十元，未知你有否收去？如有，希来信通知。未知你校中校长何名，亦希来信通（告），以后寄银可交由校长代收可也。专此，即候

近安！

父 郑南 启

五八年九月廿一日

【郑金纯释读】双亲“过番”艰辛打拼，侨批中时时提醒儿子要勤劳俭朴，养成良好家风品德。收到此信时我在离家很远的高中读二年级。父母对我既关心又不放心，怕我乱花钱。我在高中期间得到的汇款很少，不够花，但我理解父母创业初期的艰难，只好自己拼命节省。

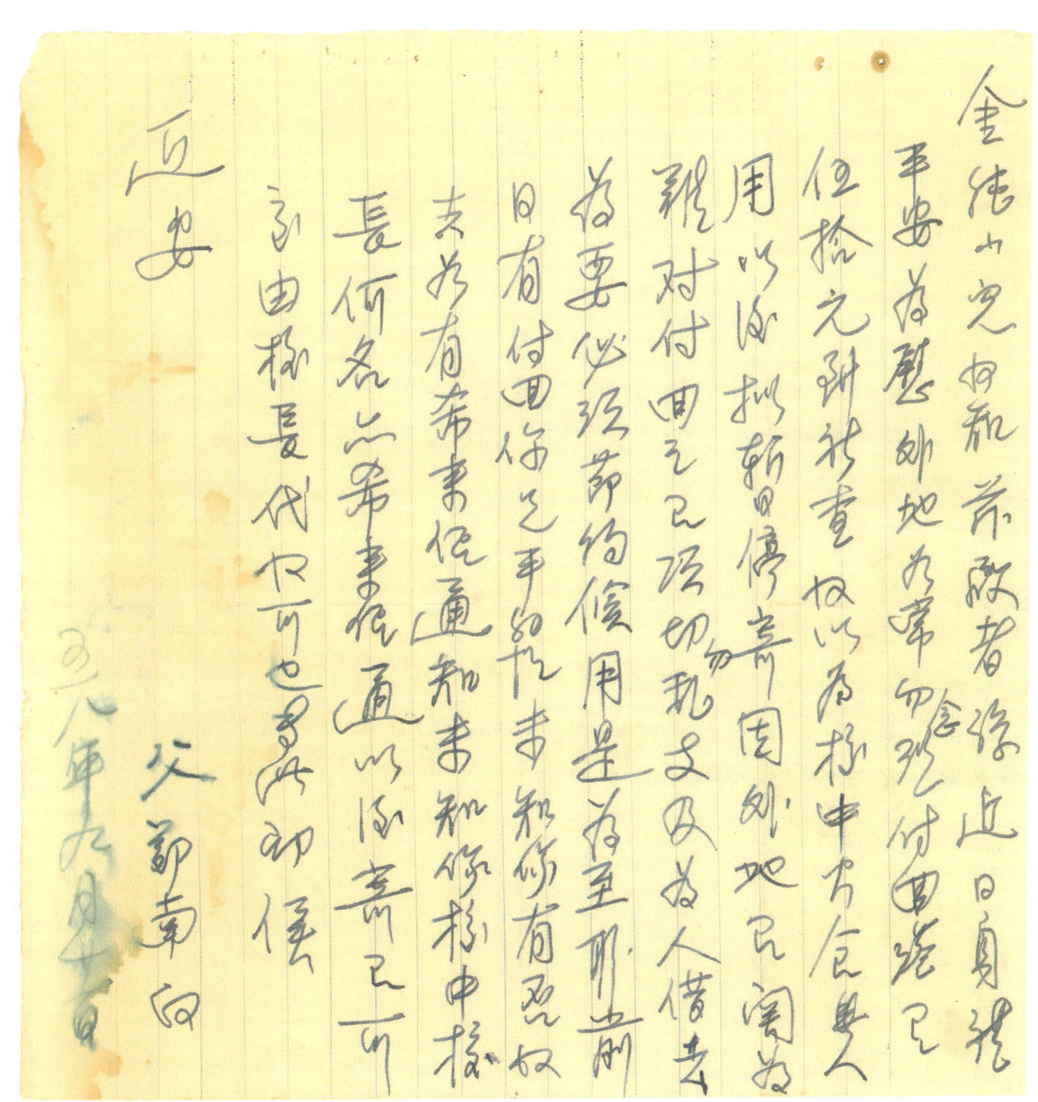

金纯兒知 前致者 [illegible] 近日身體
平安為慰 外地為常 勿念 兹付回 [illegible]
伍拾元 到祈查收 以為家中食費 [illegible]
用 以後擬暫停寄 因外地已 [illegible]
難對付 回之銀項切勿亂支及為人借去
為要 必須節約儉用 是為至要 前
日有付回你之手錶 [illegible] 未知你有 [illegible]
去後有無來信通知 未知你家中 [illegible]
長何名 亦希來信通 以後寄回可
交由家長代收可也 專此即候
近安
父 鄭南白
五八年九月廿一日

1958 年 9 月 21 日马来西亚麻坡寄往永春的信，郑金纯双亲叮嘱儿子“付回之银项切勿乱支及为人借去为要，必须节约俭用”。

【信文】

金纯儿收知：

来书收取到矣，所云欲刚（钢）笔头，候有妥人方可付回。现付去港银伍拾元，到祈查收。以后拟在下学期开学方能付回银项，须要节约开支为荷。专此，顺候

近安！

父字

五八年十月二十三日

【郑金纯释读】钢笔头是我去信时讨要的，因为以前母亲托人带回国交给我的旧派克钢笔笔尖不好使了。

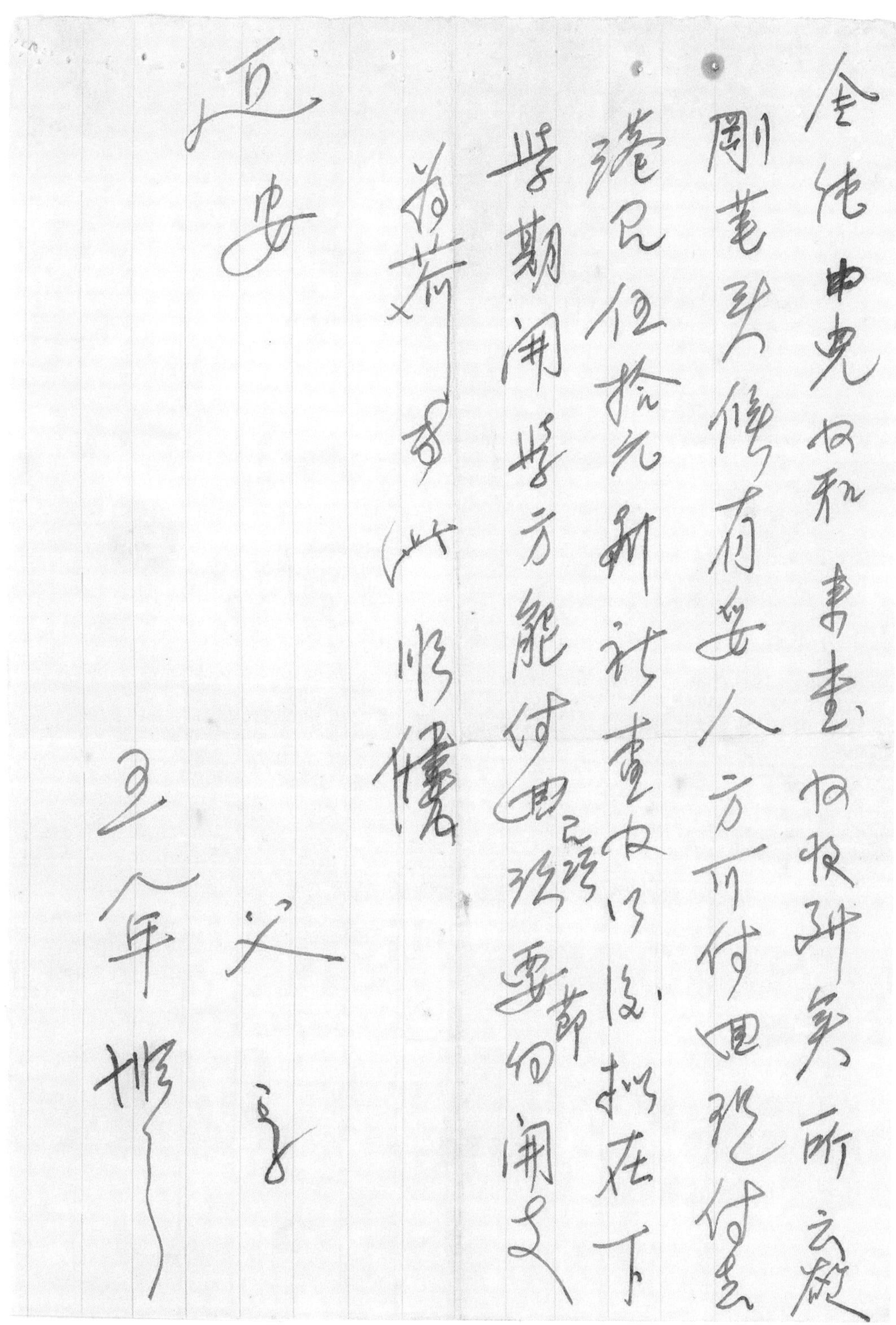
金纯中儿如知：来书收到，聆悉一切。所云旋
刚毫[illegible]有妥人方可付回，现付去
港币伍拾元，新[illegible]查收。以后拟在下
学期开学方能付回。总须要节约开支
为荷。专此 顺候
近安
父 南字
五八年十月廿[illegible]

1958年10月23日父亲郑南来信再次嘱咐儿子郑金纯“须要节约开支”。

【信文】

金纯儿：

你寄来的邮信，我们经已收到了。你想回家乡探望亲友，我们在原则上是赞同的，不过在时间上，我们希望你能在农历十月动身，因为你妈打算在十月回国为先人做功德，为了配合你妈的行程，我们希望你能想办法，争取在十月回家，与你妈相会。假如十月回家对你的学习有所妨碍，那也就不必坚持。我们现在寄给你港币150元，该足够你在暑假回家乡的路费了吧！但你妈将来回国，她是不能到北京与你相见的，你们母子也就错过晤面的机会了！你如何打算，可来信告诉我们。最后，希望你对学业要加紧学习，这是我们对你唯一的希望。末了，祝你

学业猛进！

另者：这笔款是准备给你作回乡路费的，你须节俭为要。

双亲 字

（一九六四年）五月廿七日

【郑金纯释读】双亲特别重视我的学业，他们既希望我调整回乡的时间，以便母子能在母亲回乡时见面，又怕耽误我的学业。我得知母亲要回国，自然很高兴，立即复信告知我的行程会服从母亲的行程！可惜，这次母亲回国的计划最终还是没有实现。

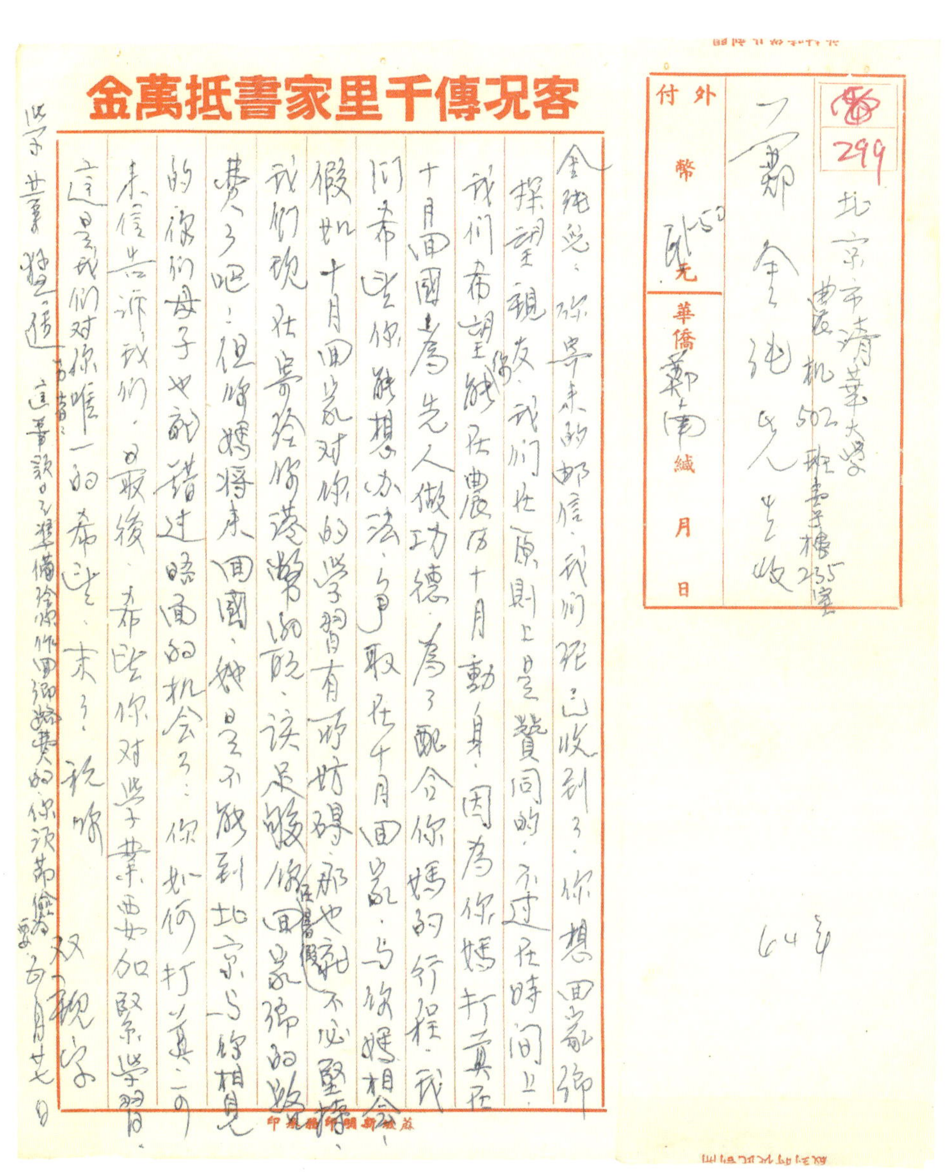

客況千里傳家書抵萬金

金纯兒：你寄来的邮信，我们经已收到了。你想回家鄉探望親友，我们在原則上是贊同的，不过在時间上，我们希望你能在農历十月動身，因為你媽打算在十月回國為先人做功德，為了配合你媽的行程，我们希望你能想办法争取在十月回家，与你媽相会。假如十月回家对你的學習有所妨碍，那也就不必堅持，我们现在寄给你港幣两佰，该足够你回家鄉的路费了吧！但你媽將来回國，卻是不能到北京与你相見的，你们母子也就錯过晤面的机会了，你如何打算，亦可来信告訴我们。最後，希望你对學業要加緊學習，這是我们对你唯一的希望。末了，祝你

學業猛進

双親字

這筆款是準備給你作回鄉路費的，你須節儉為要。

五月廿七日

北京市清華大學建築机502班……楼235室

鄭金纯先生收

外付幣……元

華僑鄭南緘 月 日

1964 年 5 月 27 日马来西亚麻坡寄北京的侨批，郑金纯父母嘱咐儿子“这笔款是准备给你作回乡路费的，你须节俭为要”。

（四）关爱身心

【信文】（有删减）

金纯吾儿：

……前你父亲寄去港币一百元还有信，而你只收到钱而没收到信，真怪，望你去查查看。

关于我前寄去的洋森（参）及高丽，是瞒着你父亲，所以你这次这封信，我没给你父亲看，现在希望你马上再写一封信去给你父亲，说钱已收到，及你在校的一切费用和杂费（包括吃用）一月共用多少，来信向你父亲说明。要不然，他不寄钱去的。……

近我有寄港币一百元给你，是瞒着你父亲的，如你收到，见到是你母的名，你就来信给我，不必给你父亲知道。现希望你再另写封信给父亲。（至）此停（笔）。

祝

安好！

母程香字

1960/5/11

【郑金纯释读】信中可以看出母亲在处理与养父的关系上的良苦用心。她让我瞒着父亲，是因为怕养父因母亲给我私房钱而产生隔阂。

金純吾兒：

來信收到了，一切都已明白，你這次寄來的信封的郵票，票價不夠，我這邊被政府罰六角半，所以以後寄信，郵票要貼夠，要不然是要加倍罰的。

前你父親寄去港幣一百元，還有信，而你只收到錢而沒收到信，真怪，望你去查查看。

關于我前寄去的洋参及高麗是瞞着你父親，所以你這次這封信，我沒給你父親看，現在希望你馬上再寫一封信去給你父親，說錢已收到，及你在校的一切費用和雜費（包括吃用）一月共用多少，來信向你父親說明，要不然他不寄錢去的。給你父親的信，不可再提洋参高麗。關于洋参及高麗的吃法，前我曾寄信去向你說明，可能你又沒收到了。洋参要吃時拿一條切片跟米炒，才去燉吃（燉瘦肉吃）一條可分三次吃。要吃時才能切去和米炒，如不吃，不能先炒。如吃洋参及高麗不可吃青菜及蘿蔔，出外旅行洋参可切片（不必炒）含在口中，也很有用處。如吃洋参，蘿蔔要禁四十天不可吃，青菜禁三四天不可吃。

近我有寄港幣一百元給你，是瞞着你父親的。如你收到見到是你母的名，你就來信給我，不必給你父親知道。現希望你再另寫封信給父親。此停。

祝

安好。

1960/5/11

母程香 字

1960 年 5 月 11 日，郑金纯的母亲从马来西亚麻坡寄信到永春，告知“近我有寄港币一百元给你，是瞒着你父亲的”。

【信文】

金纯吾儿：

你的来信已收到了，一切知详，此间大小均安，希免介念。汝已甚久没有寄信，使余甚为介念。今后汝须时时来信为要。现今菜价不好，因此也不能常寄（钱）也。今因逢便，寄去港币150元，到可查收。以后来信切勿潦草，也不可用简笔字，因为此间很少人看得懂的。余言后叙，即讯

近好！

复信应邮寄香港德辅道西119号三楼联和行转。

父母具

（一九六二年）五月廿八日

【郑金纯释读】父亲本来已决定落叶归根，回国养老。没想到马来西亚政府出台国有化新政，使他不得不返回马来西亚，指望能保住原来托朋友代管的那块橡胶园（父亲每年从这块橡胶园得到分红，作为自己的养老金）。可惜当父亲赶到大马时，已过政府规定的期限，胶园被政府没收，父亲只好靠租地开荒、种菜谋生，开始艰难的第二次创业。父母已年过半百，所挣血汗钱还要寄来供我读书！所以我不敢经常写信，怕给他们增加压力。可是双亲时刻挂念我，一再希望我“时时来信”。信中提到写信勿用简体字、勿潦草，是因为侨界人士看不懂（父亲能读一点汉字，但怕潦草）。

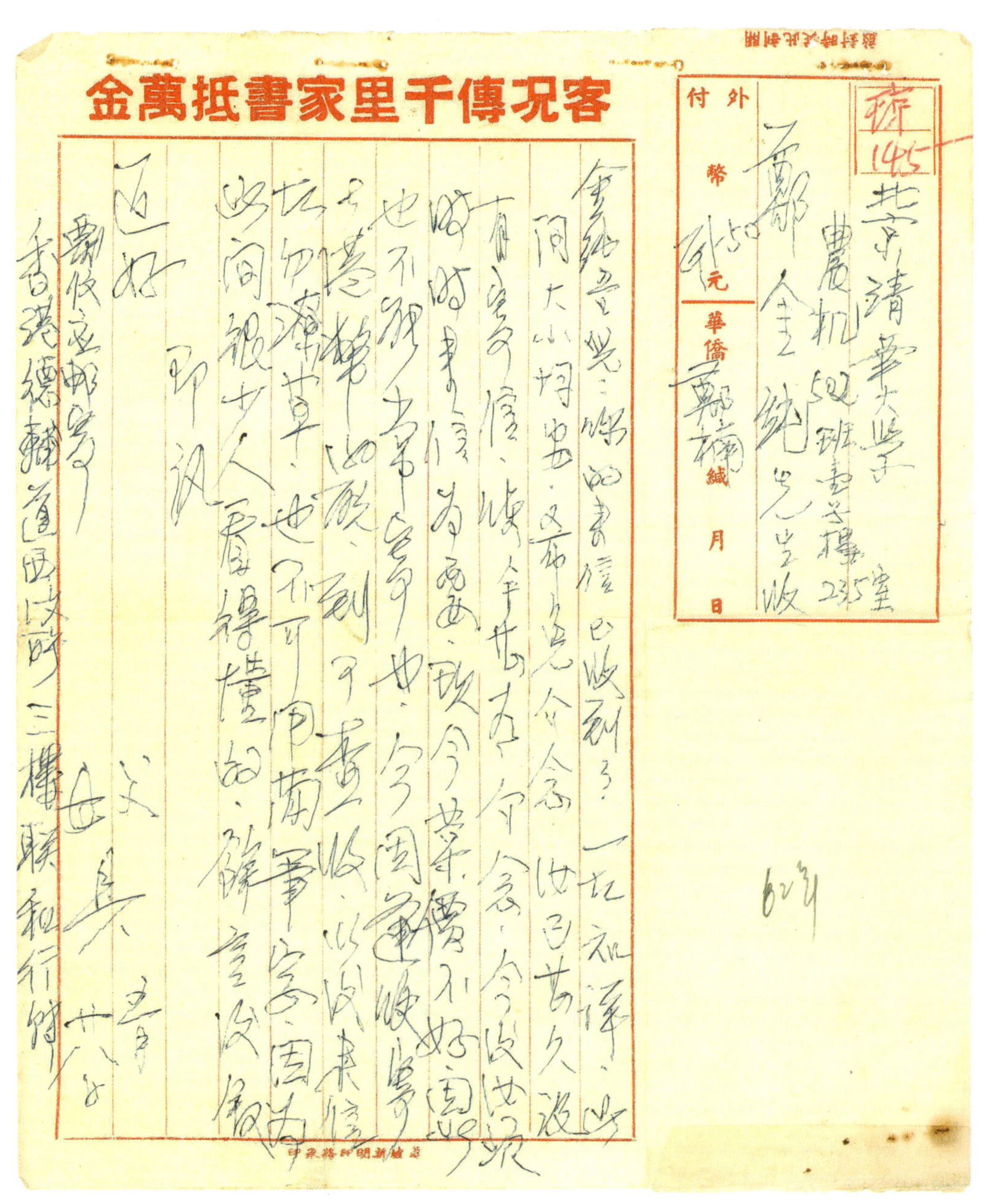

1962 年 5 月 28 日马来西亚麻坡寄北京的侨批，父母提醒儿子“以后来信切勿潦草，也不可用简笔字”。

【信文】

金纯吾儿：

来信收到，一切知悉。汝若有暇，须常写信问候大兄、二兄及伯父等，而此间也须常来信，方能知汝之情况。何时毕业，可来信告知。顺付港币壹佰元，查收。贺年片也已收到矣，即讯

近好！

复信邮寄香港信箱 627 号联和行转。

父母 付

（一九六四年）元月廿日

【郑金纯释读】父母一再叮咛要多写信联络众亲友，我真不习惯没事老写信。我入大学已近四年，父母以为我快该毕业了，可是清华大学学制是六年。看来父母已不堪重负了！

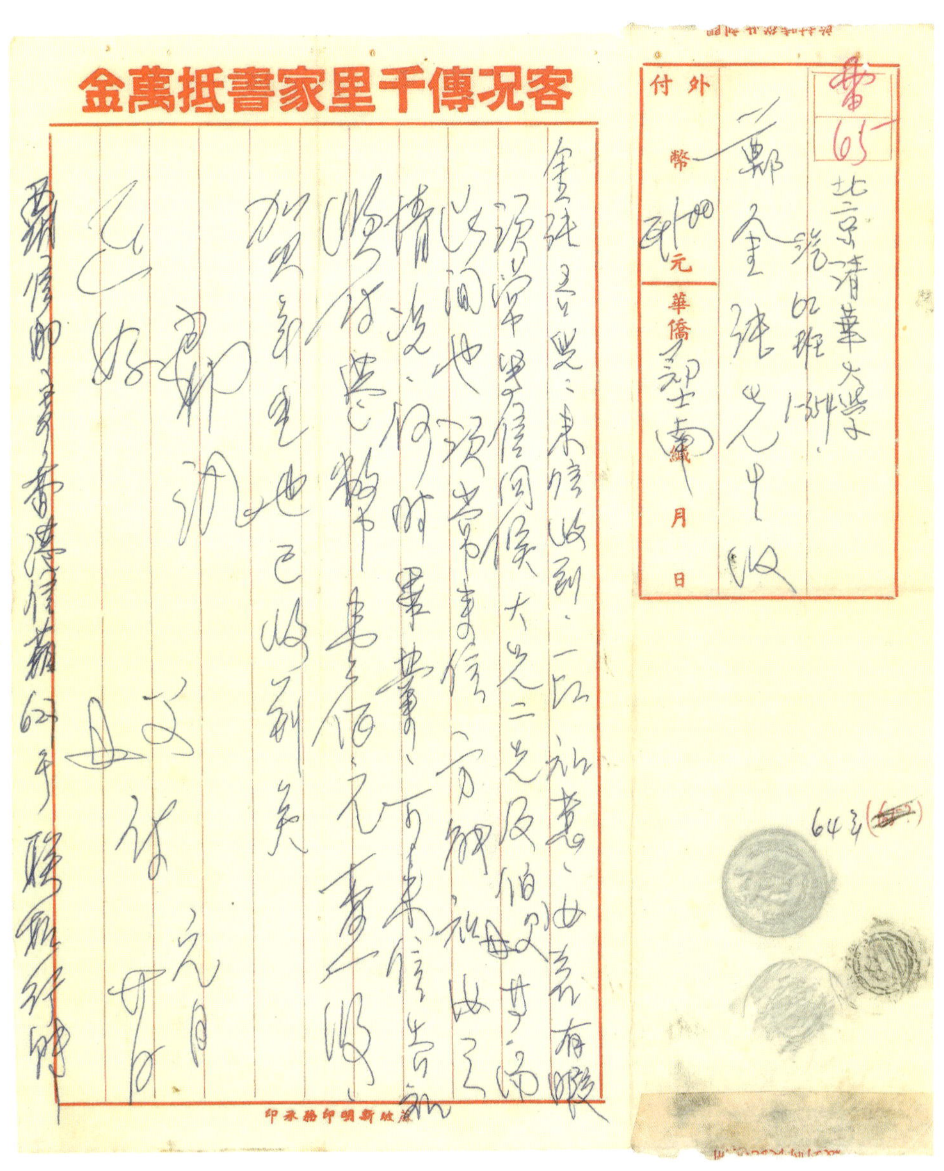
客況傳千里家書抵萬金

金纯吾儿：来信收到，一切知悉，如有暇须常写信问候大兄二兄及伯父等……

北京清华大学 ……

郑金纯先生收

外付 幣 元

華僑 月 日

1964 年 1 月 20 日的侨批，郑金纯父母提醒儿子“须常写信问候大兄、二兄及伯父等”，以维系亲情。

【信文】

金纯吾儿：

此信乃余私寄的，汝父不知。闻汝有回家乡，余甚喜慰。汝有与汝妹李仔相会否？据云渠现今生活十分困难，确实否？汝何时能毕业，须来邮信告汝父。此款乃余私寄的，倘汝不敷应用，可邮信通知汝父，汝父方能寄济也。至于住址，仍旧是永吉转交便妥。今付去人民币伍拾元，查收。汝要观（关）心读书，余明年或能返国一游。寒天已到，须知自珍，此讯

近好！

母 程香

（一九六四年）十月廿日

【郑金纯释读】母亲再次给我私房钱，关心我何时毕业。母亲原本打算第二年回国，但这个计划最终还是没有实现。母亲关心我大妹李仔的生活，其实我返乡时，已代表母亲去挨个探望我母亲所生的儿女，并促成在世的七兄妹聚会并合影留念。随后我将七兄妹合影照片寄给母亲，让她得到些许安慰。

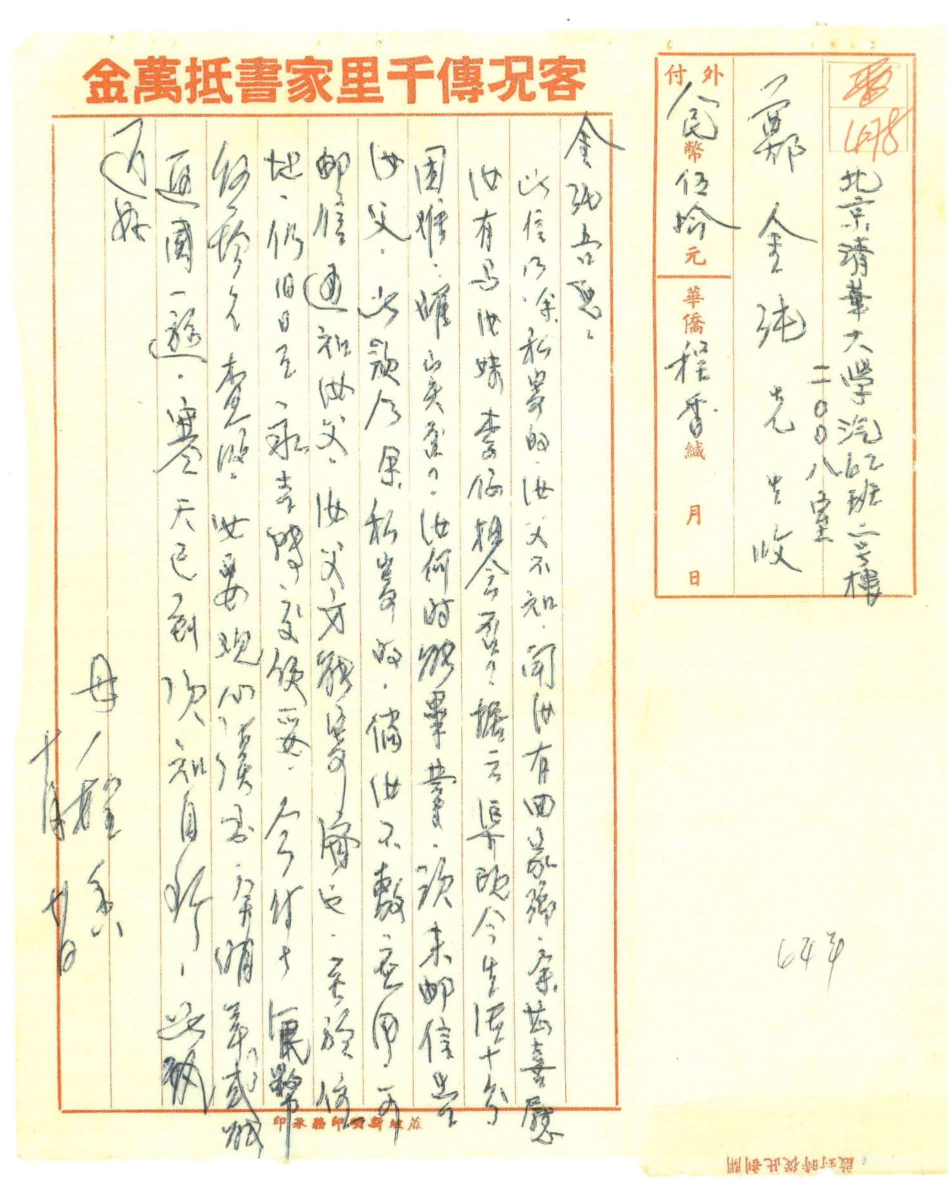

客況千傳里家書抵萬金

北京清華大學汽車廠二〇〇八

鄭金鈍先生收

外付人民幣伍拾元

華僑程秀緘 月 日

64年

1964年10月20日的来批，母亲叮嘱儿子“寒天已到，须知自珍”。

福建侨报 责编：朱婷 美编：林急彬
2021年7月30日

旧事新说

电话：(0591)87873681
E-mail:fjqb01@126.com
11

侨批侨汇助我上清华

耄耋之年整理旧物，看到珍藏箱底的一沓信，那是几十年前父母从马来西亚寄给我的。

在我们侨乡，习惯将来自海外亲人的汇款书信，称为"侨批"。我收藏的这54封侨批，按日期先后，首封是姨母寄给我的，末封是堂兄黄诗贞代母亲转侨汇时寄给我的，还有一封是父亲寄给回国探亲的母亲的，其余51封都是父母亲寄给我的。

我之所以珍藏这些侨批，是因为它记载着父母艰难的创业史和他们对我的爱。我必须永远感念，也让后代子孙铭记。

一

我出生于一个极度贫困的家庭。父母亲在马来西亚柔佛州结婚，1932年生了大儿子；1934年全家随我爷爷回到福建省永春县湖洋老家定居。在这里他们又先后生下3个儿子、4个女儿。由于子女多，父亲又沾染赌博恶习，一家生活难以为继，不得不先后将我的2个哥哥和3个妹妹过继给他人抚养。家里只留下了二哥黄诗建、我和大妹黄李3个孩子。1951年，厄运降临，父亲因病去世，年仅40岁。祖籍广东汕头的母亲牢记着父亲临终的嘱托：无论怎么困难，也要把……

……

承父亲家业的侄儿保管，让他和子孙们记住在中国的根。2013年，我又带领老伴及次子全家去马来西亚祭拜父母，让子孙们记得安息在此的先祖。

愿父母永远安息在他们辛勤耕耘的第二故乡。（郑金纯）

▲1973年，郑金纯的养父、生母及其家人摄于麻坡。

点点滴滴见亲情

闽粤侨批是世界记忆遗产。一封封侨批不仅仅是华侨思乡念亲的家书，蕴含着他们对祖国、故里和骨肉亲人的一片片深情；也记录了华侨下南洋的艰苦奋斗史，浸透着侨胞的血泪和汗水。

今年80岁的永春人郑金纯珍藏54封侨批，时间跨度从1956年至1973年，讲述了他养父、生母、姨母如何从马来西亚柔佛州麻坡通过侨批渠道寄回家书及侨汇5400多元港币，供养他从初中、高中直至上清华大学毕业的真实细节，点点滴滴见亲情。这一感人事例，让我们感受华侨在异国他乡顽强拼搏的精神和热爱故乡的情怀，感人至深。

郑金纯从一个华侨子弟成长为汽车制造专家。他1960年考上清华大学农机学院（后改名汽车工程系），毕业后相继在上海、北京供职于汽车农机企业，退休前担任北汽集团技术处长，从事汽车设计和引进技术国产化工作。他与永春六中同学、厦门大学校友陈亚妍组成幸福的家庭，长子毕业于复旦大学，后来留学于美国休斯顿大学；次子为清华大学硕士毕业生。

（陈鸿鹏）

2021年7月30日，郑金纯在《福建侨报》发表《侨批侨汇助我上清华》，讲述父母的养育之恩，记叙侨批里的家教、家风。

在优秀传统家风的熏陶之下，郑金纯长子在上海复旦大学毕业后，留学美国休斯敦大学，获计算机硕士学位；次子清华大学汽车工程硕士毕业。

侨批信局及其经营网络

有侨才有“批”。1840年鸦片战争之后，中国东南沿海掀起“下南洋”“淘金热”的移民潮，在当时邮政和银行尚未设立或极不完善的情况下，由此萌生了侨批及侨批业。

厦门是福建与东南亚地区人口和商品往来的口岸，也是闽西南侨批（含回批）的收寄中转枢纽，以厦门为中心形成的批信运营系统，是福建省历史最长、发展规模最大的侨批运营体系。厦门规模较大的侨批局，在闽南和海外设有分号或联号，太平洋战争之前数量最多，65家批信局有超1700家分号、联号，经营网络覆盖面之广，福建其他地方无出其右。

一、下南洋与侨批业

Voucher B 票根

BAP 5185

JAVA-CHINA PAKETVAART LIJNEN N. V.

JAVA-CHINA-JAPAN LIJN N.V.

渣華輪船公司

TO ………… (NAME) 姓名

回國僑胞注意

外匯統制局規定：嗣後凡離荷印往外國者於上船時每家長只准攜帶現款新幣拾盾附帶人只准攜帶現款新幣五盾每家不能超過廿盾絕對不許多帶如敢故違不但所携現款概被充公而其人亦將被警局扣留起訴於法庭。對此消息務祈回國僑胞注意為幸

一九四六年十一月
渣華輪船公司敬啓

HAREP DIPERHATIKEN.

Atoeran Deviezen Instituut menetapken:

Selandjoetnja orang jang berlaloe dari sini ka loear negri, waktoe naek kapal, pada kapala koelawarga tjoema di-idjinkeu bawa oewang contant banjaknja f 10.— N.I. Crt. dan tiap-tiap anggota koelawarganja boleh bawa f 5.— N.I. Crt. Aken tetapi tiap koelawarga tida boleh bawa lebih banjak dari f 20.— N.I. Crt. Pelanggaran dari ini atoeran, selaen oewangnja aken dibeslag sama sekali, djoega orangnja aken ditahan oleh politie dan ditoentoet depan pengadilan.

Dari itoe, harep sekalian penoempang soeka perhatiken ini atoeran.

JAVA-CHINA-JAPAN LIJN N.V.
NOVEMBER 1946.

ON ACCOUNT OF PREVAILING CONDITIONS, THE COMPANY CANNOT BE HELD RESPONSIBLE FOR ……

Java-China-Paketvaart-Lijnen N.V.
M/S TJITJALENGKA
30 MRT 1948

Please read notice on the back 請注意後面之搭客須知

1948 年印尼三宝垄至厦门的船票（三张黏合）

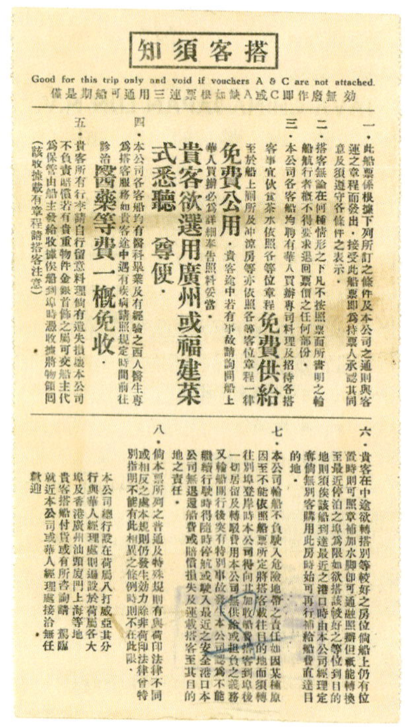

搭客須知

Good for this trip only and void if vouchers A & C are not attached.

僅是船期可通用三運票根如缺A或C即作廢無效

一、此船票係根據下列所訂之條件及本公司之通則與客運之章程而發出。接受此船票即為持票人承認其同意及須遵守各條件之表示。

二、搭客無論在何種情形之下凡不按照票面所書明之輪船航行者概不得要求退回票價之任何部份。

三、本公司各客船均聘有華人買辦專司料理及招待各搭客事宜伙食茶水依照各等位章程**免費供給**至於船上厠所及沖涼房等亦依照各等客位章程一律**免費公用**。貴客途中若有事故請詢問船上華人買辦必為詳細奉告照料妥當。**貴客欲選用廣州或福建菜式悉聽尊便**。

四、本公司各客船均有醫科畢業及有經驗之西人醫生專為搭客服務如貴客途中遇有疾病請照規定時間前往診治**醫藥等費一概免收**。

五、貴客所有行李請自行留意料理倘有遺失損壞本公司不負責賠償若有貴重物件金銀首飾之屬可交船主代為保管由船主發給收據俟船到埠時憑收據將物領回。（該收據載有章程請搭客注意）

六、貴客在中途欲轉搭別等較好之房位倘船上仍有位置時則可照章補加水脚即可通融照辦但祇能轉換至最近停泊之埠為限如欲搭該較好之等位到目的地則須俟該船到達最近之港口時由本公司經理定奪倘無別客購用此房時始可再行補給船費直達目的地。

七、本公司輪船不負駛入危險地帶之責任如因某種原因至不能依照船票所定將搭客載往目的地而須轉往別埠登岸時本公司得向其加收船費搭客到埠後一切居留及轉駁費用本公司無供給或担負之義務又輪船開行後如有特別事故發生本公司認為不能繼續行駛時得隨時停航或駛入最近之安全港口本公司無退還船費或賠償損失及運載搭客至其目的地之責任。

八、倘本票所列之普通及特殊規則有與荷印法律不同或相反之處本規則仍發生効力除非荷印法律曾特別指明不能有此相異之條例時則不在此限。

本公司總行設在荷屬八打威亞其分行與華人經理處則遍設於荷屬各大埠及香港廣州汕頭廈門上海等地貴客搭船付貨或有所咨詢請 駕臨就近本公司或華人經理處接洽無任歡迎。

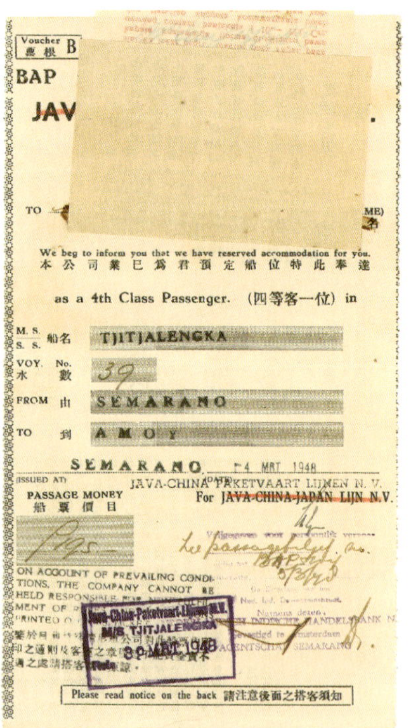

Voucher B 票根

BAP

TO ………… (NAME)

We beg to inform you that we have reserved accommodation for you.
本公司業已為君預定船位特此奉達

as a 4th Class Passenger. （四等客一位） in

M.S. / S.S. 船名 TJITJALENGKA

VOY. No. 水數 39

FROM 由 SEMARANG

TO 到 AMOY

SEMARANG 4 MRT 1948
(ISSUED AT) (DATE)

PASSAGE MONEY 船票價目

JAVA-CHINA PAKETVAART LIJNEN N. V.
For JAVA-CHINA-JAPAN LIJN N.V.

ON ACCOUNT OF PREVAILING CONDITIONS, THE COMPANY CANNOT BE HELD RESPONSIBLE FOR ……

Java-China-Paketvaart-Lijnen N.V.
M/S TJITJALENGKA
30 MRT 1948

NEDERLANDSCH INDISCHE HANDELSBANK N.V.
Gevestigd te Amsterdam
AGENTSCHAP SEMARANG

Please read notice on the back 請注意後面之搭客須知

B. C. Form No. 268 (a).

THE GOVERNMENT OF THE PHILIPPINE ISLANDS
DEPARTMENT OF FINANCE
BUREAU OF CUSTOMS
PORT OF MANILA, P. I.

Certificate of Residence
No. 20573

DUPLICATE-ORIGINAL

Certificate of Residence

[ISSUED TO CHINESE LABORER OR PERSON OTHER THAN A LABORER UNDER THE PROVISIONS OF ACT OF CONGRESS OF APRIL 29, 1902.]

This is to certify that Cua Piac, *a Chinese* Laborer, *now residing at* Manila, *P. I., has made Application No.* 20573 *of this Registration Office for a* **Certificate of Residence** *under the provisions of the Act of Congress of April 29, 1902, and of Act No. 702 of the Philippine Commission, passed in pursuance thereof and I hereby certify that it appears from the Application submitted by the Chinese person above named and from investigation made by me that said* Cua Piac *was within the limits of the Philippine Islands on the 29th day of April, 1902, and was then residing at* ______, *and that he was at that time lawfully entitled to remain in the said Islands and that the following is a descriptive list of the said Chinese person:*

Name	Cua Piac	*Physical marks or peculiarities for identification*	Mole right side nose; mole center back neck; mole right temple; scar left forehead.
Date of birth	1878		
Place of birth	Amoy		
Registry of birth (if any)			
Occupation	Carpenter; *Age* 26		
Color of eyes	Dark brown; *Height* 5' 7"		
Complexion	Medium; *Weight in pounds* 115	*Local residence*	1 Ylaya

And as a further means of identification I have affixed hereto a photographic likeness of the said Cua Piac, *and his true signature is as follows:* Cua Piac 柯碧

Given under my hand and official seal this 25th *day of* February, 1904 *at* Manila, *P. I.*

Sgd. John S. Noreen
Registrar of Chinese.

Registration District of Manila
Insular Collector's No. 44604

Approved:
Sgd. W. B. McCoy
Collector of Customs for the Philippine Islands.

Issued at Manila, P. I., June 30, 1919, under provisions of Section 4, Act No. 702.
Insular Collector of Customs

NOTE.—This form adopted July 1, 1911.

1919 年柯碧在菲律宾马尼拉的居住证

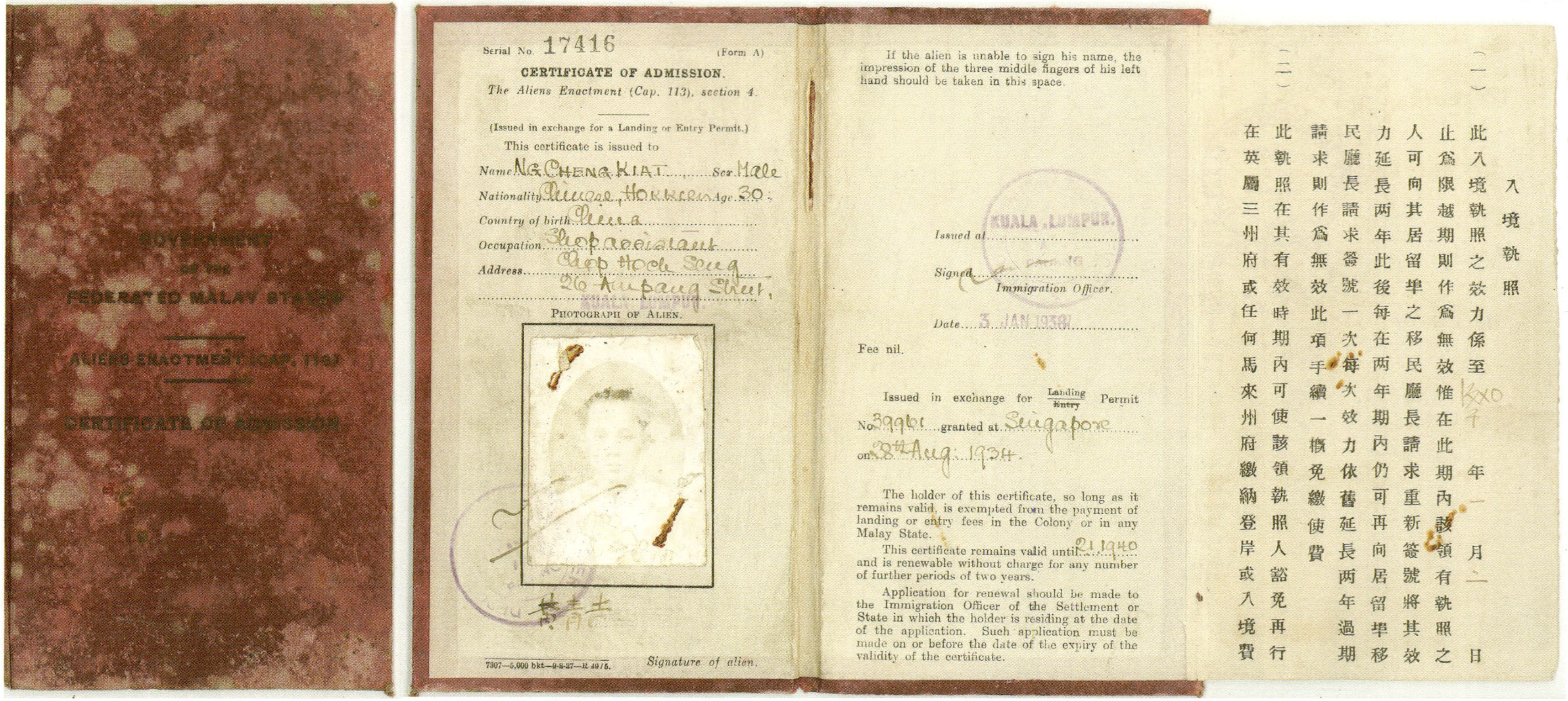

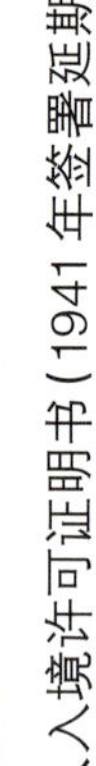

英属马来联邦颁发的外国人入境许可证明书（1941年签署延期）

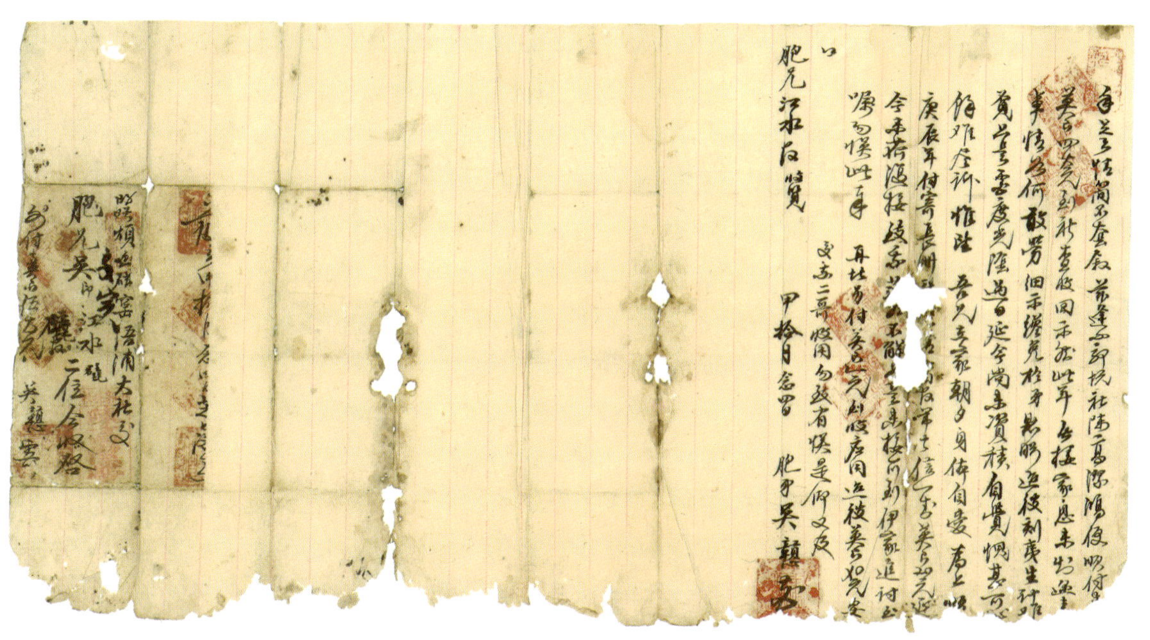

墨西哥银元

小郭坑社
陳高潔帶

1884年12月荷属东印度寄浯浦大社的侨批，加盖“小郭坑社 / 陈高洁带”章，系目前福建省发现的最早的加盖水客章的携带封。

【信文】

手足之情，简不套叙。兹逢小郭坑社陈高洁鸿便，顺付去英银四大元，到祈查收回示。然此年无接家息，未知迩来事情如何？敢劳细示，才免于弟悬盼。近彼刻夷生计难觅，只是虚度光阴过日，延今尚未资积，自觉愧甚可耻，余难尽诉。惟望吾兄在家朝夕身体自爱为上。顺庚辰年付寄长洲社黄和尚官去信一封，英银六元，延今未荷复接，致丢落□不解，如是未接可到伊家进讨，至嘱勿误。此奉

胞兄江水官收览

再者，另付英银一元，到收应用。返彼英银四元，此交与二哥收用，勿致有误，是仰。又及。

胞弟 吴赣 顿首

甲拾月念四日（1884年12月11日）

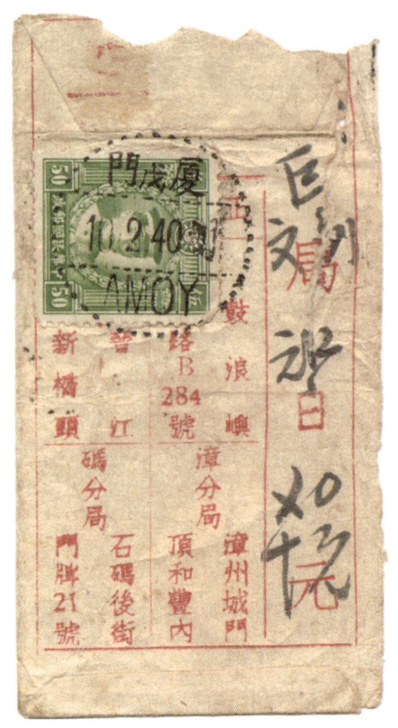

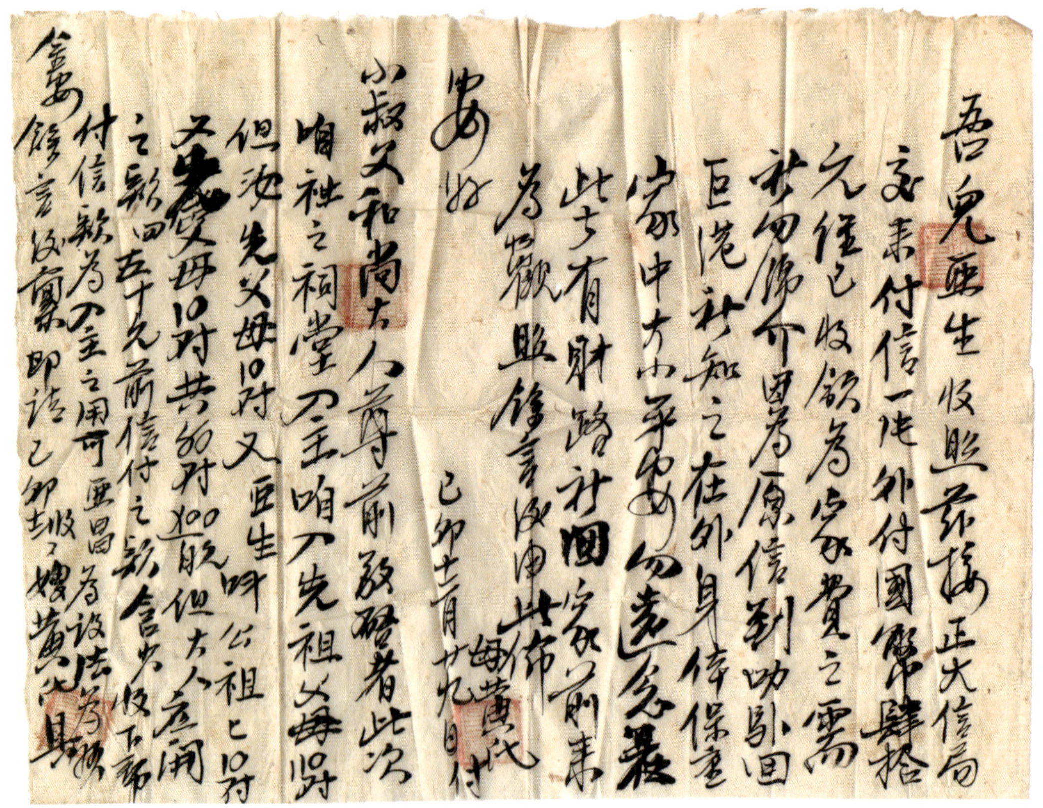

1938 年 5 月 10 日，日军铁蹄践踏鹭岛，三天后厦门沦陷。在厦门本岛经营的侨批局，有的关闭，有的迁移至鼓浪屿或泉州等地继续营业。此封回批 1940 年 2 月 10 日从厦门寄往印尼巨港，由迁至鼓浪屿的正大信局收寄。

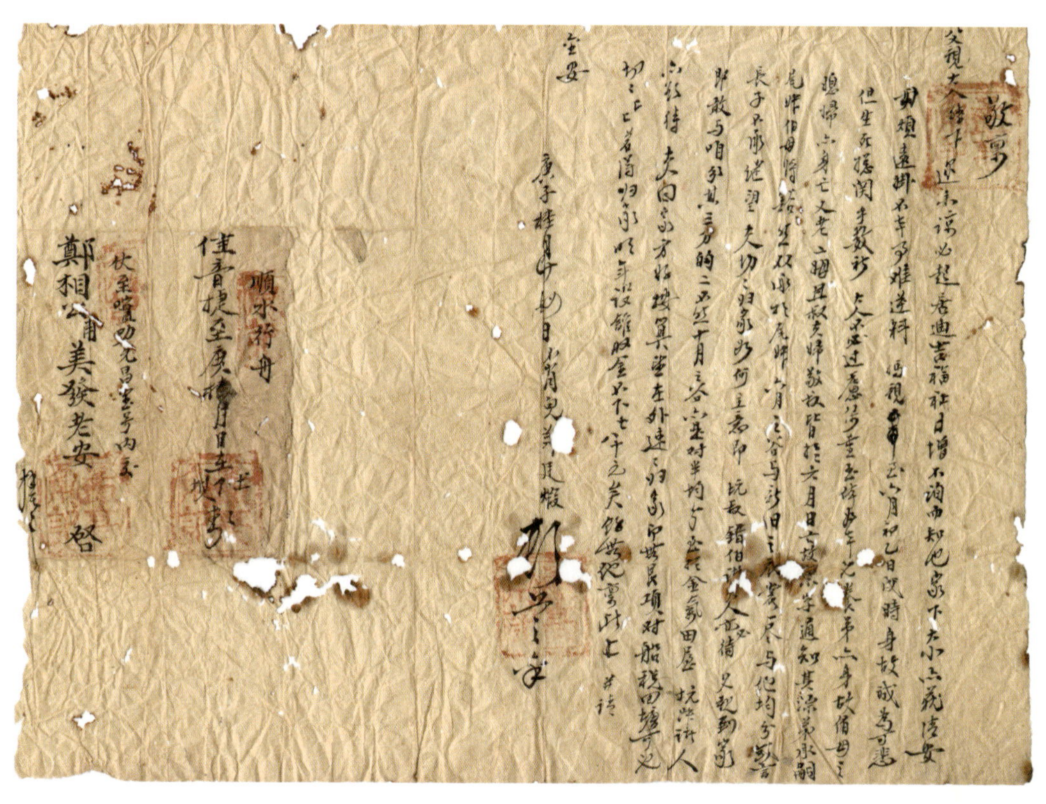

1900 年，从永春土下坝寄到新加坡的回批，为目前发现的早期信笺式侨批。右侧为批文，左侧是与批文一体的信封。

福建省厦门市侨汇服务处侨汇通知证明书

(120) 湞 字 56 帮 10 号轉汇 1973 年 9 月 7 日

汇款人	蔡敦道	收款人	蔺洽允
金額	人民币 伍拾元		
住址	泉州市相公巷114号		

第三联：此联于汇款解讫后由收款人存查。并在规定有效期限内凭作办理有关侨汇优待事项。

装訂綫

另速請兵收款
人親外海慰函

1973 年银行参与经营的侨汇通知书

DOLLARS FIVE HUNDRED ONLY

和豐銀行有限公司

正票

THE HO HONG BANK, LTD

CONCOPIA

吧城

列　號憑票匯交

先生寶號　伍佰　元正

議定見票限即日照數兌付票分正副兩紙先到為憑後到作廢此向

廈門華僑銀行有限公司照兌

廿四年八月九日

For OVERSEA CHINESE BANKING CORPORATION LTD.

Manager.

Accountant.

19 AUG. 1935

20 世纪 20 年代和丰银行印制的汇票

新加坡和丰银行（HoHong Bank）于1917年由福建籍华侨林秉祥、林秉懋兄弟发起创办，是东南亚华资银行中开展国际性业务的第一家，营业范围涉及华人移民活动区域，在东南亚、欧美和中国厦门、上海等地设有机构。1932年10月并入华侨银行有限公司。

1921 年鼓浪屿寄菲律宾的回批封

厦炳记栈是黄秀烺的公司。黄秀烺（1859—1925）与黄毓沛均为晋江东石人，华侨富商，信札中记载两人生意往来之事。黄秀烺在鼓浪屿有别墅“海天堂构”。

毓沛兄長大鑒 本早接到厦炳记栈總单一帋
披閱之下殊深駭異盖列[illegible]利息每
月分半又加以利上加利此等生利之法
厦中客栈亦不敢如斯之貴放不及
早設想而其清楚恐再過二年利息
必比母錢加数倍矣况於办之铁器係
五六月间汇厦单水惟贴七八元观彼单以
作抗算似此全無一丝之情亦咱家
非事過闹热借積所致再兹抄上
原单一帋到乞查阅可也 即請
近安
弟毓欣上
辛[illegible]拾月廿日

兹將炳记總单抄呈
[illegible]
吉
又一对[illegible]利息[illegible] 叁佰元
又[illegible]龍銀五佰元
一对丁巳全年利息龍銀[illegible]
一对戊午[illegible]利息龍銀[illegible]
一对己未[illegible]利息龍銀[illegible]
[illegible]
一对庚申全年利息龍銀[illegible]
一对辛酉[illegible]利息龍銀[illegible]
共母利銀[illegible]
对除外結欠去龍銀[illegible]
黃為直先生台核
辛酉拾月拾九日 厦炳记栈[illegible]单

毓沛賢侄收悉 并接到擲下龍銀壹佰大元
望即勿掛 四叔既於前日往湖头
而毓欣於今早接着 浦龍先生之總
单 亦既往湖头同 四叔父共爲打理
諸事矣 此複 並问
旅安
慕嫜氏寄
辛酉十月廿三日

回批笺

【信文】

毓沛兄长大鉴：

本早接到厦炳记栈总单一纸，披阅之下，殊深骇异。盖列来之利息每月分半，又加以利上加利，此等生利之法，厦中客栈亦不敢如斯之重。欲不及早设想与其清楚，恐再过一二年利息必比母钱加数倍矣。况代办之铁器系五六月间坻厦单水惟贴七八元，观彼单以十五元算，似此全无一丝之情，亦咱家作（做）事过闹热借债所致耳。兹抄上原单一纸，到乞查阅。手此，即请

近安！

弟 毓欣 上

辛拾月廿日

兹将炳记总单抄呈：辛酉十月十六日对坻瑞成代办铜铁器一单彬银989.25元，十一月初五龙银860.22元。丙辰十月三十日去龙银300元。又一对又十二月廿九日利息（1分半）4.5元。丁巳七月初三日去龙银500元。又九月廿七日去龙银500元。一对丁巳全年利息龙银130.5元。一对戊午全年利息龙银266元。一对己未全年利息龙银326.6元。庚申十二月廿三日代买洋灰一桶龙银9.44元。一对庚申全年利息龙银358.88元。一对辛酉元月初一至九月三十日利息龙银317.46元。共母利2713.38元，对除外，结欠去龙银1853.6元。

黄为直先生台核

厦门炳记栈印

辛酉拾月拾九日 单

毓沛贤侄收悉：

兹接到掷下龙银壹佰大元，望即勿挂。四叔既于前日往湖头，而毓欣于今早接着绣龙先生之总单，亦既往湖头同四叔父共为打理诸事矣。此复，并问

旅安

愚婶氏寄

辛酉十月廿二日

揔局住厦番仔街
晉利洋行 代理垠江諸埠信項
分局住泉新橋頭
概送大銀均免酒資

住安海玄壇宮概
恒記信局
分大銀不取工資

本局概送大銀無取酒資如分信人私甲小銀及索酒錢祈写明在批外方好凭还倘無写在批外通知則是受情与敝無涉特此声明

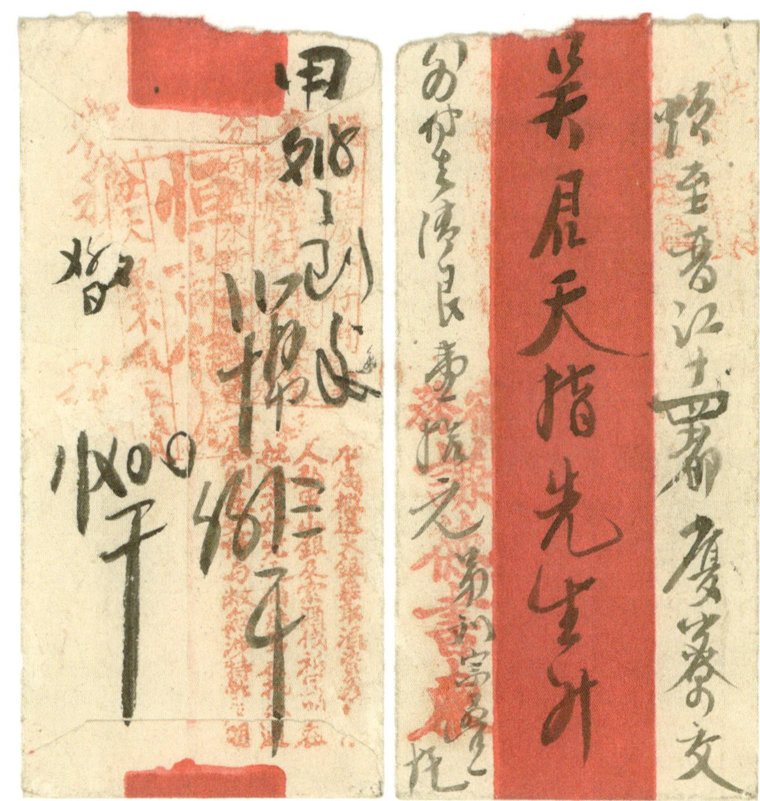

1914 年菲律宾宿务寄晋江的侨批封。邮路：菲宿务信局——菲马尼拉邮局（整包邮局）——厦门邮局——厦门晋利洋行领出并分邮路——安海恒记信局登门派送——晋江十四都厦寮（今属金井镇）吴天指（甲九月十五日，即 1914 年 11 月 2 日）

晋利洋行清末开办，兼营侨批中转业务。1920 年停办。安海恒记信局于民国初开办，1926 年停办。

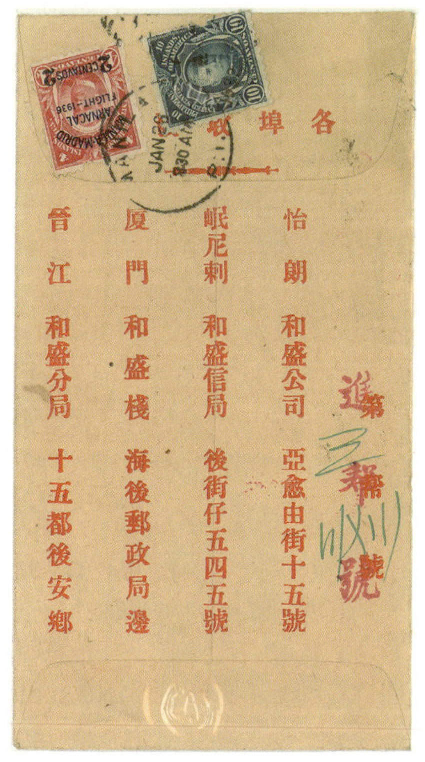

1932 年菲律宾怡朗寄晋江的侨批封。邮路：菲怡朗和盛公司——菲马尼拉和盛信局——马尼拉邮局（1932.1.28）——厦门邮局——厦门和盛栈——晋江和盛分局登门派送——晋江溜江蔡天怀

批封背面显示的和盛信局，是一家实力较雄厚的信局，创设于 20 世纪 20 年代，印制有和盛信局格式化宣传信封，上有四埠收发处的地址。该局在菲律宾怡朗设立了和盛公司、马尼拉设立了和盛信局，国内在厦门设立了和盛栈、晋江设立了和盛分局等，形成了一个以怡朗、马尼拉连接闽南侨乡的侨批经营网络。

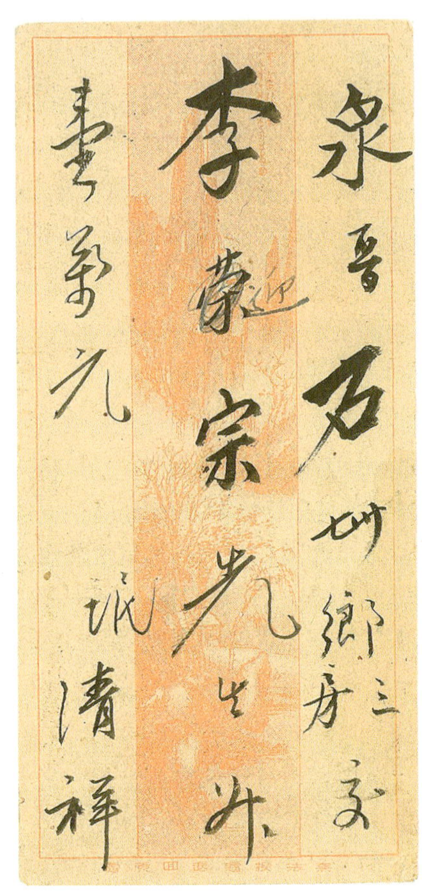

1947年菲律宾马尼拉寄晋江石圳的侨批

批封背面的汉昌汇兑信局，系晋江石圳人所办。从印制的格式化信笺中可知：总局设于马尼拉，初期分局设于厦门和晋江石圳。此封字号为“汉”字。

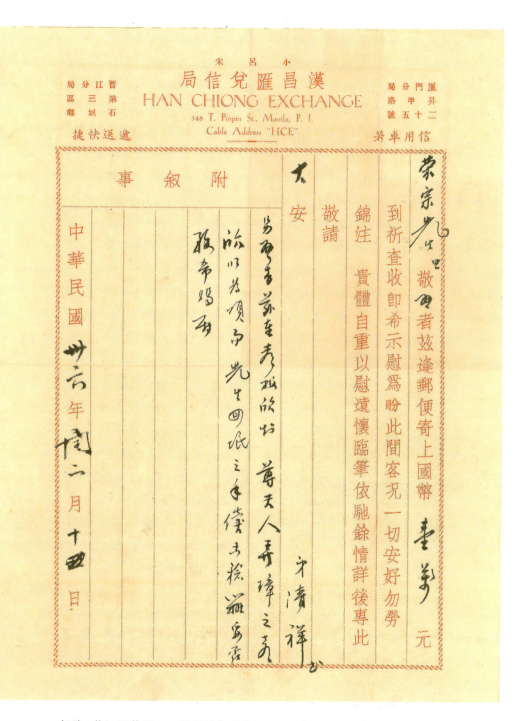

小吕宋

漢昌匯兌信局

HAN CHIONG EXCHANGE

348 T. Pinpin St., Manila, P. I.

Cable Address "HCE"

晉江分局 第三區 石圳鄉

遞送快捷

厦門分局 昇平路 二十五號

信用卓著

榮宗先生
敬啓者茲逢郵便寄上國幣壹萬元
到祈查收即希示慰為盼此間客况一切安好勿勞
錦注 貴體自重以慰遠懷臨筆依馳餘情詳後專此
敬請
大安 弟 清祥 書

附敘事

另有薄紙[illegible]壽板欣於 尊夫人壽[illegible]之喜
欣以為賀 先生回[illegible]之手續未[illegible]
務希賜覆

中華民國 卅六年 閏二月 十四日

邮路：菲汉昌信局——马尼拉邮局（1947.4.14）——厦门邮局（1947.4.19）——厦门汉昌分局——晋江汉昌分局——石圳李荣（迎）宗

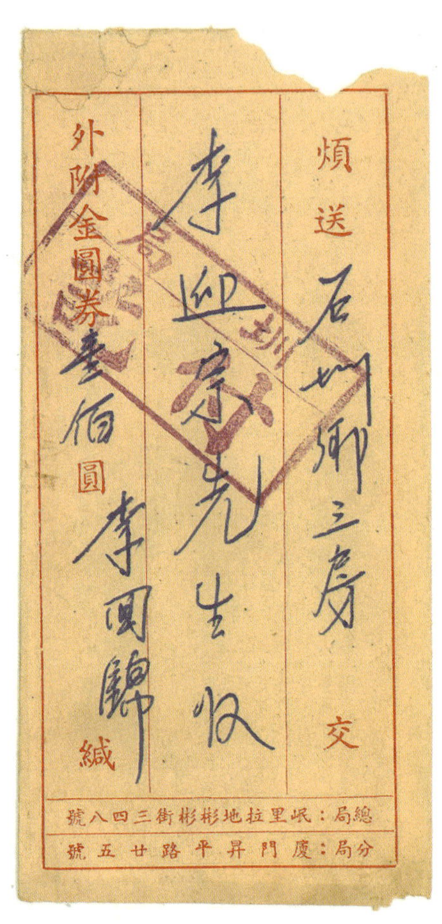

1949 年菲律宾马尼拉寄晋江石圳的侨批

该侨批使用格式化信封和信笺。信笺显示：菲汉昌信局总局设于马尼拉，分局设于厦门和晋江石圳，另在石狮经纶布庄和泉州道生信局设立了支票处，说明信局的业务地域扩大了。

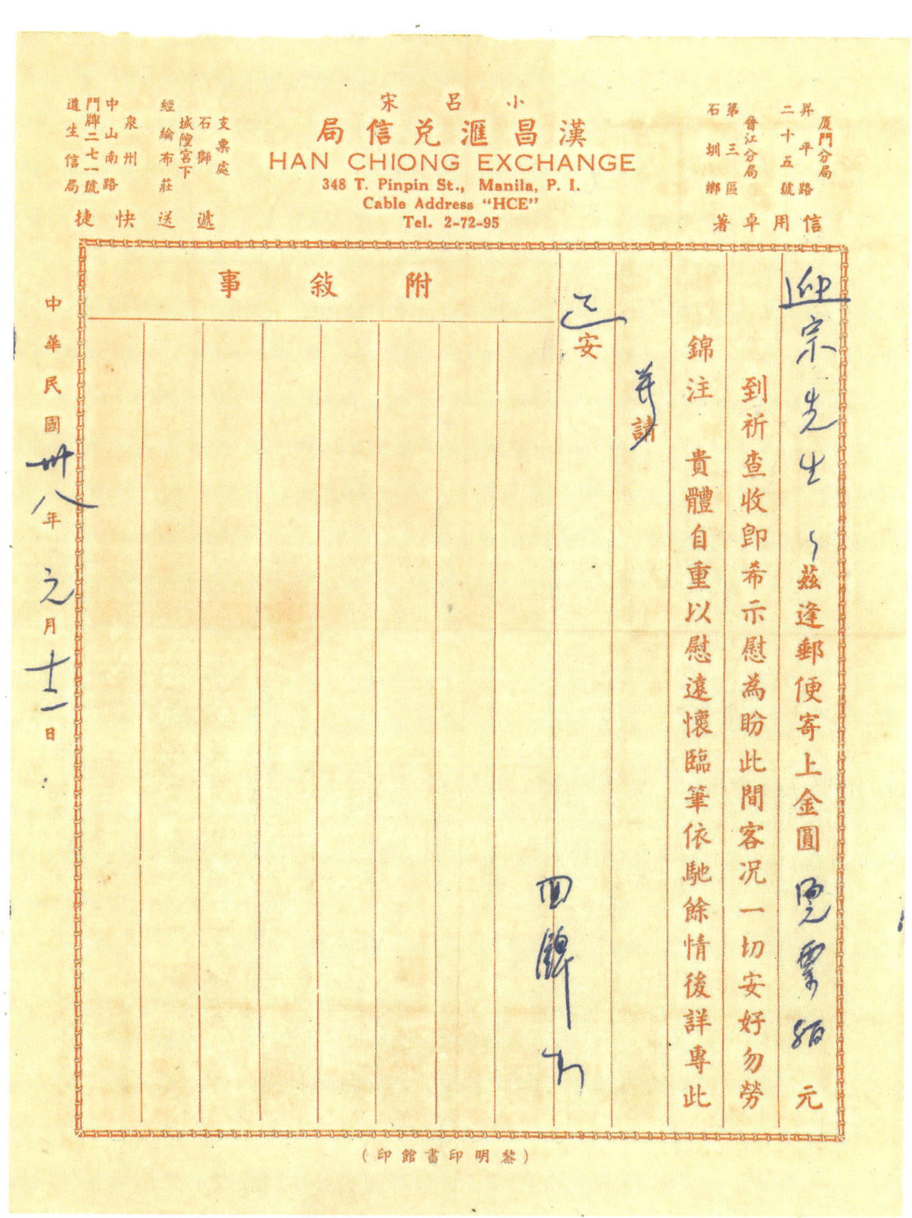

小呂宋
漢昌滙兑信局
HAN CHIONG EXCHANGE
348 T. Pinpin St., Manila, P. I.
Cable Address "HCE"
Tel. 2-72-95

廈門分局 昇平路二十五號
晉江分局 第三區石圳鄉
信用卓著

泉州支票處 中山南路門牌二七一號道生信局
石獅城隍宮下經綸布莊
遞送快捷

迎宗先生：茲逢郵便寄上金圓[illegible]元，到祈查收，即希示慰為盼。此間客況一切安好，勿勞錦注。貴體自重，以慰遠懷。臨筆依馳，餘情後詳。專此，並請近安。

[illegible]

附敘事

中華民國卅八年元月十二日

（黎明印書館印）

邮路：菲汉昌信局——马尼拉邮局（1949.1.13）——厦门邮局——厦门汉昌分局——晋江汉昌分局——石圳李迎宗

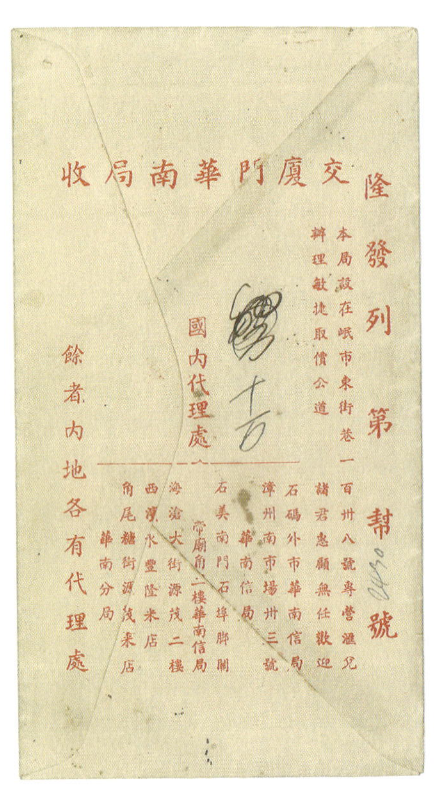

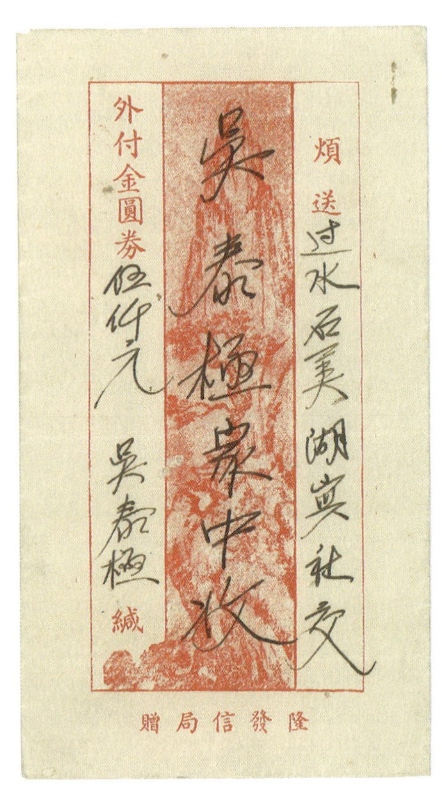

1949 年菲律宾马尼拉寄过水石美的侨批

从隆发汇兑信局印制的封和笺可知，隆发汇兑信局在马尼拉设立了信局，在厦门由华南信局代理其业务，在厦漳地区的石码、漳州、石美、海沧、西滨、角尾设立了代理处。

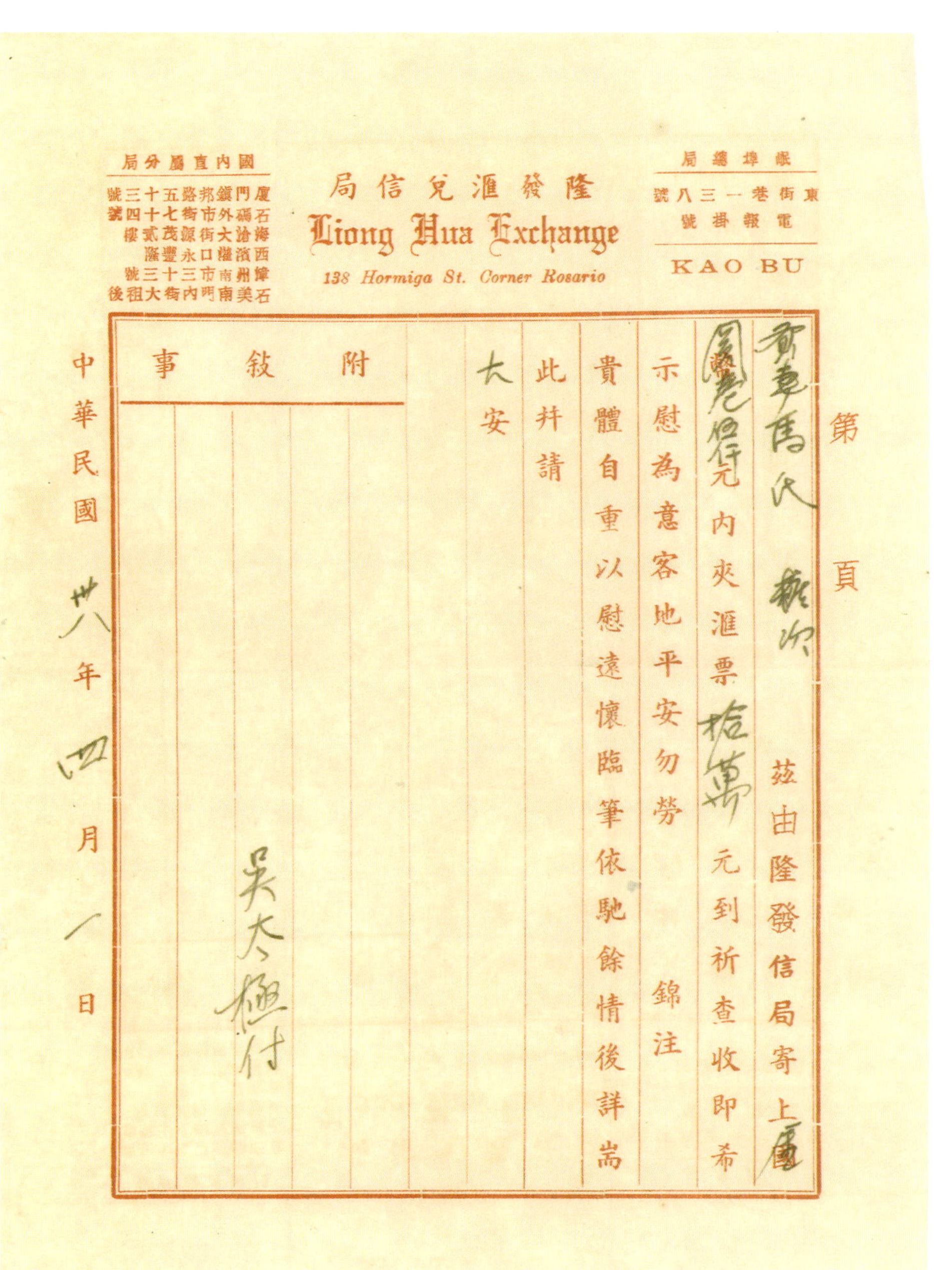

國內直屬分局
廈門鎮邦路五十三號
石碼外市街七十四號
海滄大街源茂貳樓
西濱灌口永豐隆
漳州南市三十三號
石美南門內街大祖後

隆發滙兌信局
Liong Hua Exchange
138 Hormiga St. Corner Rosario

總埠局
東街巷一三八號
電報掛號
KAO BU

第　頁

黃章馬氏 親收

茲由隆發信局寄上國
圓券佰仟元內夾滙票拾萬元到祈查收即希
示慰為意客地平安勿勞　錦注
貴體自重以慰遠懷臨筆依馳餘情後詳尚
此幷請
大安

附敘事

吳太極付

中華民國卅八年四月一日

邮路：菲马尼拉隆发汇兑信局（1949.4.1）——马尼拉邮局——厦门邮局——厦门华南信局——石美华南信局——石美吴泰极

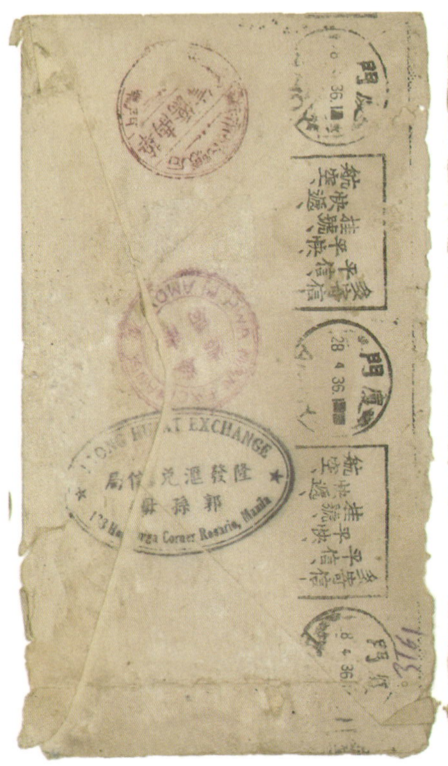
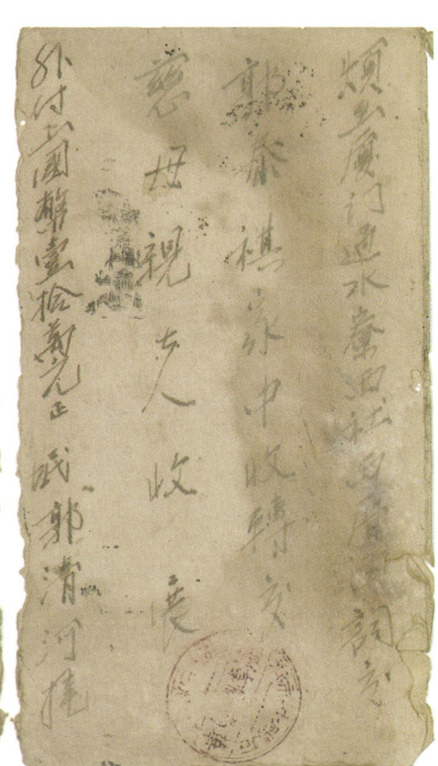

邮路：菲马尼拉隆发汇兑信局——马尼拉邮局——厦门邮局（1947.4.28）——厦门华南信局——石码华南侨信局——西社郭泰祺

石码华南侨信局

厦门华南信局

马尼垃隆发汇信局
郭孙毋

展览实物章盖的印

大中局儲蓄部

收信兼滙兌

總局大坡吉寧街八六及八八號（電話二五一三）★分局小坡鐵巴殺對面一七三號（電話四九三九）

★人生幸福與儲蓄！

△『為子女婚姻計者不可不儲蓄』

△『為子女教育計者不可不儲蓄』

△『為父母養老計者不可不儲蓄』

△『為家庭美滿計者不可不儲蓄』

△『為自身幸福計者不可不儲蓄』

△謹將儲蓄辦法四種略述如后

（一）（活期儲蓄）（二）（定期儲蓄）（三）（按期儲蓄）（四）（逆環儲蓄）

邮路：菲马尼拉大中汇兑信局（1948.10）——马尼拉邮局——厦门邮局——厦门大中信局

大中信局系头盘、二盘、三盘信局，在新加坡、菲律宾等地设立了收汇局，在厦门、漳州、泉州等地设立了中转和派送局。

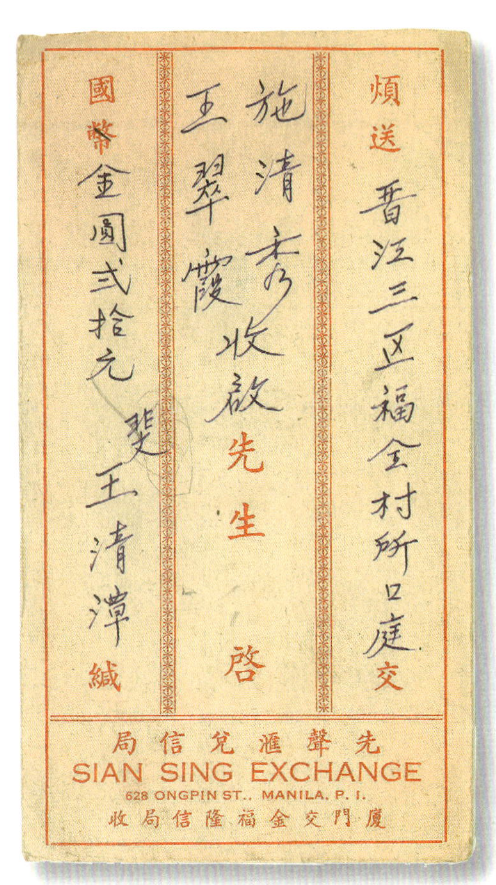

邮路：菲马尼拉建华信局——马尼拉邮局（1948.11.17）——厦门邮局——厦门金福隆信局——晋江福全村

该侨批使用的信封是先声汇兑信局印制的，但国内收件信局均为“厦门金福隆信局”。

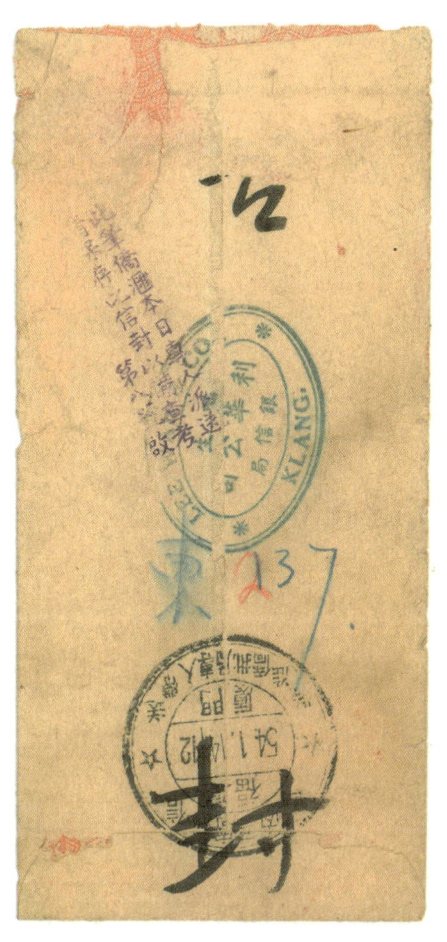

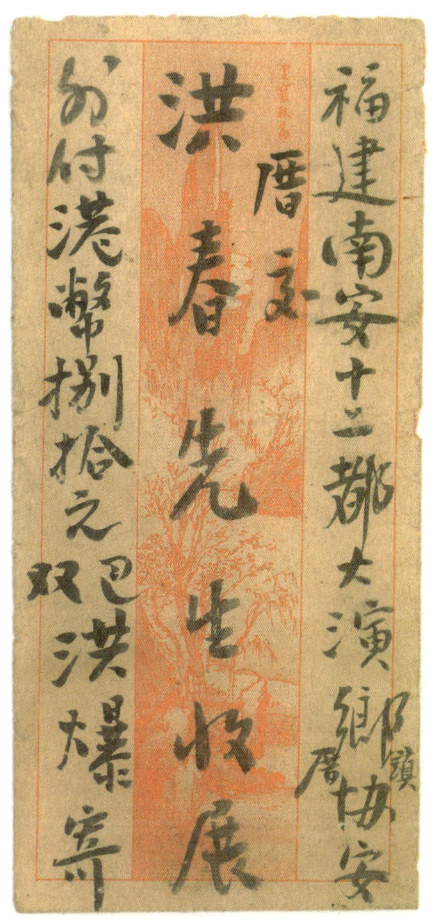

邮路：马来亚巴生利华公司银信部——新加坡邮局（总包）——厦门邮局（侨批专用邮戳 1954.1.14）——厦门第八号信局——南安十二都洪春

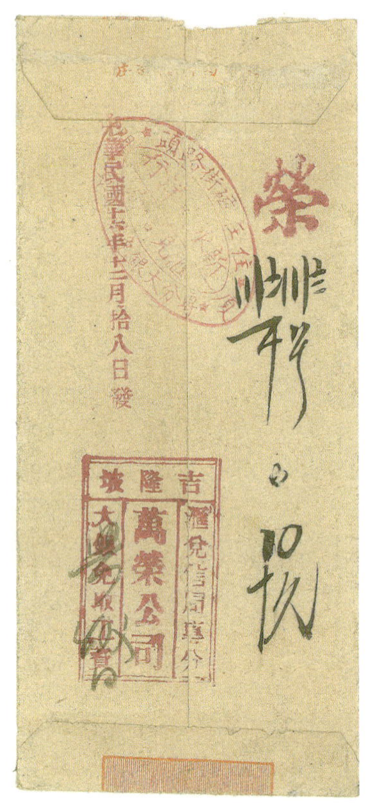

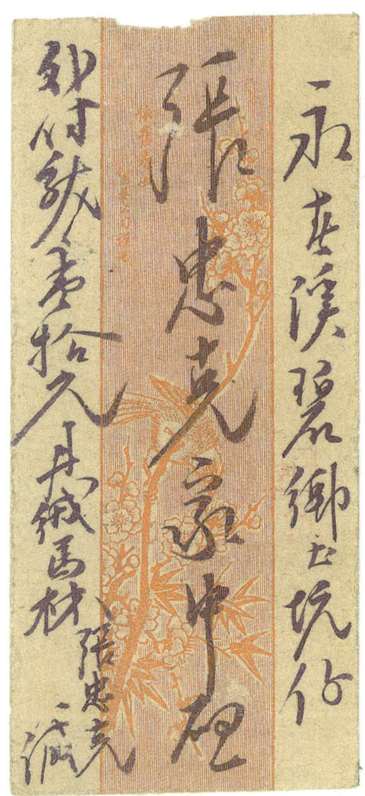

邮路：马来亚丹绒马林——吉隆坡万荣公司汇兑信局（1927.12.18）——吉隆坡邮局（总包）——厦门邮局——厦门新永兴信局——永春代理局——永春溪碧乡张忠克家中

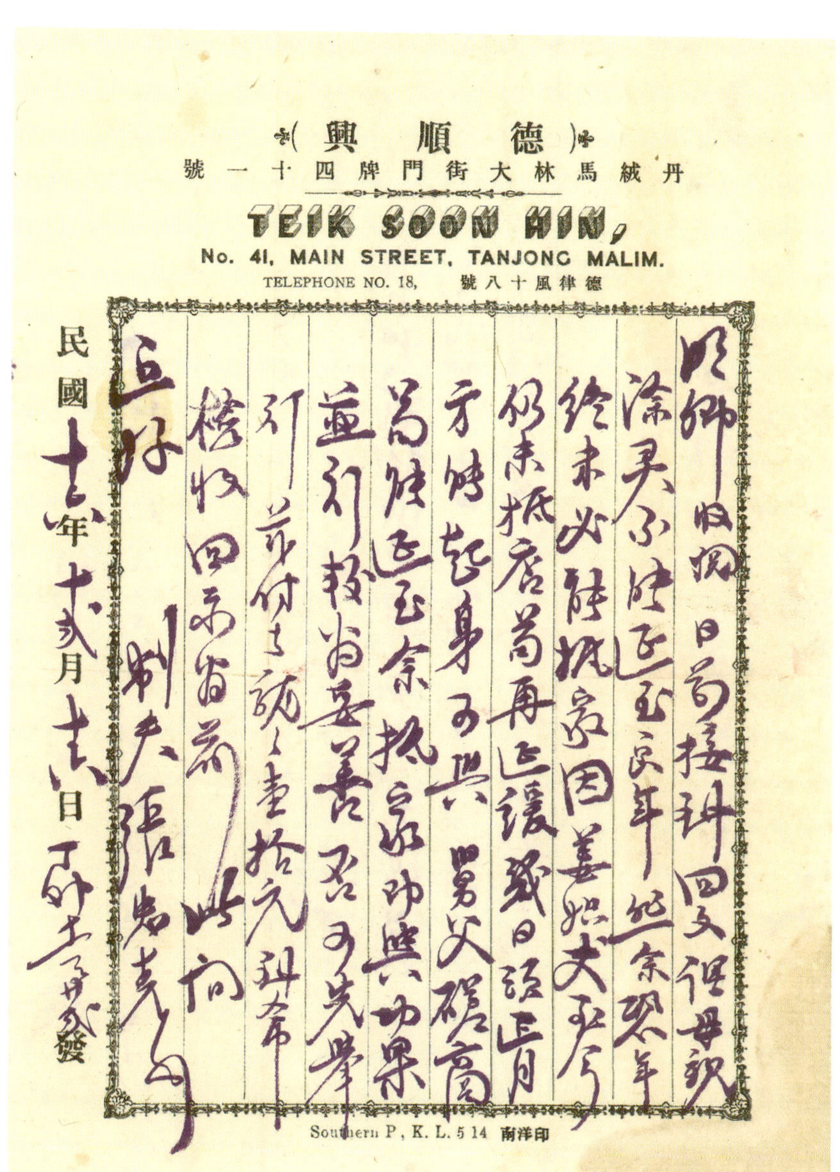
德順興
丹絨馬林大街門牌四十一號
TEIK SOON HIN,
No. 41, MAIN STREET, TANJONG MALIM.
TELEPHONE NO. 18, 德律風十八號
Southern P, K. L. 514 南洋印

侨批笺

【信文】

明卿收阅：

日前接到回文，谓母亲涂灵不能延至更年，然余恐年终未必能抵家，因姜姊夫至今仍未抵店。苟再延缓几日，须正月方能起身，可与舅父磋商。苟能延至余抵家，劝与功果并行较为妥善，否可先举行？兹付去龙银壹拾元，到希检收，回示为荷！此问

近好！

拙夫 张忠克 顿首

民国十六年十弍月十六日（丁卯十一月廿弍日）发

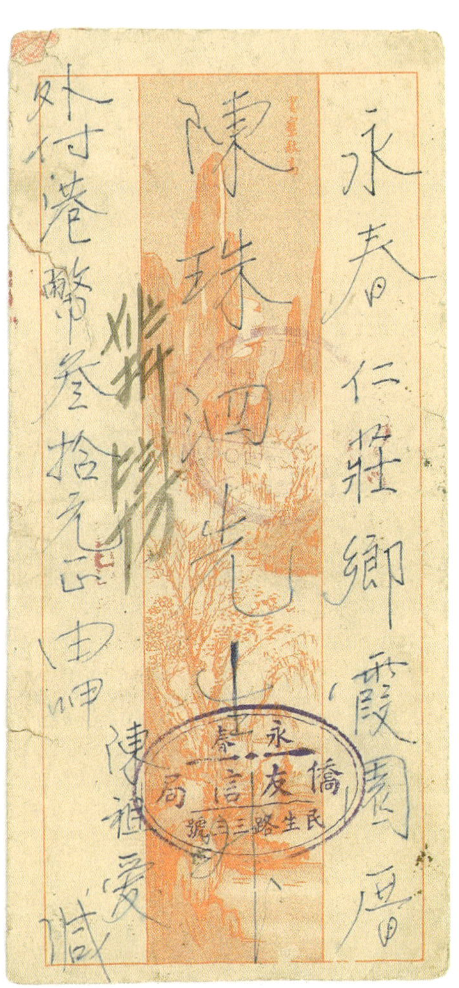

1954 年马来亚马六甲寄永春仁庄乡的侨批封。邮路：马来亚马六甲信局（1954.12.4）——新加坡邮局（总包）——厦门邮局（侨批专用邮戳 1954.12）——厦门信局——永春侨友信局——永春仁庄乡陈珠泗

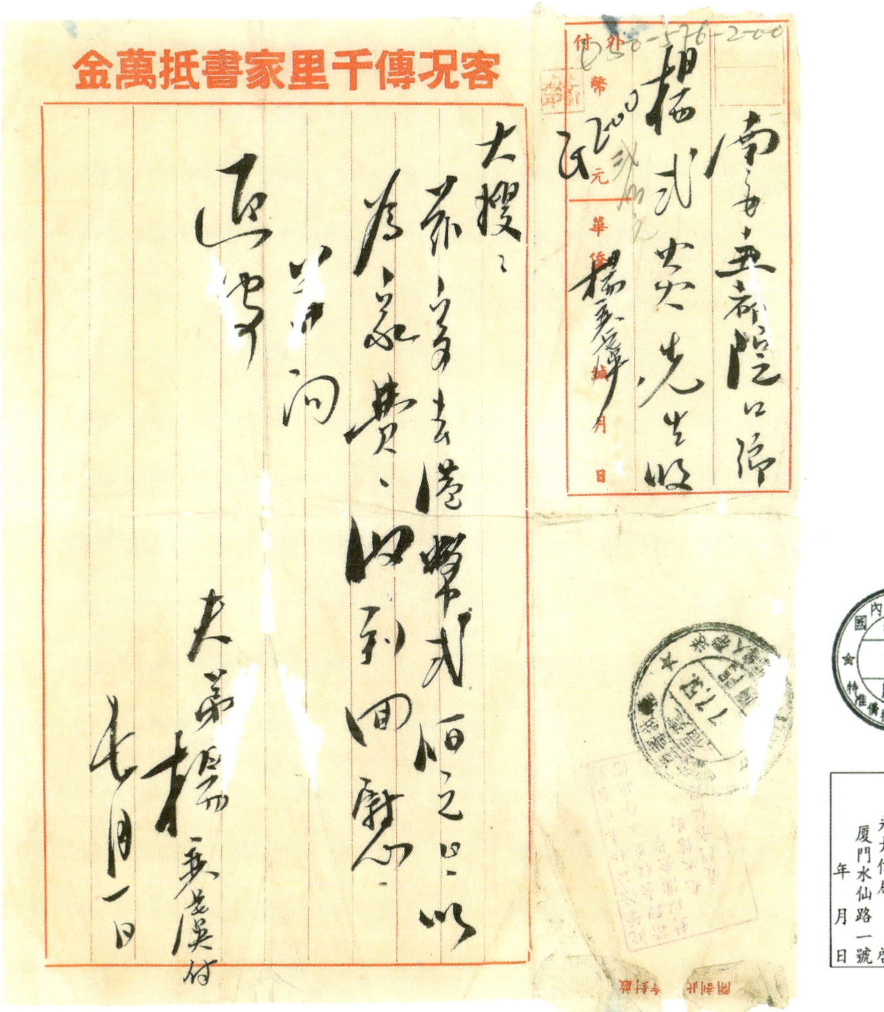

国内互寄批信
福建
7 7.57
厦門
特准僑批局專人帶送

此華僑款於本日滙到
請即查收並保存此信
封以備查考
光大信局
厦門水仙路一號 啓
年 月 日

邮路：马来亚信局——新加坡邮局（总包）——厦门邮局（侨批专用邮戳1957.7.7）——厦门光大信局——南安十五都杨式炎

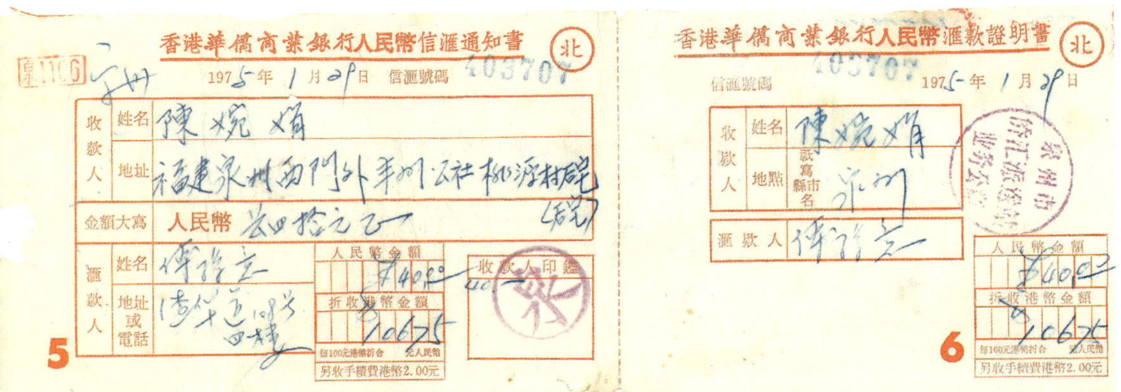

香港華僑商業銀行人民幣信滙通知書 (北)

1975年 1月29日 信滙號碼 403707

收款人	姓名	陳婉娟
	地址	福建泉州西門外丰州公社桃源村
金額大寫	人民幣	
滙款人	姓名	
	地址或電話	

人民幣金額 ¥40.00

折收港幣金額 106.75

信100元港幣折合　元人民幣

另收手續費港幣2.00元

收款人印鑑

5

香港華僑商業銀行人民幣滙款證明書 (北)

信滙號碼 403707　1975年 1月29日

收款人	姓名	陳婉娟
	地點試寫縣市名	泉州
滙款人		

人民幣金額 ¥40.00

折收港幣金額 106.75

每100元港幣折合　元人民幣

另收手續費港幣2.00元

6

邮路：南洋——香港华侨商业银行——泉州中国银行（1975.1.29）——泉州市侨汇派送站——丰州陈婉娟

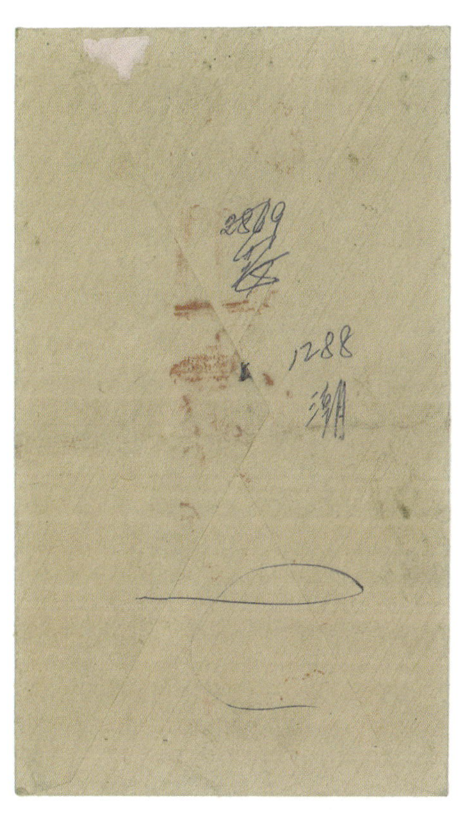

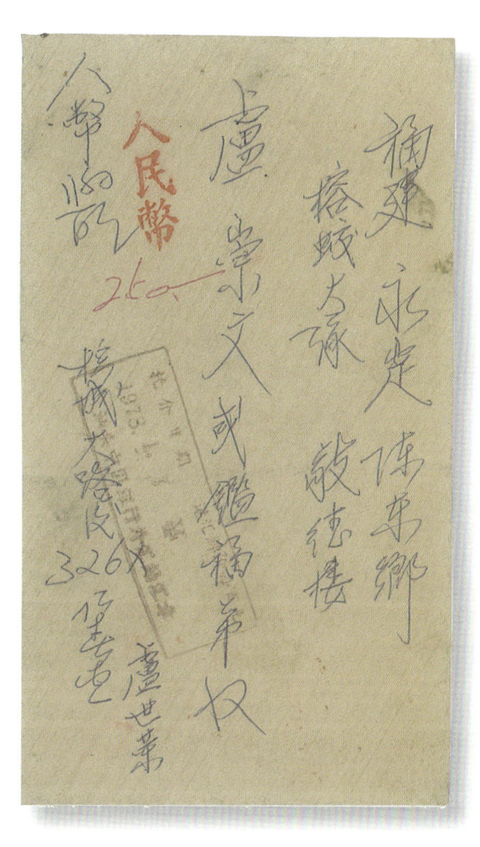

邮路：马来西亚槟城信局——槟城邮局——广东汕头邮局——汕头中国银行（1978.1.3）——福建永定侨汇代理处——永定陈东乡卢崇文

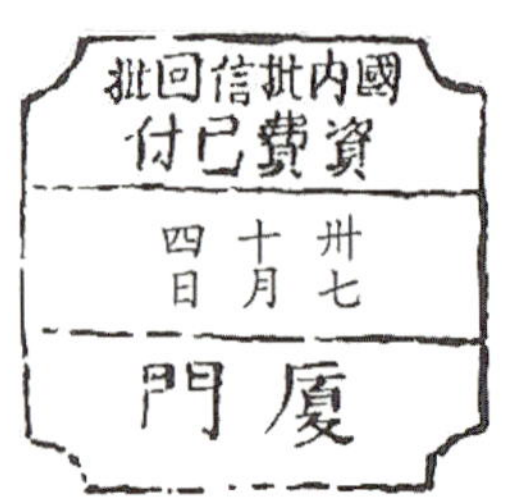

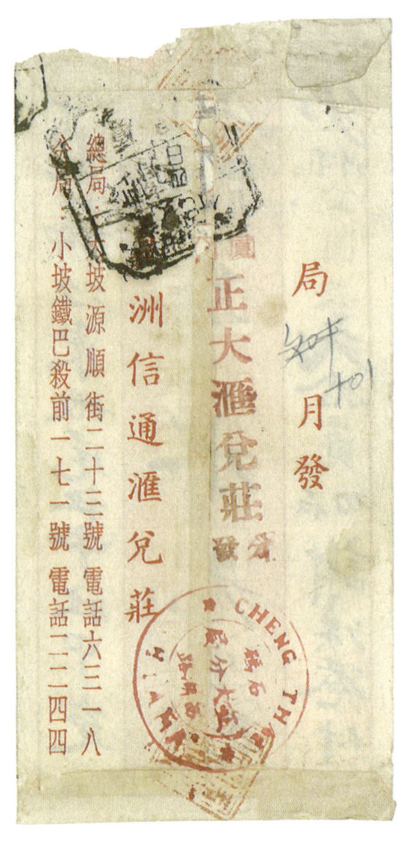

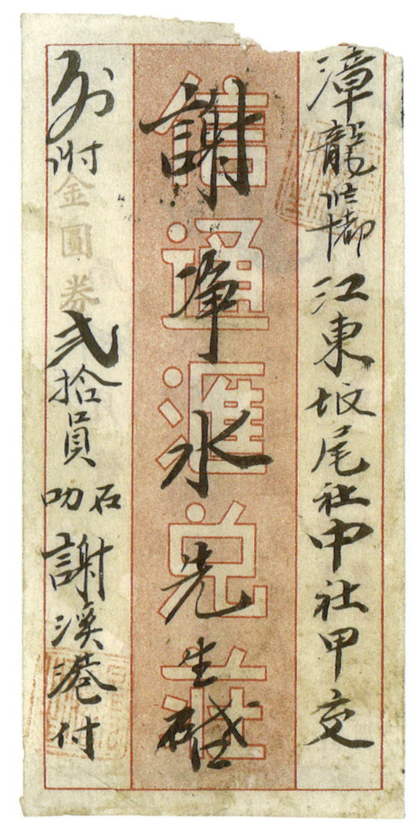

邮路：星洲信通汇兑庄（1948.10.1）——新加坡邮局——厦门邮局（侨批专用邮戳卅七年十月四日）——厦门正大汇兑庄——石码正大分局——漳龙廿八都江东坂尾社

正大信局于1929年成立，鼎盛时期海内外分号或联号达72家，在新马、印尼设收汇机构，在闽南侨乡遍设派送机构。

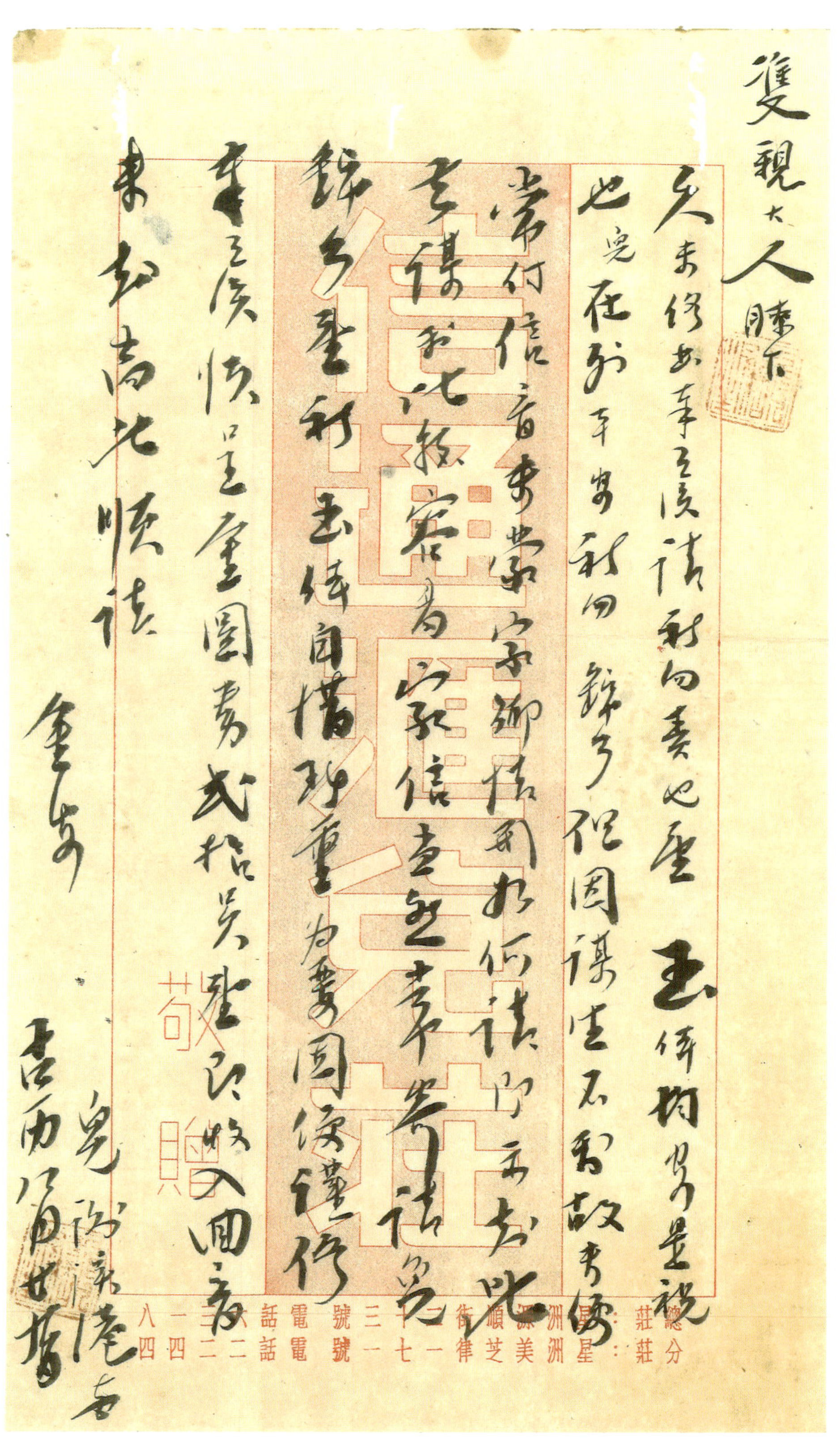
雙親大人膝下

敬贈

總莊：星洲源順街二十三號　電話六三一八

分莊：星洲美芝律一七一號　電話二二四四

侨批笺

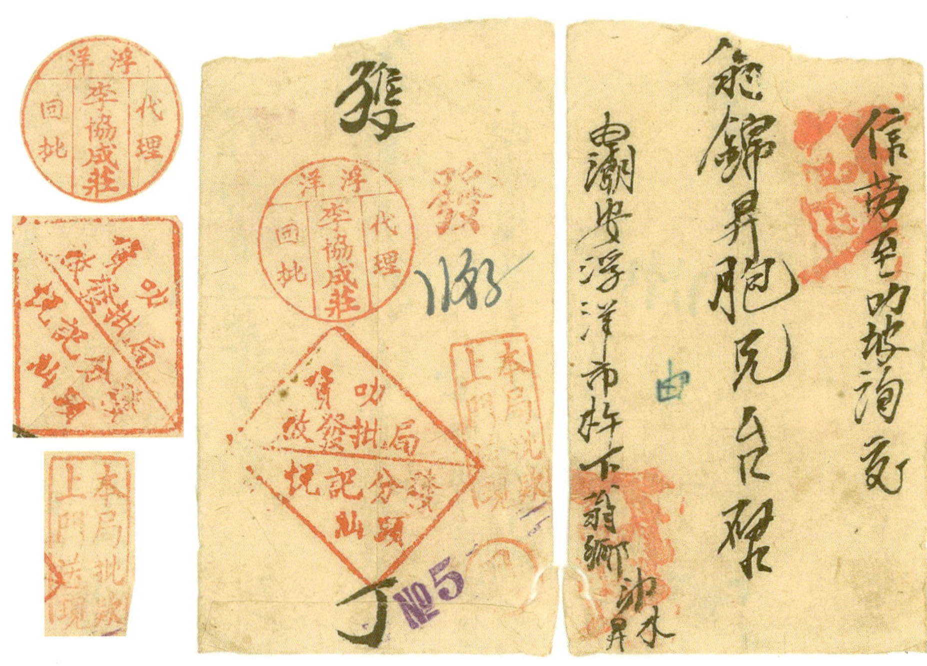

邮路：广东潮安（1947.9.27）——浮洋李协成庄——汕头悦记批局——汕头邮局——新加坡邮局——新加坡启发批局——翁锦升

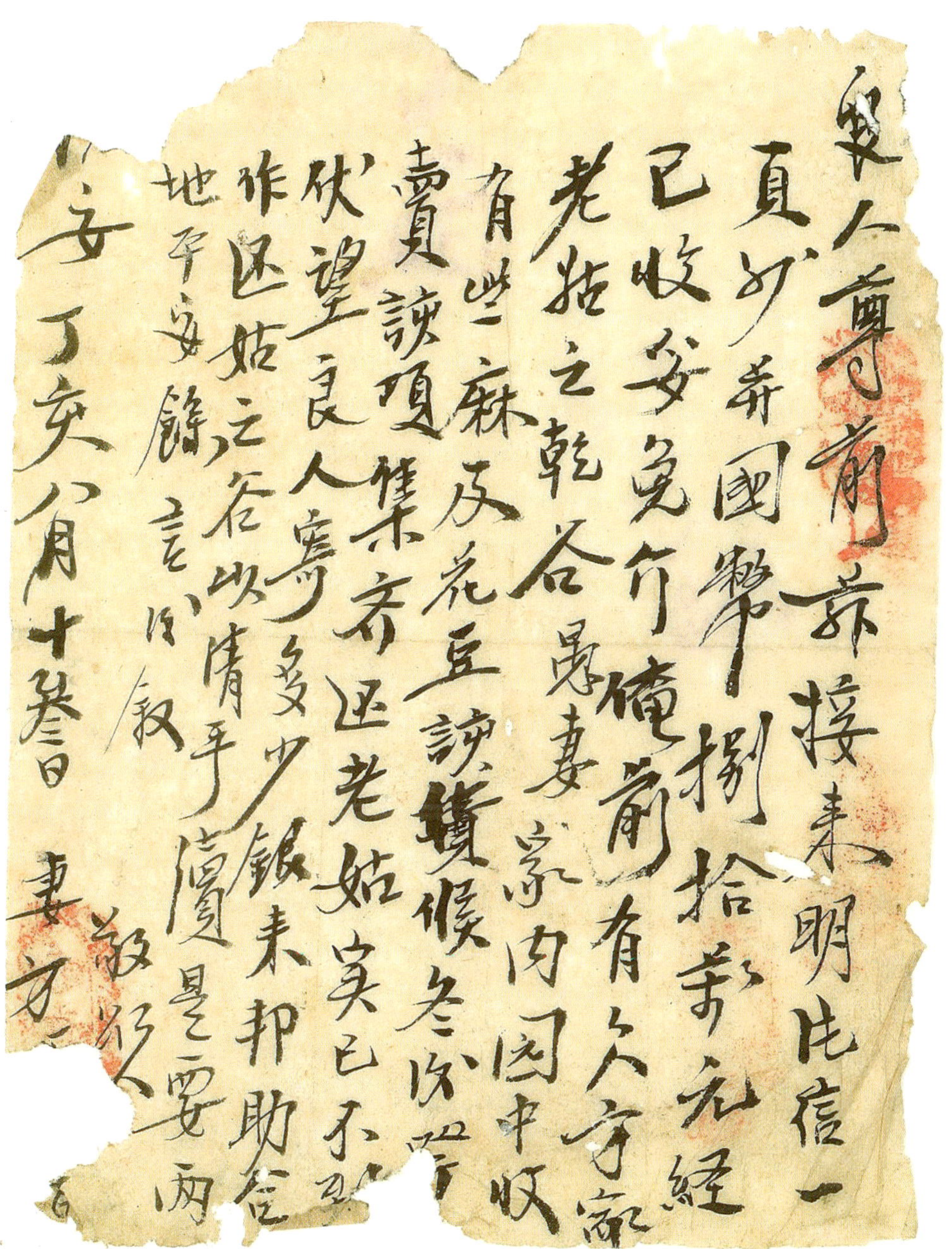
良人尊前 茲接來明片信一
頁并國幣捌拾元經
已收妥免介 惟前有人守家
老姑之乾谷 愚妻家內園中收
有些麻及花豆 諒賣候冬收[illegible]
賣 該項集齊還老姑 實已不[illegible]
伏望良人寄多少銀來幫助倉
作還姑之谷 以清手續 是要 兩
地平安 餘言後敘
[illegible]安 丁亥八月十叁日 妻方[illegible] 斂衽

侨批笺

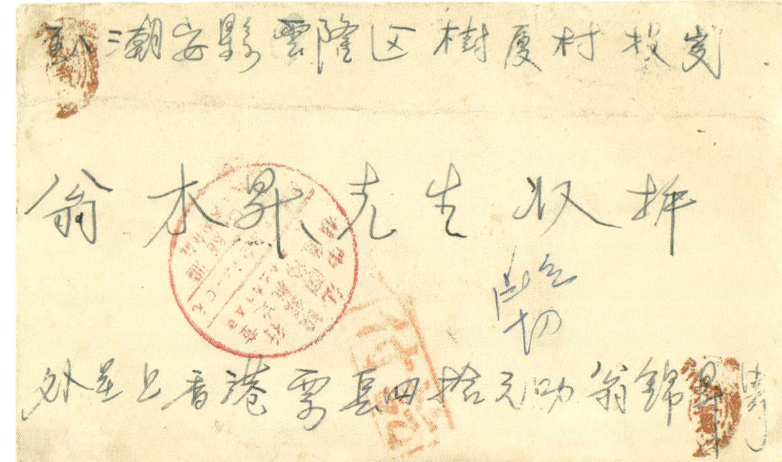

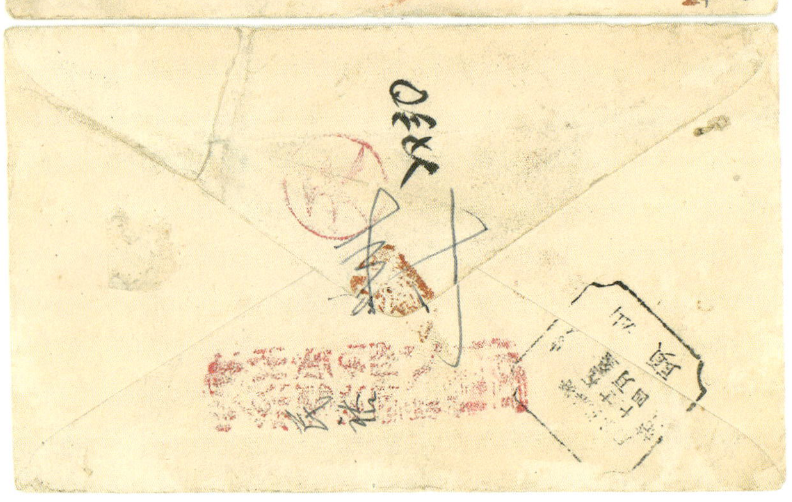

鄭綿發有限公司民信部

邮路：新加坡郑绵发公司民信部（1953.12.8）——新加坡邮局——汕头邮局（侨批专用邮戳 1953.12.14）——汕头中国银行（1953.12.15）——汕头信局——潮安翁木升

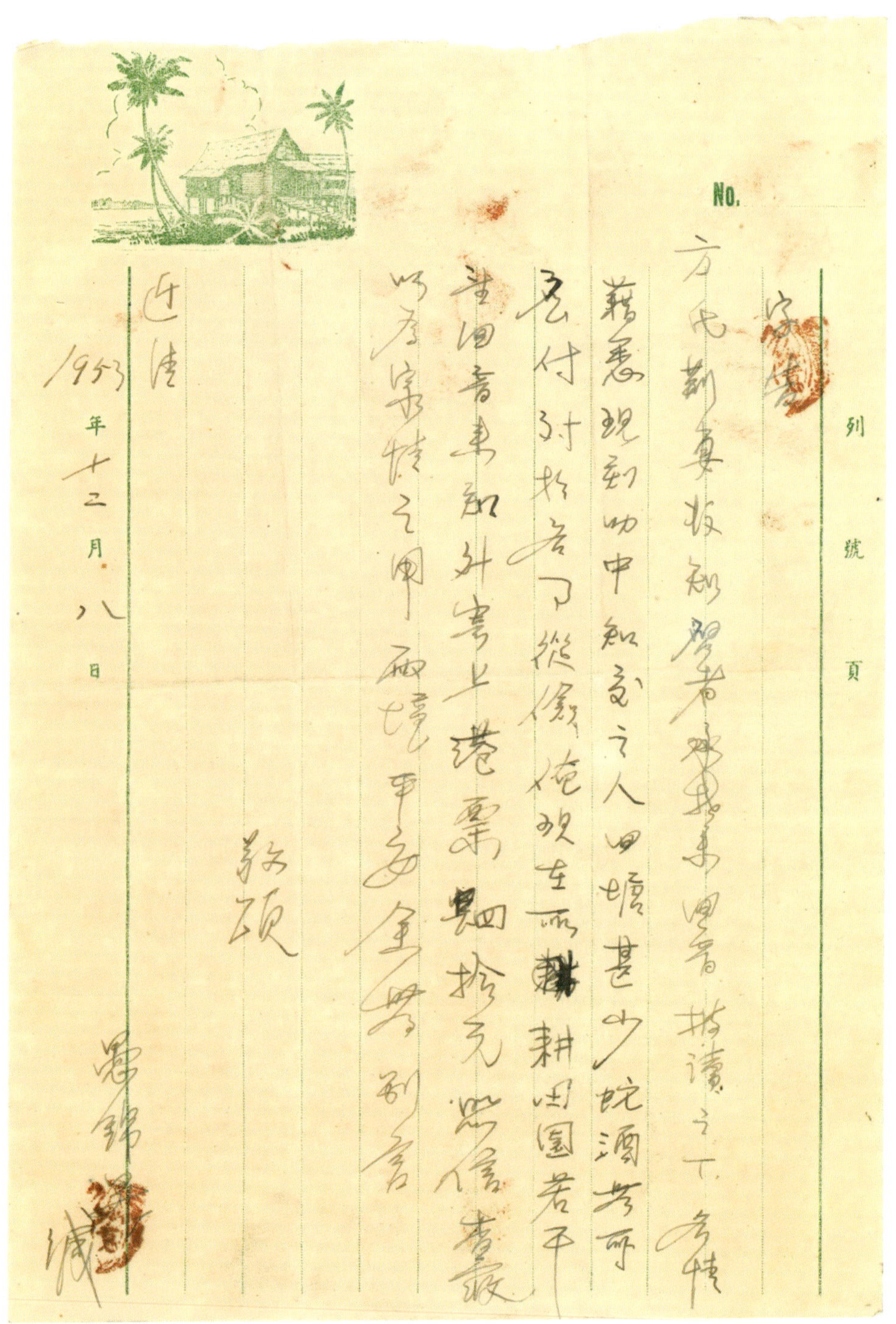

No.　　列號　　頁

字付

方氏荊妻妝次知照者我妻來回音捧讀之下

藉悉現刻叻中知交之人回塘甚少蛇酒若可

各付討於各了從儉儉現在兩耕田園若干

並回音來知外寄上港票四拾元此信查收

以為家情之用兩境平安全無別言

敬頌

近佳

愚錦緘

1953年十二月八日

侨批笺

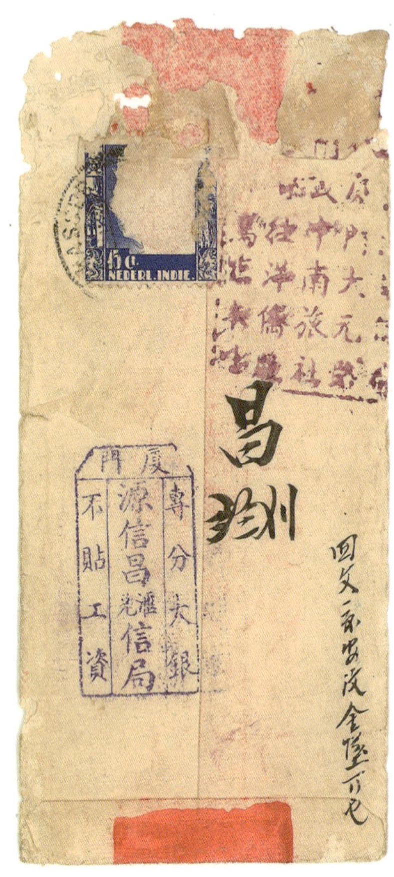

邮路：荷属望（孟）加锡（Makassar）信局——望加锡邮局——厦门邮局——厦门源信昌汇兑信局——永春侨批代理处——永春岵山陈赐贺

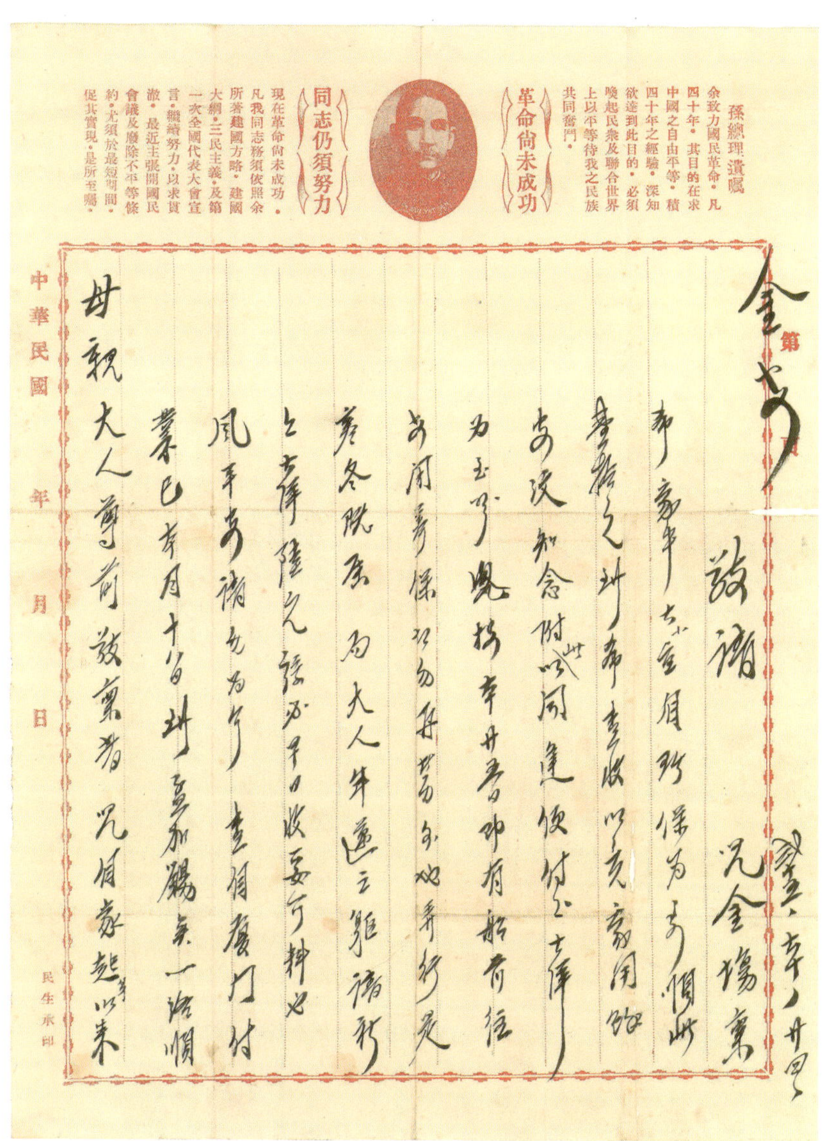
孫總理遺囑
余致力國民革命・凡四十年・其目的在求中國之自由平等・積四十年之經驗・深知欲達到此目的・必須喚起民衆及聯合世界上以平等待我之民族共同奮鬥・

革命尚未成功

同志仍須努力

現在革命尚未成功・凡我同志務須依照余所著建國方略・建國大綱・三民主義・及第一次全國代表大會宣言・繼續努力・以求貫澈・最近主張開國民會議及廢除不平等條約・尤須於最短期間・促其實現・是所至囑・

第　頁

中華民國　年　月　日

民生承印

侨批笺

【信文】

母亲大人尊前：

敬禀者，儿自家起身以来，业已本月十八日到孟加锡矣，一路顺风平安，请勿为介。查自厦门付上大洋陆元，谅必早日收妥可料也。寒冬既届，而大人年迈之躯，请祈安闲养保，切勿再劳外地弄行，是为至盼！儿按本廿五日即有船前往安汶，知念附此以闻。逢便付上大洋壹拾元，到希查收，以充家用。余希家中大小宜自珍保为要。顺此，敬请

金安！

儿金场禀

弍十五年十月廿四日

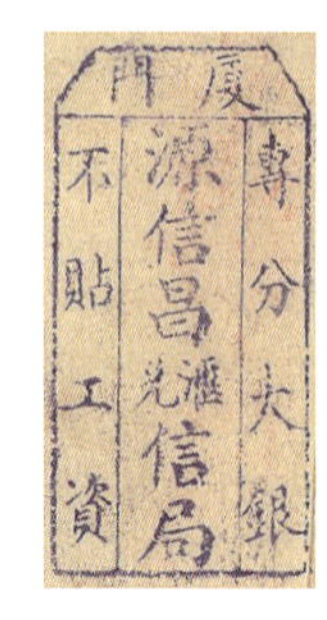

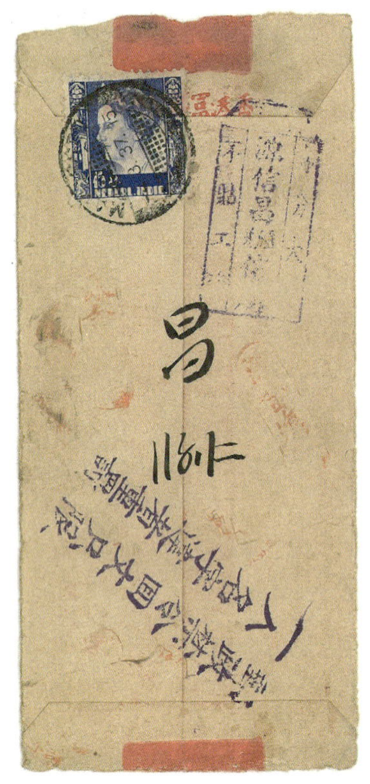

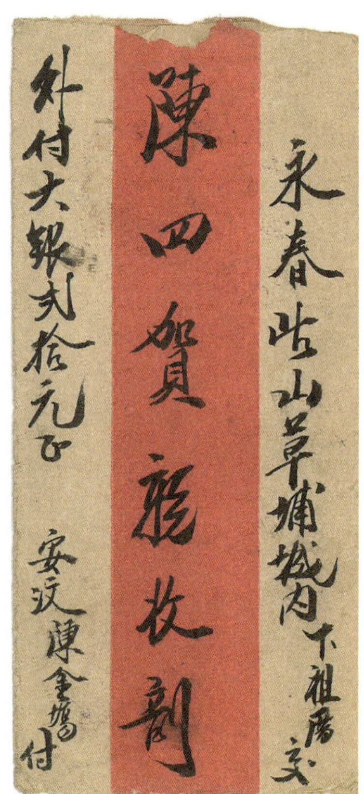

邮路：荷属安汶（1937.2.26）——望加锡（Makassar）信局——望加锡邮局（1937.3.2）——厦门邮局——厦门源信昌汇兑信局——永春侨批代理处——永春岵山陈四贺

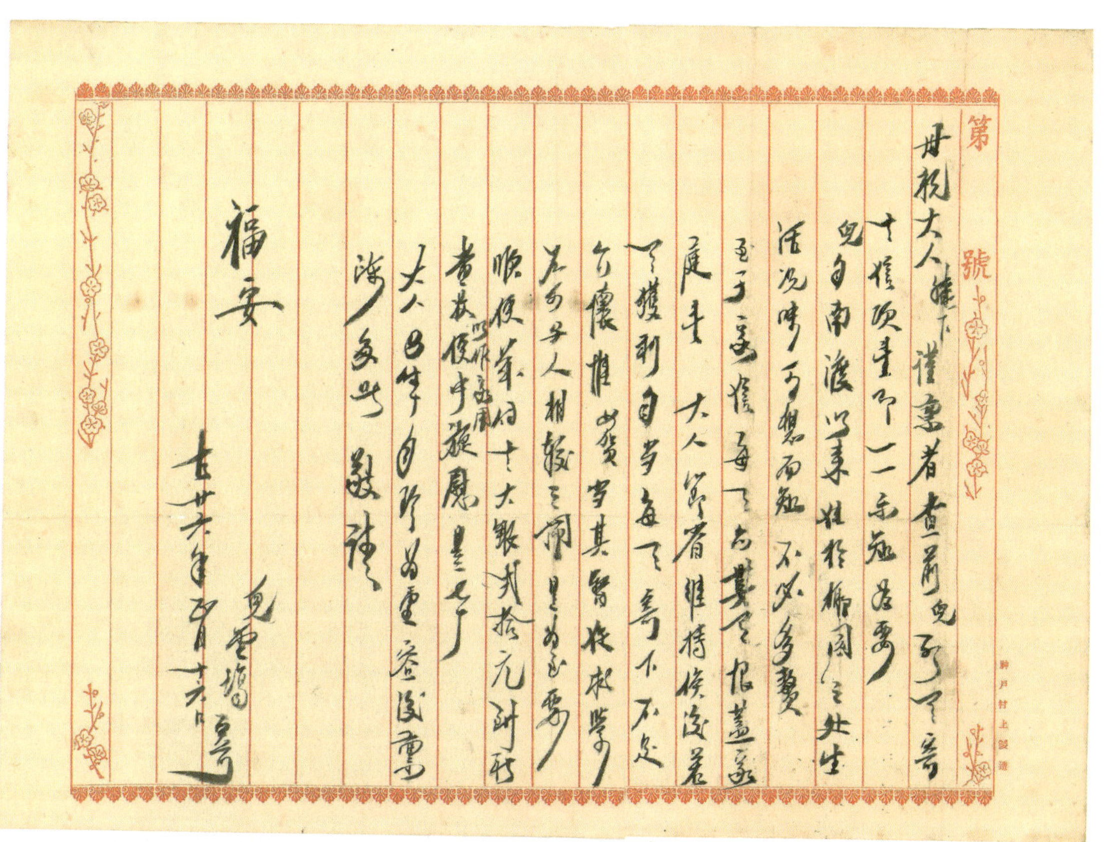

侨批笺

【信文】

母亲大人膝下：

谨禀者，查前儿前月寄去信项，望即一一示知为要。儿自南渡以来，住于椰园之处，生活况味可想而知，不必多赘。至于家信，每月亦算有报答家庭。望大人节省维持，俟后若有获利，自当每月寄下，不足介怀。惟四贺当其督促求学，不可与人相较之闹，是为至要。顺便兹付去大银弍拾元，到祈查收，以作家用，便中旋慰是幸。大人身体自珍为重，容后禀陈，匆此，敬请

福安！

儿金场 寄

古廿六年正月十六日

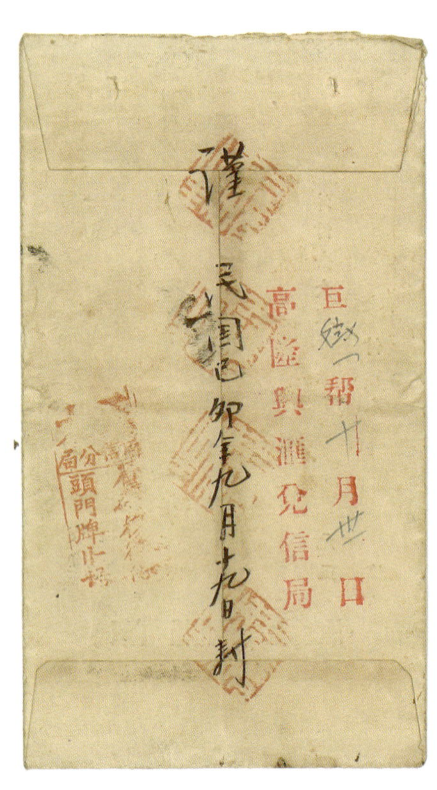

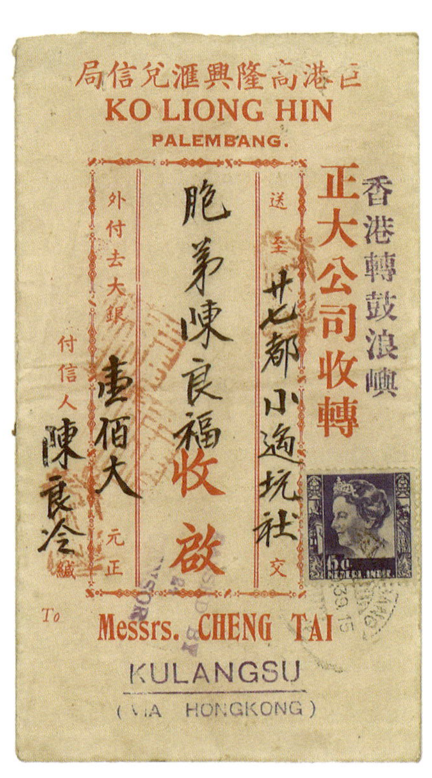

邮路：印尼巨港（Palembang）高隆兴汇兑信局（1939.10.31）——巨港邮局（1939.10.31）——香港邮局——鼓浪屿邮局——鼓浪屿正大公司——石码正大分局——小过坑社陈良福

使用巨港高隆兴汇兑信局印制的广告信封。此时，厦门岛沦为日军占领，侨批由香港中转，鼓浪屿邮局和信局接收。

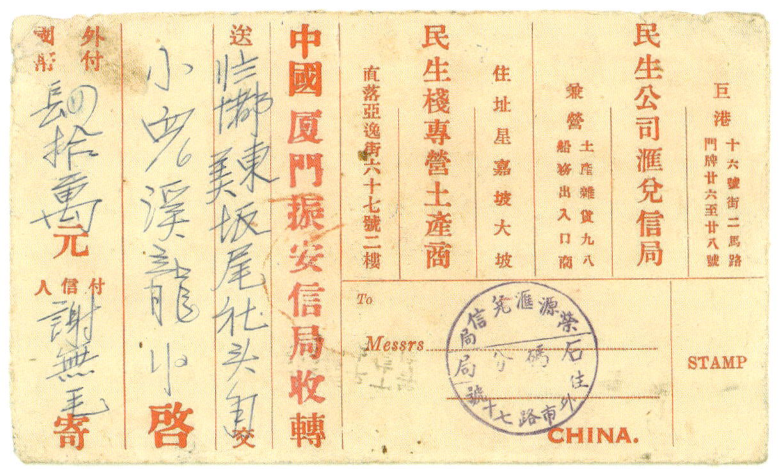

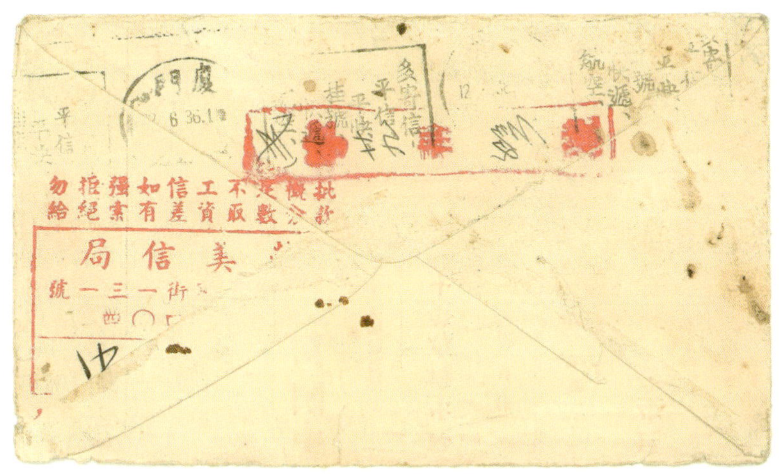

邮路：印尼巨港（Palembang）民生公司汇兑信局——巨港邮局——厦门邮局（机盖宣传戳，1947.6.12）——厦门□美信局——荣源汇兑信局石码分局——廿八都坂尾社谢溪龙

使用民生公司汇兑信局印制的广告信封，上有经营网络的名称和地址。20 世纪 30 年代在厦门鹭江道 15 号设有民生信局，并印制明信片（见《闽南侨批史纪述》）。厦门民生信局与巨港民生公司汇兑信局是否存在关联，有待进一步探讨。

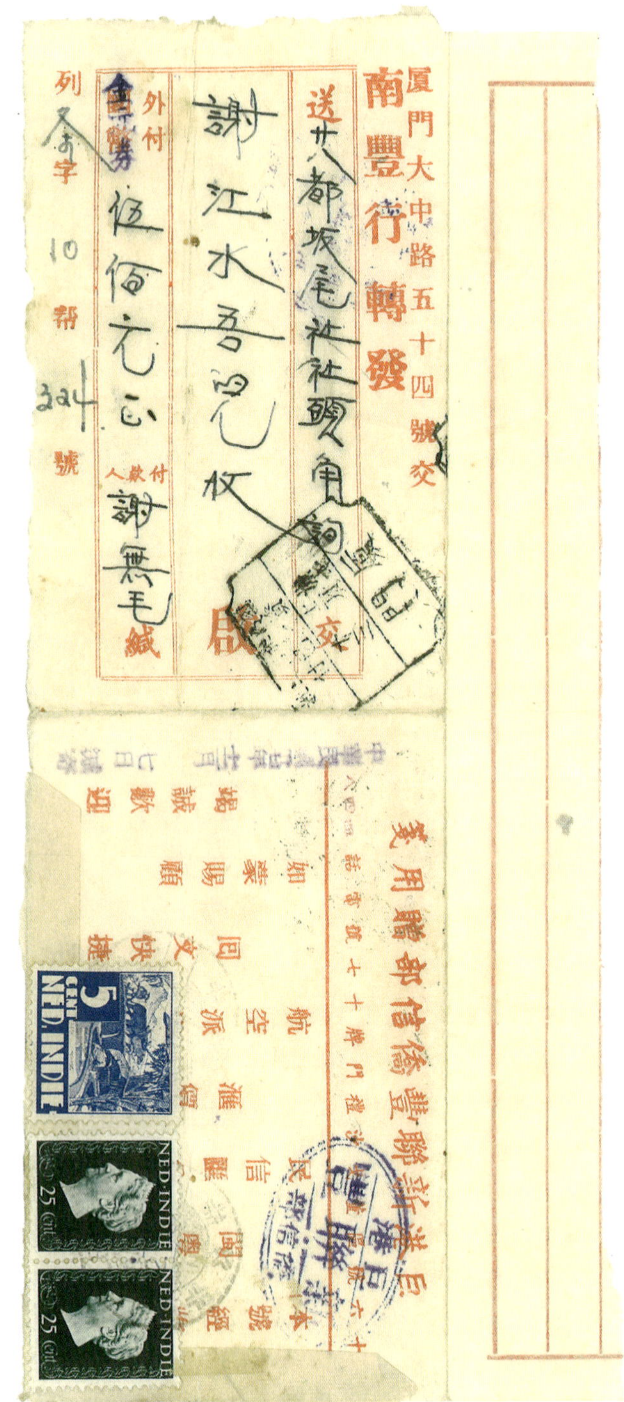

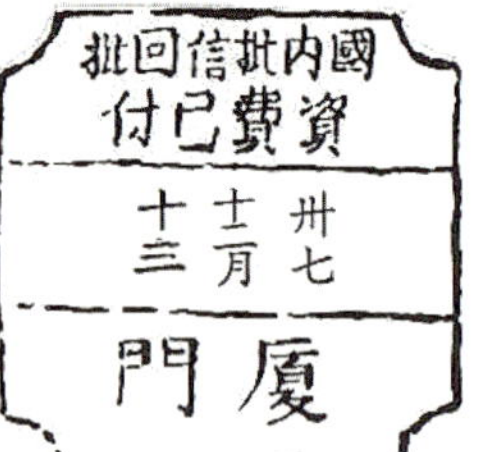

邮路：印尼巨港（Palembang）新联丰侨信部（1948.12.7）——巨港邮局——厦门邮局（侨批专用邮戳卅七年十二月十三日）——厦门南丰行——龙溪廿八都谢江水

使用巨港新联丰侨信部印制的广告信笺，印有地址和经营业务范围。

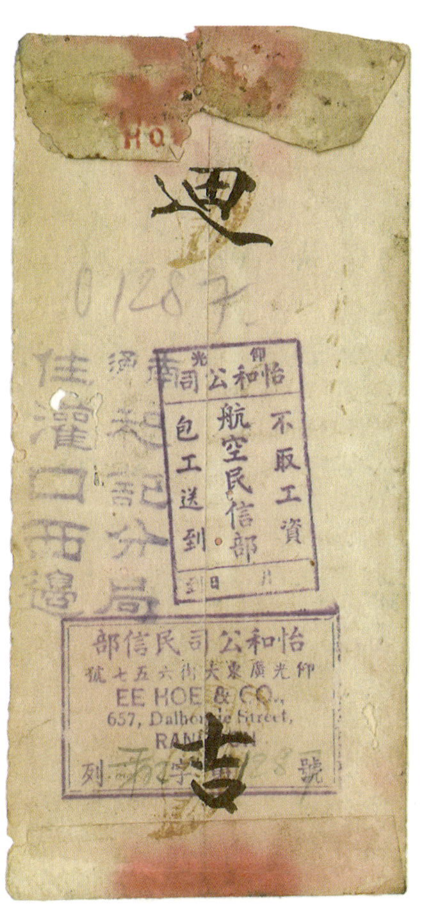

邮路：缅甸仰光怡和公司民信部——仰光邮局——厦门邮局（机盖宣传戳，1947.7.4）——厦门信局——灌口南通和记分局——西滨社陈己丑

邮路：越南西贡（Saigon）信局——西贡邮局（1932.12.2）——厦门邮局——厦门信源隆汇兑信局——马巷林文分

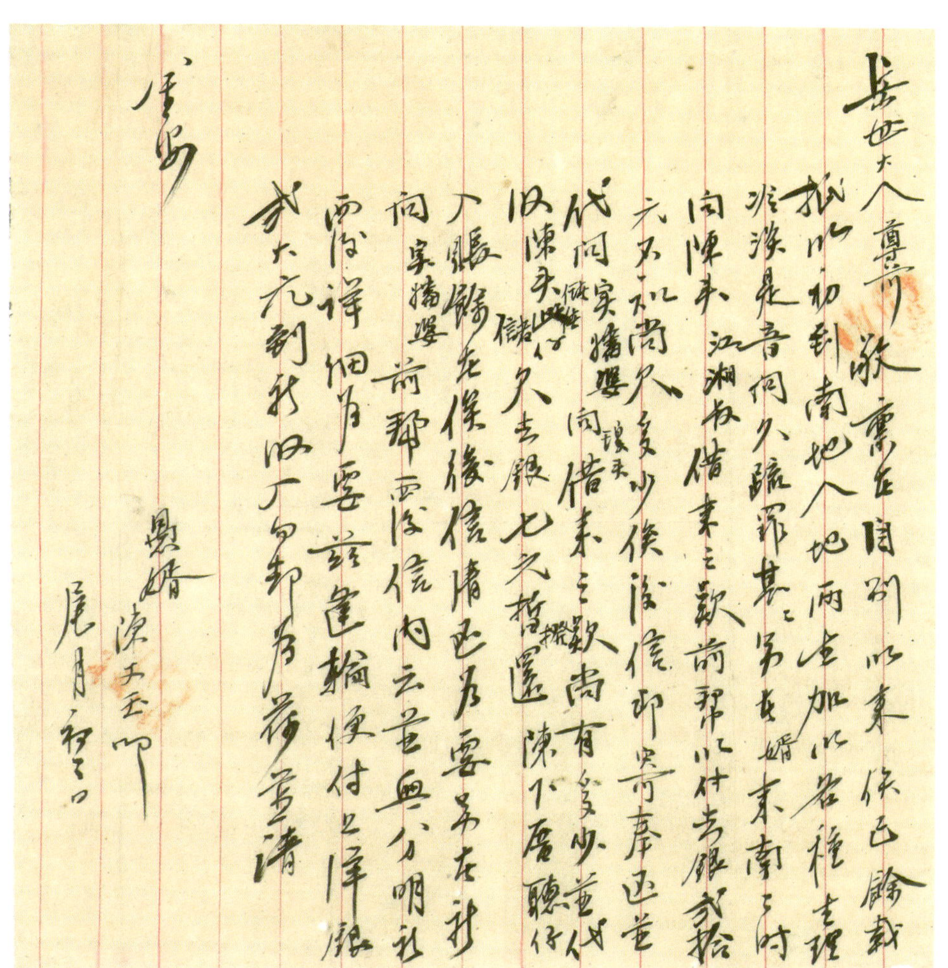

侨批笺

【信文】

岳母大人尊前：

敬禀者，自别以来，倏已余载。抵以初到南地，人地两生，加以各种生理冷淡，是音问久疏，罪甚罪甚。另者，婿来南之时，向陈夹、江湘叔借来之款，前帮以付去银式拾元，不知尚欠多少，俟后信即寄奉还，并代问实婶婆向琼头借来之款尚有多少，并代收陈头储仔欠去银七元，暂拨还陈下厝厅听仔入账，余在俟后信清还为要。另者，祈问实婶婆前帮复信内云，并无分明，祈复详细为要。兹逢轮便，付上洋银式大元，到祈收入，勿却为荷，并请
金安！

愚婿 陈文玉 叩

尾月初二日

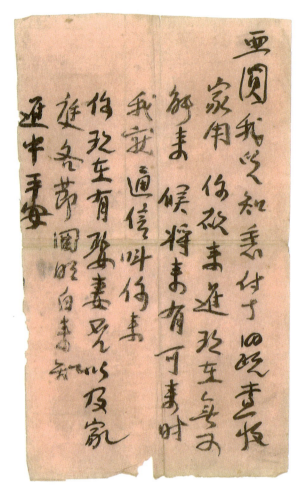

邮路：泰国曼谷和和银信局——曼谷邮局（1955.2.4）——汕头邮局（侨批专用邮戳1955.2.13）——汕头中国银行——福建诏安侨批代理处——诏安二都林亚圆

使用曼谷和和银信局印制的广告信封，印有经营和代理业务范围。

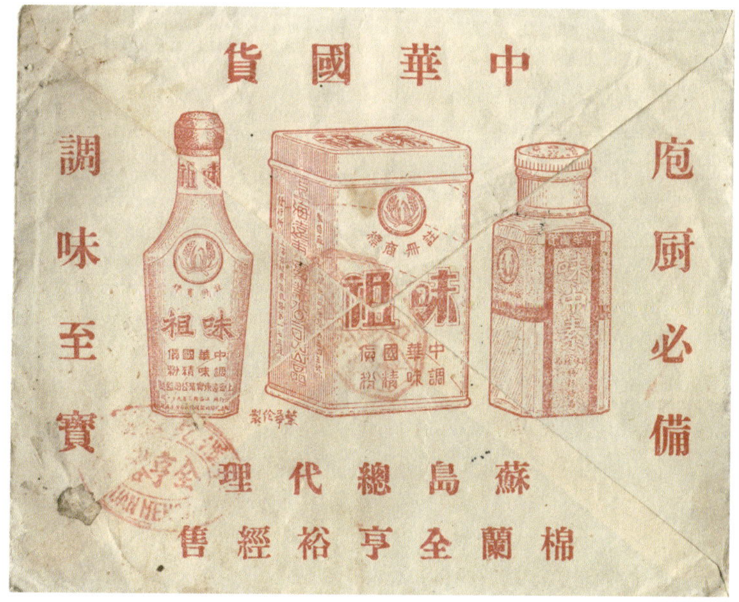

1940 年 4 月从印尼日里棉兰寄出，鼓浪屿远裕汇兑信局转送至金门后浦的侨批封，封正面左下角有 KULANGSU（鼓浪屿）AMOY（厦门）等字样。

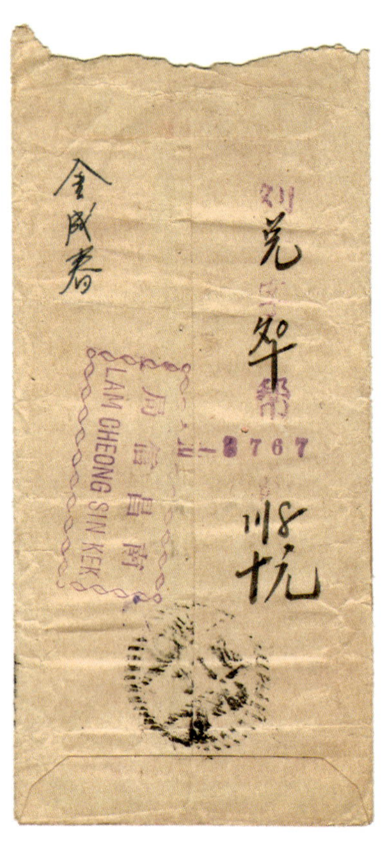

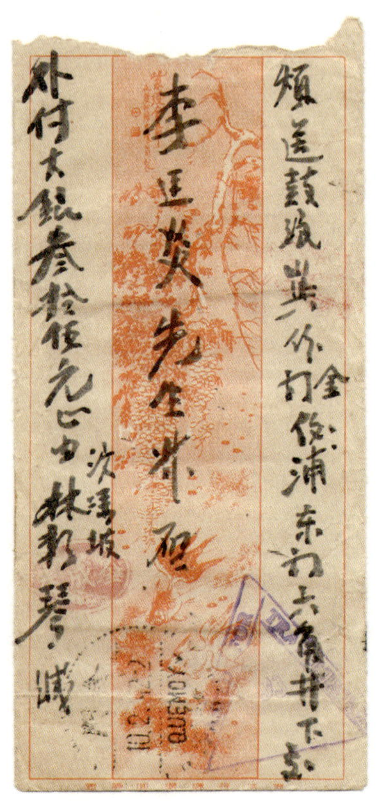

1941 年 10 月 29 日文莱寄金门后浦的侨批，经新加坡、厦门中转，盖有厦门 /AMOY 和金门 /QUEMOY（10.2.42）日戳，还盖有一“检查章”和“南昌信局”章。因战事关系，邮路受阻，该封邮程用了 105 天。

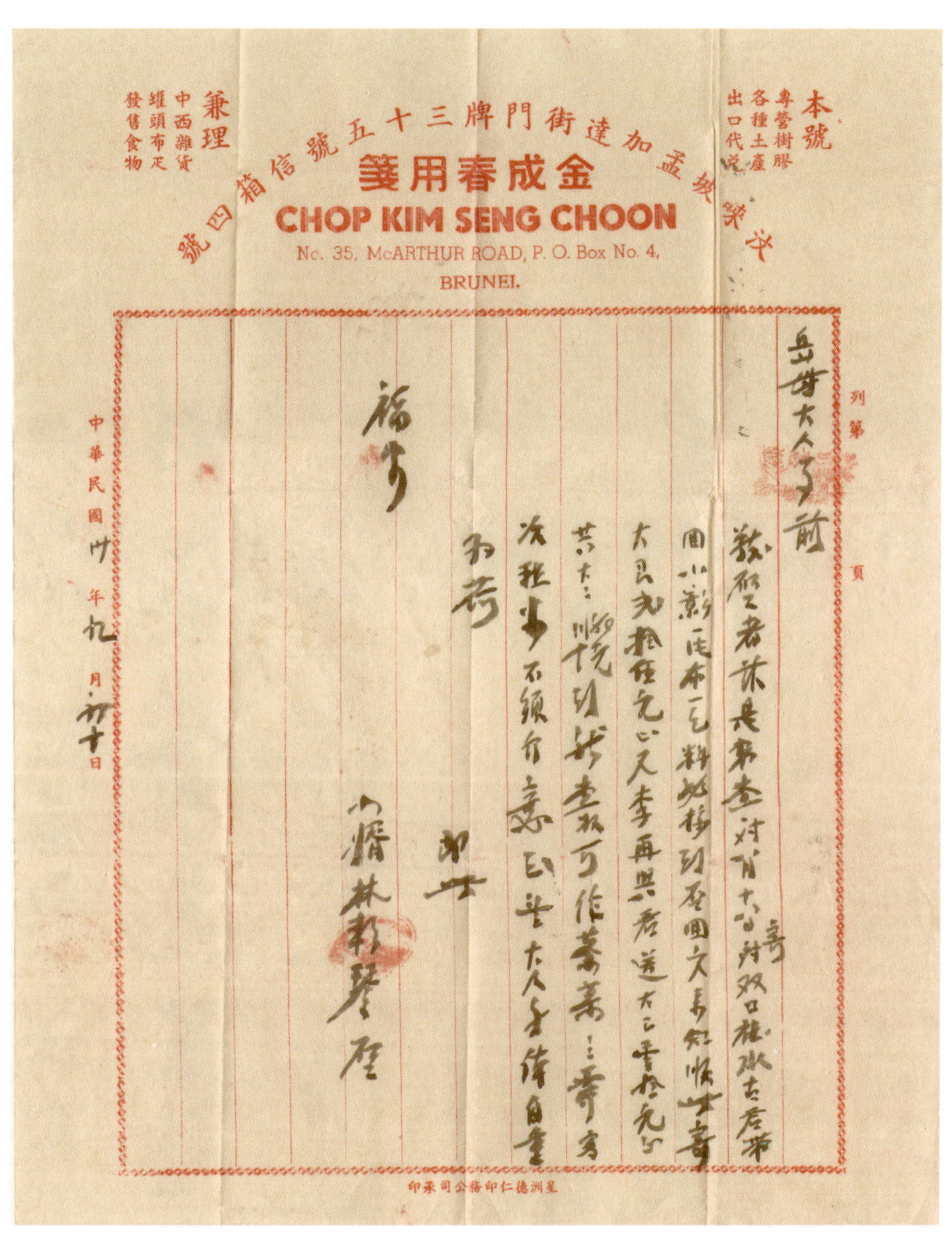
本號專營樹膠各種土產出口代辦
汶萊坡孟加達街門牌三十五號信箱四號
金成春用箋
CHOP KIM SENG CHOON
No. 35, McARTHUR ROAD, P. O. Box No. 4,
BRUNEI.
兼理中西雜貨纓頭布疋發售食物
第　頁　列
中華民國　年　月　日
星洲德仁印務公司承印

侨批笺

【信文】

岳母大人尊前：

敬启者，兹是帮查对八月十八日寄对双口社水古君带回小影一片，布一包，料必接到否，回文来知。顺此寄大银弍拾伍元正，又李再兴君送大银壹拾元正，共大银卅五元，到祈查收，可作茶果之需，客况粗安，不须介意，即望大人身体自重为荷。即此

福安！

小婿 林彩琴 启

中华民国卅年九月廿十日

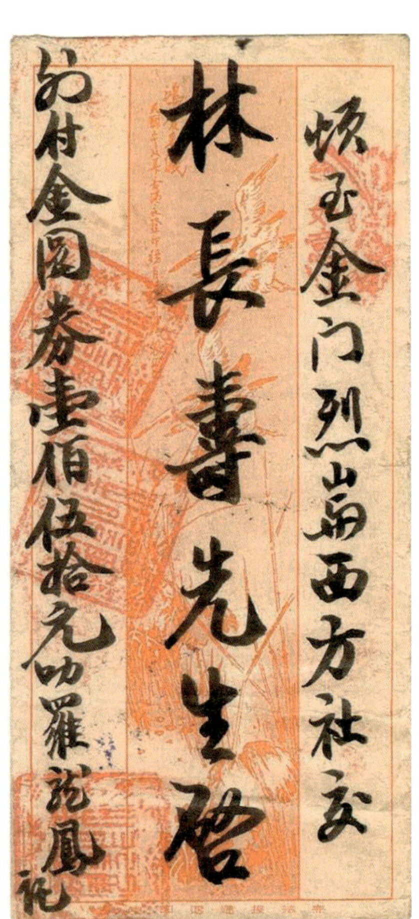

1949 年 1 月新加坡罗龙凤寄金门烈屿林长寿的侨批封

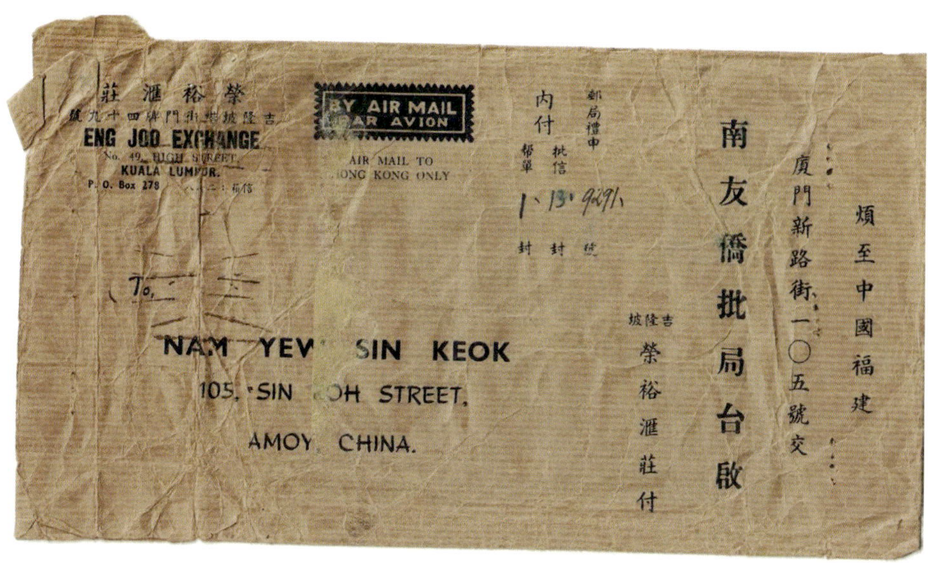

1962 年 1 月从吉隆坡荣裕汇庄寄厦门南友侨批局的总包封

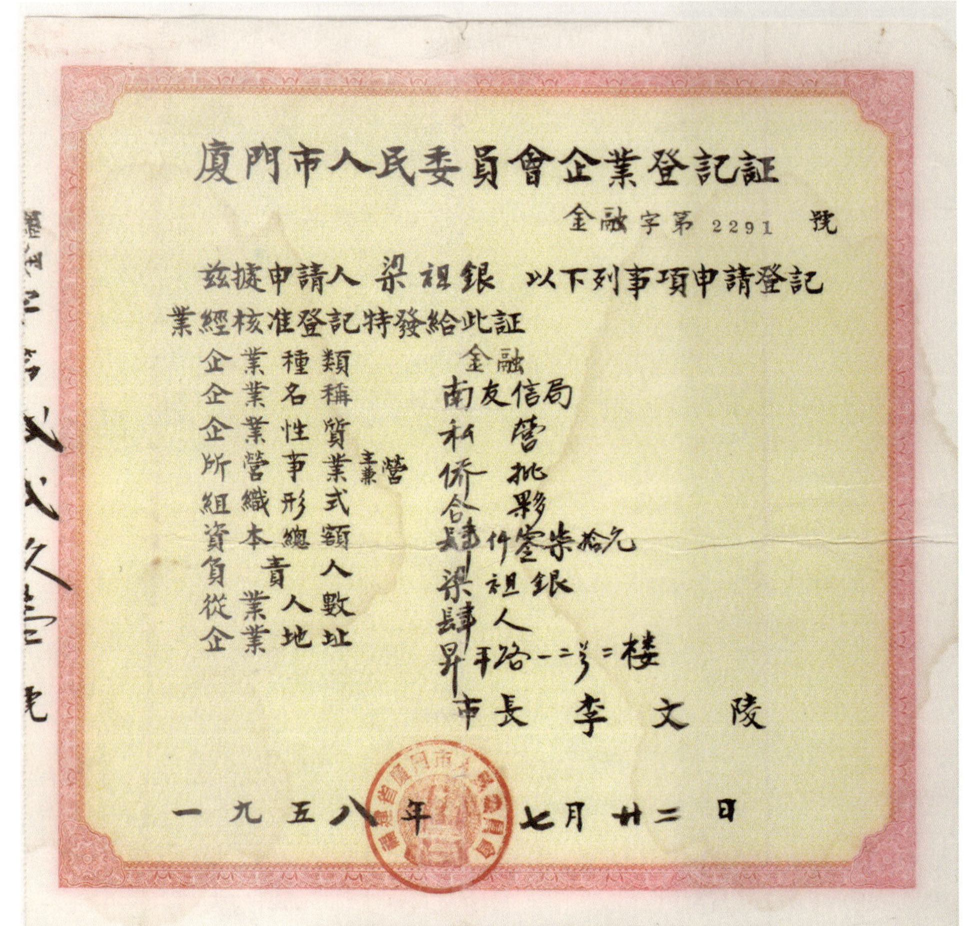

廈門市人民委員會企業登記証

金融字第 2291 號

茲據申請人 梁祖銀 以下列事項申請登記業經核准登記特發給此証

企業種類 金融
企業名稱 南友信局
企業性質 私營
所營事業兼營 僑批
組織形式 合夥
資本總額 肆仟叁柒拾元
負責人 梁祖銀
從業人數 肆人
企業地址 昇平路一二号二楼

市長 李文陵

一九五八年七月廿二日

1958 年厦门市人民委员会向南友信局颁发的企业登记证

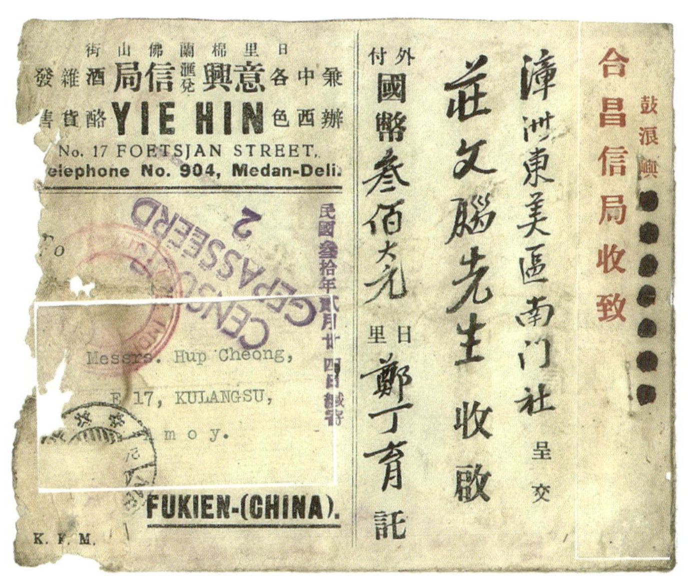

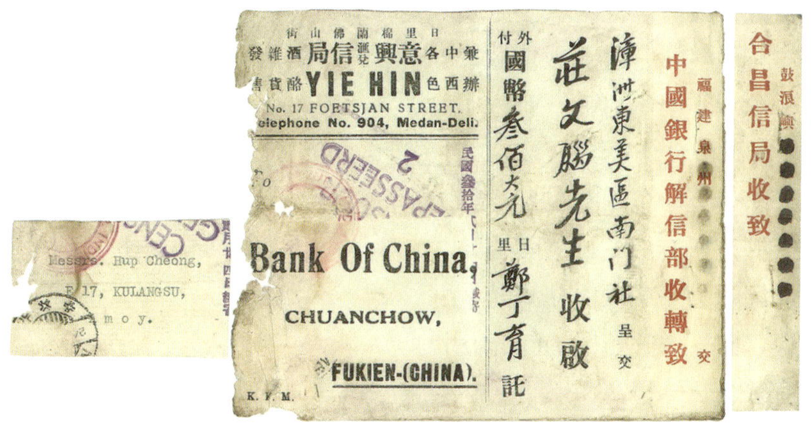

1941 年 2 月印尼苏门答腊岛日里棉兰寄漳州东美南门社的侨批封

泉州中国银行于 1937 年间与印尼日里意兴信局签订合作代解侨批协议，意兴信局印制了格式化的侨批封，以供华侨寄批使用。此时邮路是从印尼经厦门岛转寄泉州中国银行解信部再分送收批人。1938 年 5 月厦门岛沦陷后，合昌信局迁至鼓浪屿继续营业，邮路改变，地址随之改变。意兴信局印制了 2 张新的地址小纸片，上面标有“鼓浪屿合昌信局收致”，粘贴在原地址信息上。

侨批的国际汇兑与货币称谓

“海上金融之路”是一条由侨批与亲情串起来的国际汇兑网络，在世界风云变幻中，历尽艰辛，一直顽强地保持着中国与世界各地的金融联系。华人华侨下南洋移民引发了大量侨汇资金的跨国转移，给亚太地区的金融注入了源源不断的血液，带来了庞大的国际金融汇兑业务。

一张张东南亚华资银行的汇款票单、侨批信局汇票支票，再现了以华资银行、侨批业为主的颇具华人特色的海上金融之路，彰显出具有浓郁侨乡特色的国际金融文化。

一、侨批信局汇兑票据和华资银行汇票

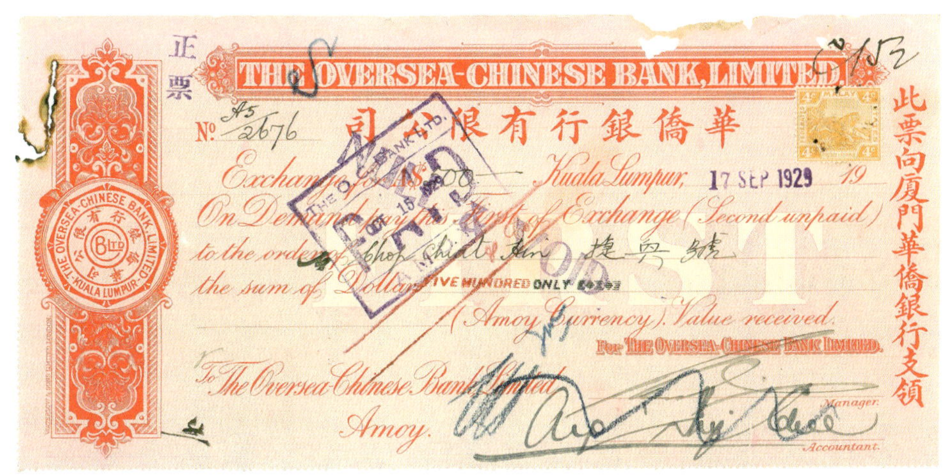
正票

THE OVERSEA-CHINESE BANK, LIMITED

No. A5 2676

華僑銀行有限公司

Exchange for $500— Kuala Lumpur, 17 SEP 1929 19

On Demand pay this First of Exchange (Second unpaid)

to the order of Chop Chiat Hin 捷興號

the sum of Dollars FIVE HUNDRED ONLY

(Amoy Currency). Value received.

For THE OVERSEA-CHINESE BANK LIMITED.

To The Oversea-Chinese Bank Limited

Amoy.

Manager.

Accountant.

此票向厦門華僑銀行支領

1929 年 9 月马来亚吉隆坡（KUALA LUMPUR）华侨银行签发厦门兑付的汇票（捷兴号），汇 500 银元（厦门流通银元）。

南方匯兑信局

P. O. BOX 441

TEL. ……

LAM HONG EXCHANGE No. 4505

No. 187 IZNART STREET

ILOILO CITY

民國卅六年六月十六日

茲收過 黄永昌先生

來彬銀 壹佰零伍元正（₱ 105.00）

入代解信 票（ ）

備註

經收人

1947 年 6 月菲律宾怡朗（ILOILO）南方汇兑信局的票据，汇彬银壹佰零伍元。

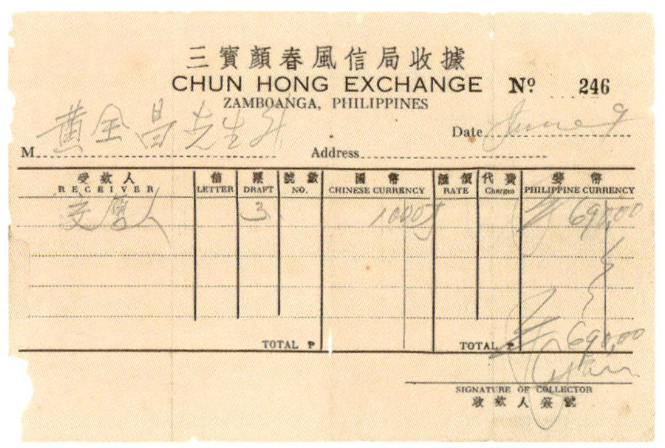

三寶顏春風信局收據
CHUN HONG EXCHANGE Nº 246
ZAMBOANGA, PHILIPPINES

M. 黃金昌先生升 Address Date June 9

受款人 RECEIVER	信 LETTER	匯票 DRAFT	號數 NO.	國幣 CHINESE CURRENCY	匯價 RATE	代費 Charges	菲幣 PHILIPPINE CURRENCY
文厚人		3		1000万			690.00
			TOTAL ₱			TOTAL ₱	690.00

SIGNATURE OF COLLECTOR 收款人簽字

1949 年菲律宾三宝颜（ZAMBOANGA）春风信局收据，汇 690 菲元至中国，折 1000 万元国币。

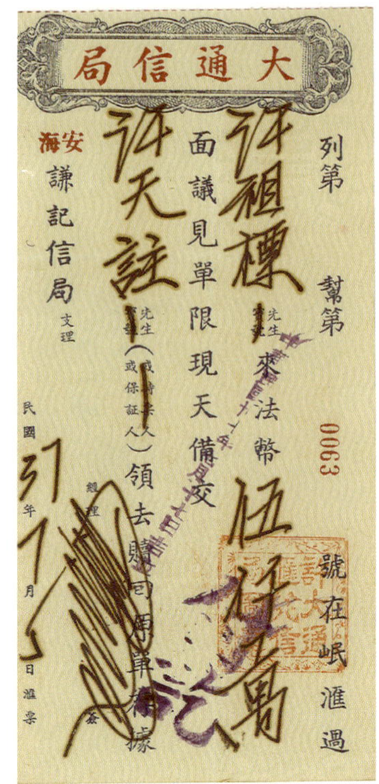

大通信局

列第 號在岷滙過

幫第

0063

許祖標先生來法幣伍仟萬

面議見單限現天備交

許天註先生（或保證人）領去照司單據

安海謙記信局支理

民國37年7月 日滙妥

1948 年马尼拉大通信局签发安海兑付的汇票，汇法币伍仟万元。

OVERSEA-CHINESE BANKING CORPORATION LTD.

THE OVERSEA-CHINESE BANK, LIMITED.

Nº 2/253 華僑銀行有限公司

Exchange for A$ 3,000/-- Singapore, -3 APR. 1934 19

On Demand pay this First of Exchange (Second unpaid)

to 金義隆 ORDER or Bearer

the sum of Dollars THREE THOUSAND ONLY.

(Amoy Currency) Value received.

OVERSEA-CHINESE BANKING CORPORATION LTD. Successors to

To The Oversea-Chinese Bank, Limited, Amoy.

For THE OVERSEA-CHINESE BANK LIMITED.

Manager. Accountant.

12 APR. 1934

TRANSFER

祈向厦門華僑銀行支領

1934 年 4 月新加坡（SINGAPORE）华侨银行签发厦门兑付的汇票（金义隆），汇 3000 银元（厦门流通银元）。

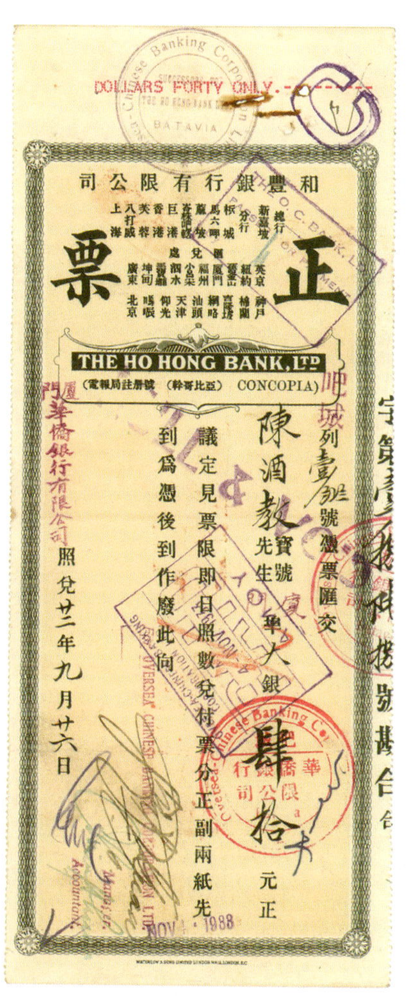

1933 年吧城（BATAVIA，今雅加达）华侨银行签发厦门兑付的汇票（和丰银行旧票改用），汇大银肆拾元。

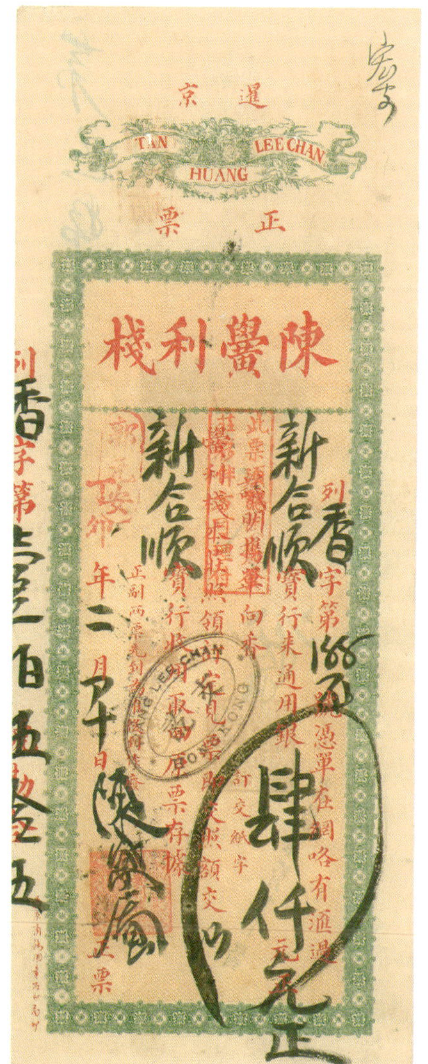

1927 年泰国陈黉利栈签发香港兑付的汇票，汇通用银肆仟元。

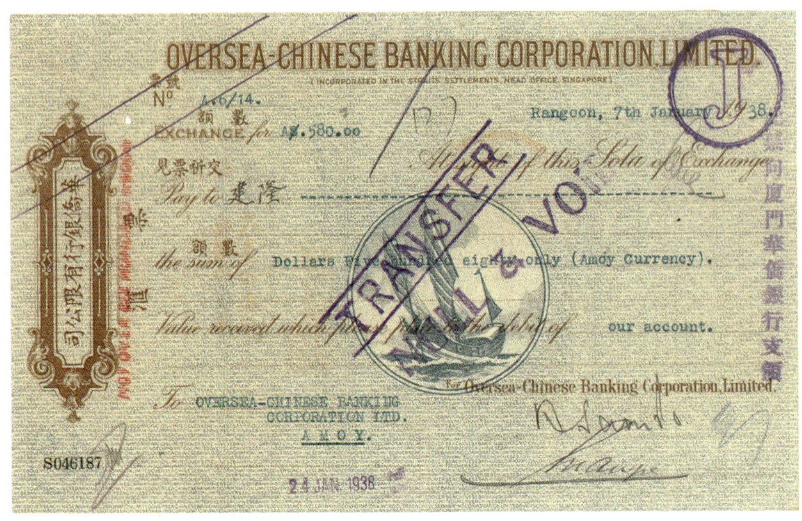
OVERSEA-CHINESE BANKING CORPORATION, LIMITED.

(INCORPORATED IN THE STRAITS SETTLEMENTS. HEAD OFFICE, SINGAPORE)

號數 No A.6/14.

Rangoon, 7th January 1938.

額數 EXCHANGE for A$.580.00

見票祈交 Pay to 建隆 At sight of this Sola of Exchange

額數 the sum of Dollars Five hundred eighty only (Amoy Currency).

Value received which place to the debit of our account.

For Oversea-Chinese Banking Corporation, Limited.

To OVERSEA-CHINESE BANKING CORPORATION LTD. AMOY.

S046187

24 JAN 1938

華僑銀行有限公司 匯票

TRANSFER

NULL & VOID

1938 年 1 月缅甸仰光（RANGOON）华侨银行签发厦门兑付的汇票，汇 580 元（厦门流通货币）。

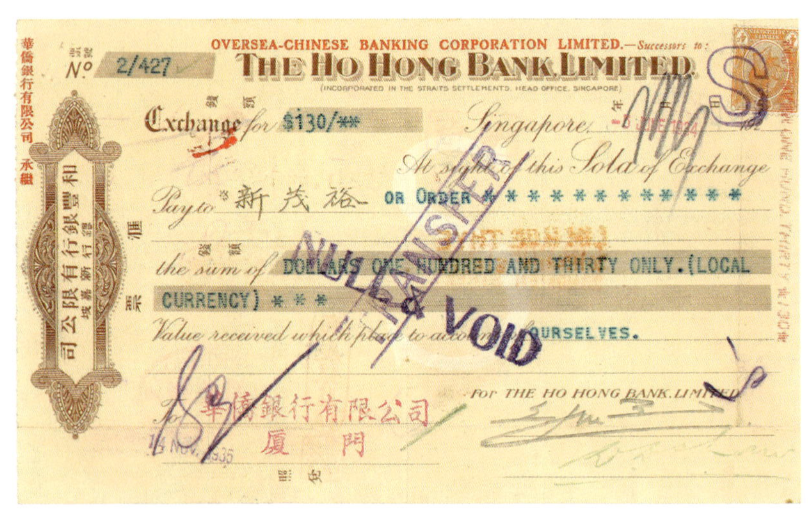
OVERSEA-CHINESE BANKING CORPORATION LIMITED.—Successors to:

THE HO HONG BANK LIMITED.

(INCORPORATED IN THE STRAITS SETTLEMENTS. HEAD OFFICE, SINGAPORE)

華僑銀行有限公司承繼

No 2/427

Exchange for $130/**

Singapore, 6 JUNE 1934

At sight of this Sola of Exchange

Pay to 新茂裕 OR ORDER

the sum of DOLLARS ONE HUNDRED AND THIRTY ONLY.(LOCAL CURRENCY) * * *

Value received which place to account of OURSELVES.

For THE HO HONG BANK, LIMITED.

To 華僑銀行有限公司 厦門

和豐銀行有限公司 匯票

TRANSFER

NULL & VOID

1934 年 6 月新加坡（SINGAPORE）华侨银行签发厦门兑付的汇票（和丰银行旧票改用），汇 130 银元。

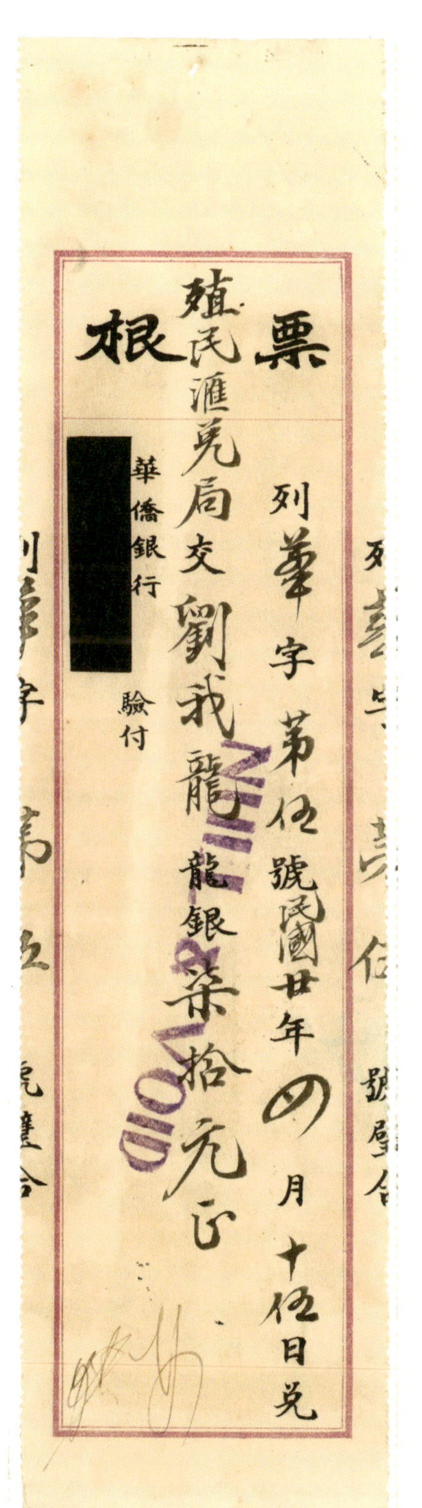
票根

殖民滙兑局交劉我龍龍銀柒拾元正

列華字第伍號民國廿年四月十伍日兑

華僑銀行

驗付

汇票票根

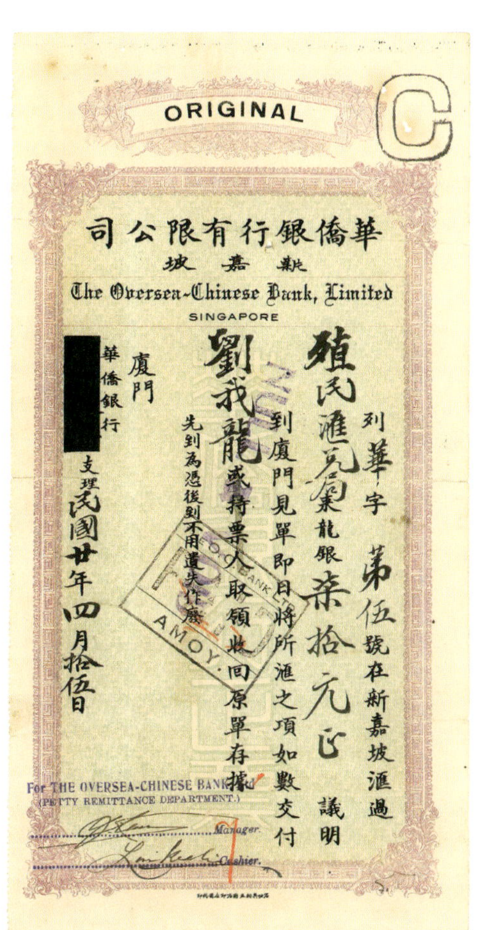
ORIGINAL

華僑銀行有限公司

新嘉坡

The Oversea-Chinese Bank, Limited

SINGAPORE

列華字第伍號在新嘉坡滙過議明

殖民滙兑局龍銀柒拾元正

到廈門見單即日將所滙之項如數交付

劉我龍或持票人取領收回原單存據

先到為憑後到不用遺失作廢

廈門

華僑銀行

支理

民國廿年四月拾伍日

For THE OVERSEA-CHINESE BANK Ltd

(PETTY REMITTANCE DEPARTMENT.)

Manager.

Cashier.

汇票正票

1931 年 4 月新加坡华侨银行收信汇兑部签发厦门兑付的汇票（殖民汇兑局），汇龙银柒拾元。

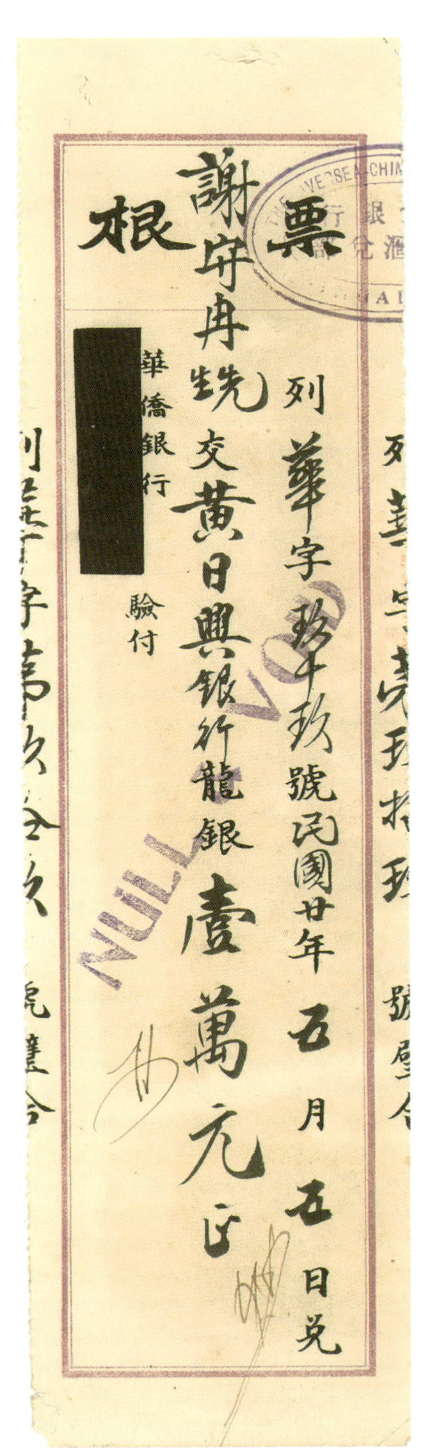
票根
列華字玖千玖號民國廿年五月五日兑
謝守冉先生交黃日興銀行龍銀壹萬元正
華僑銀行
驗付

1931 年 5 月 5 日谢守冉在新加坡华侨银行收信汇兑部开出的厦门黄日兴银行（汇兑信局）收款的汇票票根（正票见下页），金额龙银 1 万元。

汇票票根

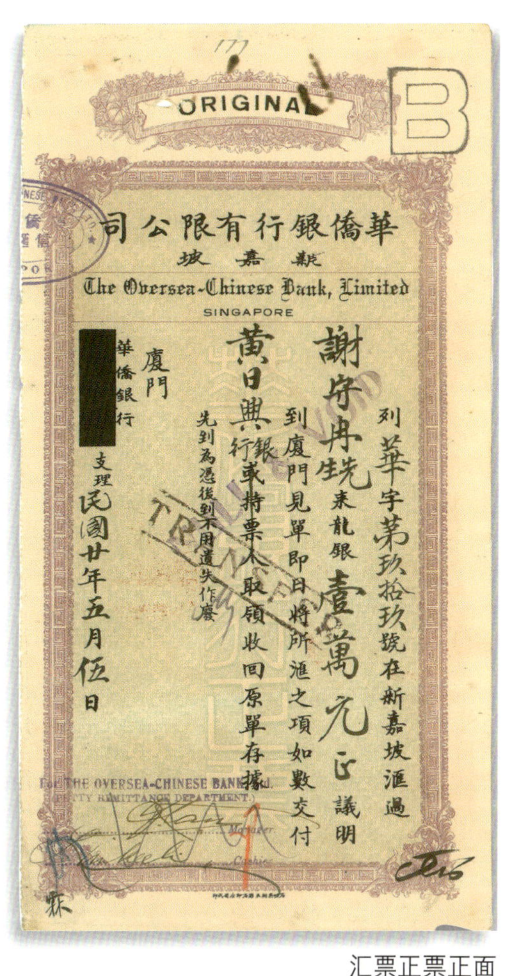
ORIGINAL

B

華僑銀行有限公司

新嘉坡

The Oversea-Chinese Bank, Limited

SINGAPORE

列華字第玖拾玖號在新嘉坡滙過

謝守冉先生來龍銀壹萬元正議明

到廈門見單即日將所滙之項如數交付

黃日興銀行或持票人取領收回原單存據

先到為憑後到不用遺失作廢

廈門華僑銀行支理

民國廿年五月伍日

For THE OVERSEA-CHINESE BANK Ltd.

PETTY REMITTANCE DEPARTMENT

Manager

Cashier

汇票正票正面

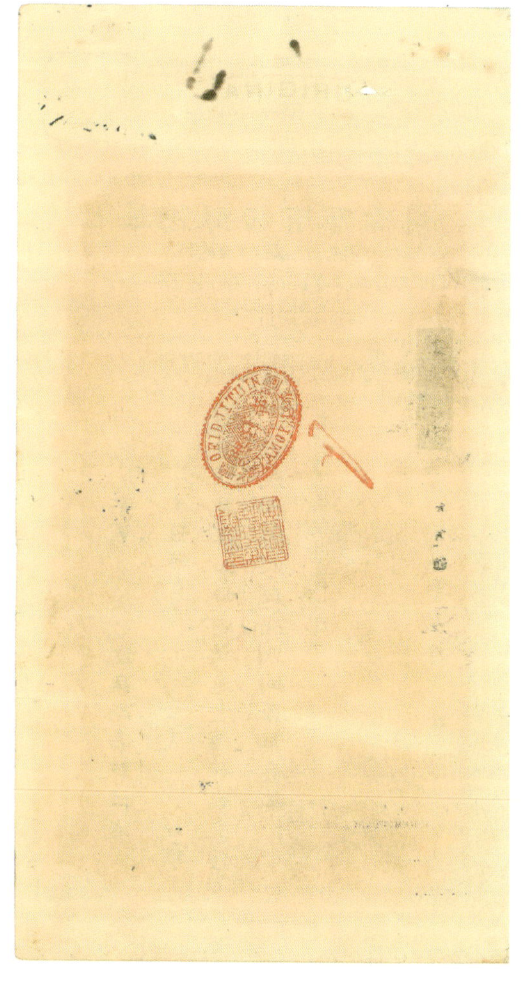

汇票正票背面盖有“黄日兴图章”

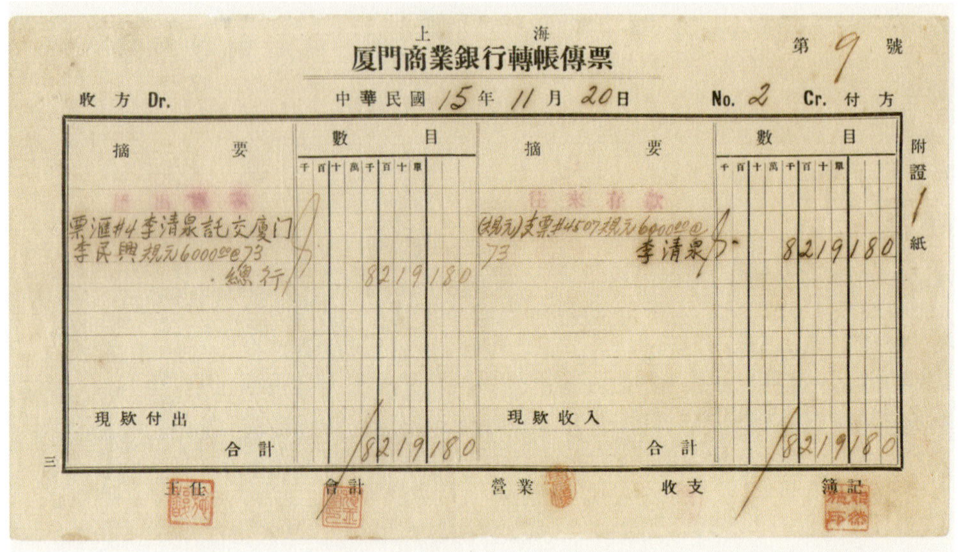

上海 厦門商業銀行轉帳傳票　第 9 號

收方 Dr.　中華民國 15 年 11 月 20 日　No. 2　Cr. 付方

摘要	數目	摘要	數目
票滙#4李清泉託交厦门李民興規元6000.00@73 總行	8219180	(規元)支票#4507規元6000.00@73 李清泉	8219180
現款付出		現款收入	
合計	8219180	合計	8219180

附證 1 紙

主任　會計　營業　收支　簿記

1926 年李清泉托交李民兴的上海厦门商业银行转账传票。李清泉，生于 1888 年，菲律宾“木材大王”，被誉为“至死不忘救国”的爱国侨领，享誉菲华社会。他致富后不忘家乡，不忘祖国，兴建学校，投资城市建设，支持孙中山革命，筹款抗战，救助祖国难民，临终时还立下遗嘱捐资救济抚养祖国难童。

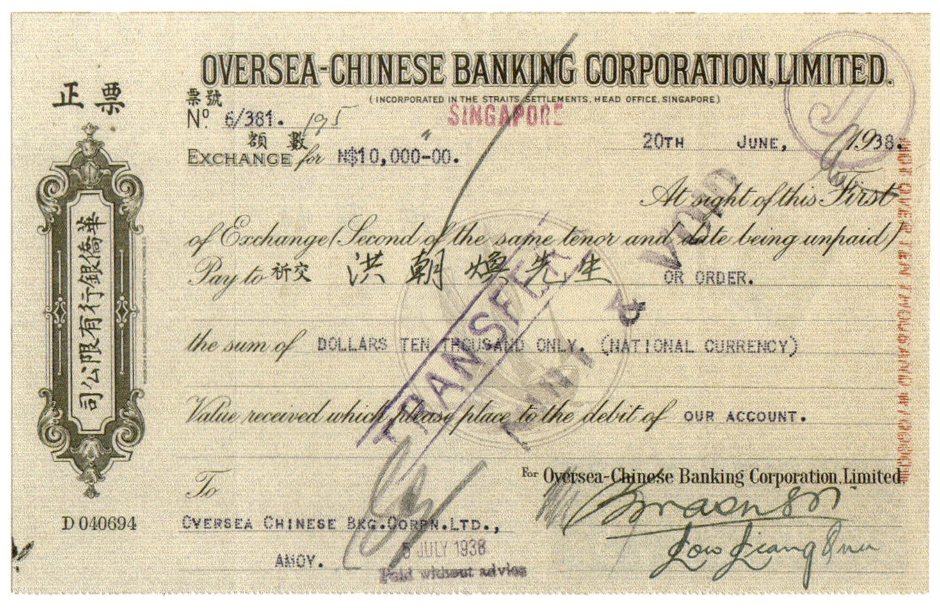

OVERSEA-CHINESE BANKING CORPORATION, LIMITED.

(INCORPORATED IN THE STRAITS SETTLEMENTS. HEAD OFFICE, SINGAPORE)

正票　華僑銀行有限公司

票號 No 6/381. 195　SINGAPORE

額數 EXCHANGE for N$10,000-00.　20TH JUNE, 1938.

At sight of this First of Exchange (Second of the same tenor and date being unpaid) Pay to 祈交 洪朝煥先生 OR ORDER.

the sum of DOLLARS TEN THOUSAND ONLY. (NATIONAL CURRENCY)

Value received which please place to the debit of OUR ACCOUNT.

To OVERSEA CHINESE BKG.CORPN.LTD., AMOY.

For Oversea-Chinese Banking Corporation, Limited.

D 040694

5 JULY 1938 Paid without advice

1938 年华侨银行汇票，票面注明的“洪朝焕先生”，时任厦门华侨银行行长。

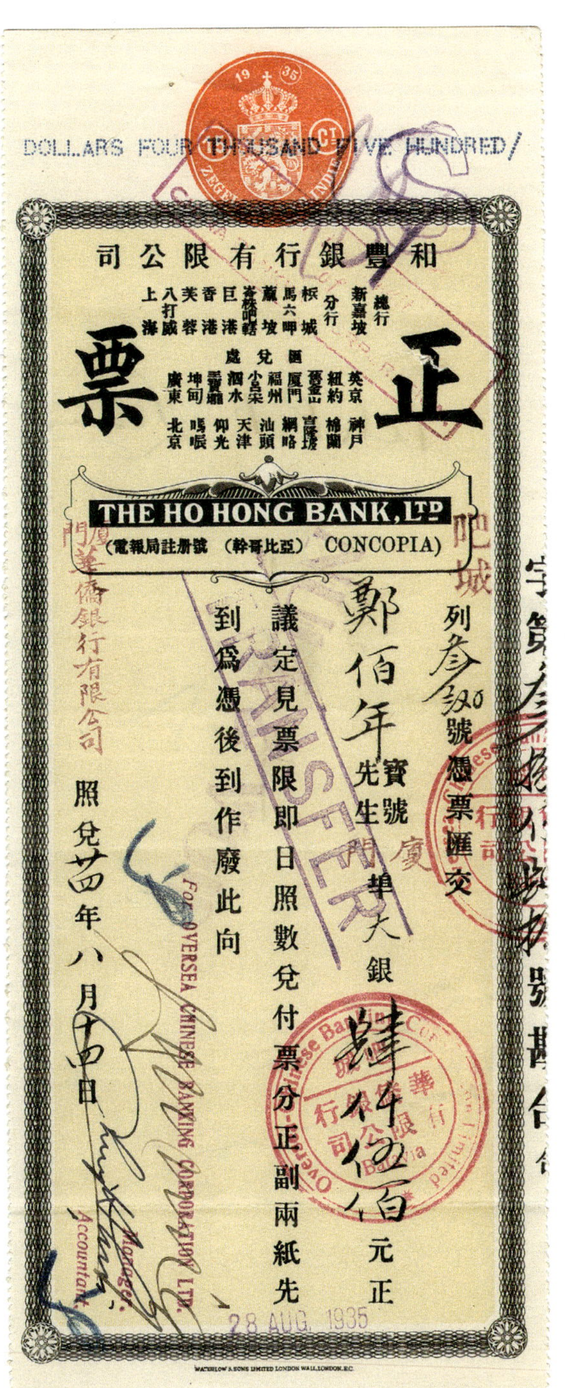

DOLLARS FOUR THOUSAND FIVE HUNDRED/

和豐銀行有限公司

總行 新嘉坡
分行 梹城 馬六呷 巃坡 峇株吧轄 巨港 香港 芙蓉 八打廠 上海

匯兌處
英京 紐約 舊金山 廈門 福州 小呂宋 泗水 三寶壠 坤甸 廣東
神戶 棉蘭 宣隆坡 網略 汕頭 天津 仰光 嗎𠹭 北京

正 票

THE HO HONG BANK, LTD
(電報局註册號) (亞比哥幹) CONCOPIA

號憑票匯交
鄭佰年 先生寶號
肆仟伍佰 元正

議定見票限即日照數兌付票分正副兩紙先到爲憑後到作廢此向

照兌 廿四年八月十四日

For OVERSEA CHINESE BANKING CORPORATION LTD.
Manager.
Accountant.

TRANSFER

28 AUG 1935

WATERLOW & SONS LIMITED LONDON WALL, LONDON, E.C.

1935 年 8 月 14 日吧城华侨银行签发厦门兑付的汇票(使用 1932 年和丰银行合并入华侨银行之前印制的汇票)，收款人郑佰年，曾任鼓浪屿英华书院首任华人校长。

華僑銀行有限公司

OVERSEA-CHINESE BANKING CORPORATION LIMITED.

(INCORPORATED IN THE STRAITS SETTLEMENTS—HEAD OFFICE: SINGAPORE)

廈門分行

鼓浪嶼

茲付上匯款表 1 張共 2 條，計匯款 N$ 20.00，匯費 N$ 0.30

回帖費 N$ 0.16 合共 N$ 20.46 于本日登入 貴「郵政儲金匯業局」與敝行賬中矣。表中所列各號匯款及匯款人家信，祈即檢對從速分交，并取回覆文寄來敝處，以便遞交匯款人作證爲荷。

匯款表列 AY. 200 號第 張

鼓浪嶼日期：-2 OCT. 1939 19 .

To 龍溪華僑銀行代理處第 56 幫

P. O. M/O NO. 郵局匯票號 [FOR P. O. USE ONLY]	RTCE. NO. 匯款號	REMITTER 匯款人	PAYEE'S NAME & ADDRESS 收款人姓名及住址		AMOUNT OF RTCE. 匯款額 N$	CTS.	RTCE FEE. 匯費 N$	CTS.	寄局付所	REMARK 備註
龍	309	林和泰	許廣源	詔安中山馬路	10	—		15	詔安	
	310	仝	許廣源	詔安中山馬路	10	—		15	仝	
			共計 Total/連下頁 Carried forward:		$20	—		30		

COPY

9 OCT. 1939 Kulangsu

華僑銀行執事先生台鑒

逕啓者 尊處 10 月 2 日寄來匯款表

第 AY 200 號共 1 張民信 No. 龍 309 號

至 No. 龍 310 號計 2 封合共國幣 $20.00 元

經已收到自當按址分交並收回覆文不誤

此據

-6 OCT 1939

收到日期 職員簽押

11/38-5000

For OVERSEA-CHINESE BANKING CORPORATION, LTD.

MANAGER

ACCOUNTANT.

1939 年 10 月鼓浪屿华侨银行汇款表（林和泰汇诏安许广源信局）

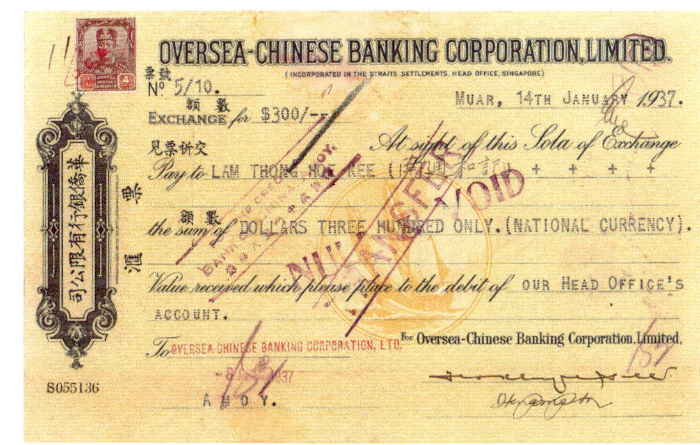
OVERSEA-CHINESE BANKING CORPORATION, LIMITED.
(INCORPORATED IN THE STRAITS SETTLEMENTS. HEAD OFFICE, SINGAPORE)
票號 No 5/10. MUAR, 14TH JANUARY 1937.
額數 EXCHANGE for $300/--
見票祈交 At sight of this Sola of Exchange
Pay to LAM THONG HOE KEE (和記) + + + +
額數 the sum of DOLLARS THREE HUNDRED ONLY. (NATIONAL CURRENCY).
Value received which please place to the debit of OUR HEAD OFFICE'S ACCOUNT.
To OVERSEA-CHINESE BANKING CORPORATION, LTD. For Oversea-Chinese Banking Corporation, Limited.
AMOY.
S055136
華僑銀行有限公司
滙票
CANCELLED
VOID

1937 年 1 月马来亚麻坡（MUAR）华侨银行签发厦门兑付的汇票，汇国币 300 元。

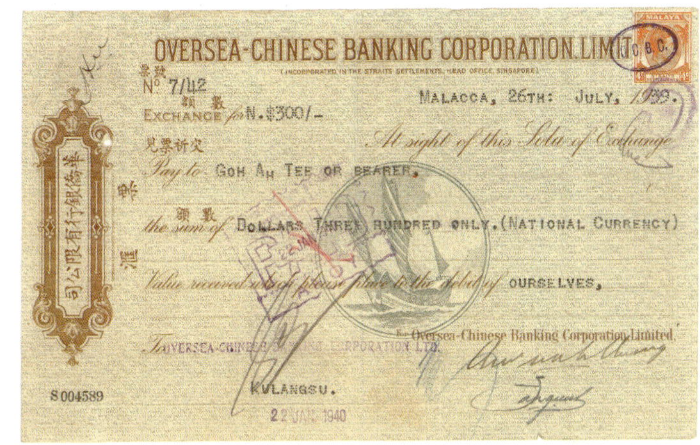
OVERSEA-CHINESE BANKING CORPORATION, LIMITED.
(INCORPORATED IN THE STRAITS SETTLEMENTS. HEAD OFFICE, SINGAPORE)
票號 No 7/42 MALACCA, 26TH: JULY, 1939.
額數 EXCHANGE for N.$300/-
見票祈交 At sight of this Sola of Exchange
Pay to GOH AH TEE OR BEARER.
額數 the sum of DOLLARS THREE HUNDRED ONLY. (NATIONAL CURRENCY)
Value received which please place to the debit of OURSELVES.
To OVERSEA-CHINESE BANKING CORPORATION LTD. For Oversea-Chinese Banking Corporation, Limited.
KULANGSU.
22 JAN 1940
S 004589
華僑銀行有限公司
滙票

1939 年 7 月马来亚马六甲（MALACCA）华侨银行签发鼓浪屿兑付的汇票，汇国币 300 元。

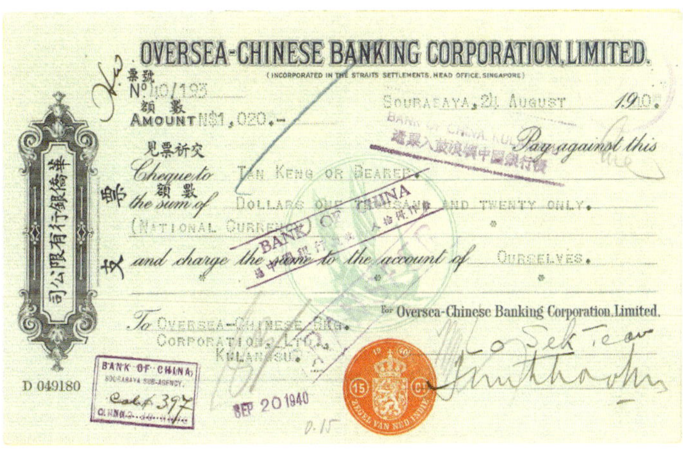
OVERSEA-CHINESE BANKING CORPORATION, LIMITED.
(INCORPORATED IN THE STRAITS SETTLEMENTS. HEAD OFFICE, SINGAPORE)
票號 No 10/193 SOURABAYA, 24 AUGUST 1940.
額數 AMOUNT N$1,020.-
見票祈交 Pay against this Cheque to TAN KENG OR BEARER.
額數 the sum of DOLLARS ONE THOUSAND AND TWENTY ONLY. (NATIONAL CURRENCY)
and charge the sum to the account of OURSELVES.
To OVERSEA-CHINESE BKG. CORPORATION, LTD. KULANGSU. For Oversea-Chinese Banking Corporation, Limited.
D 049180
BANK OF CHINA SOURABAYA SUB-AGENCY.
SEP 20 1940
華僑銀行有限公司
支票

1940 年 8 月印尼泗水（SOURABAYA）华侨银行签发鼓浪屿兑付的汇票，汇国币 1020 元。

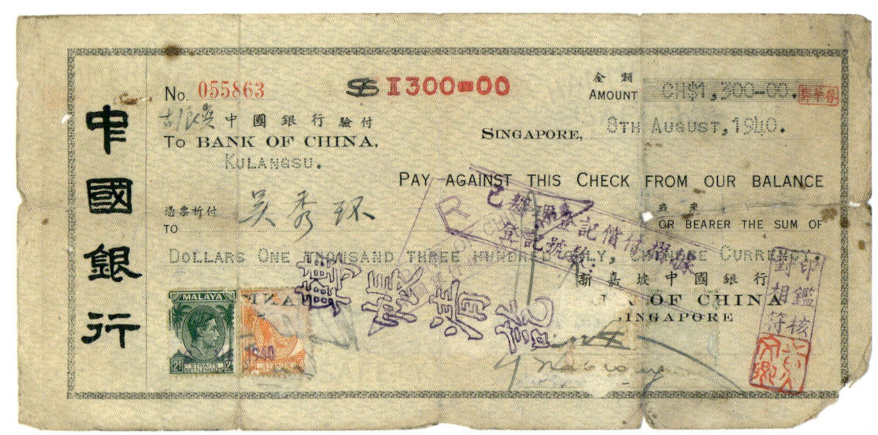
中國銀行
No. 055863
$ 1300.00
金額 AMOUNT CH$1,300.00
中國銀行驗付
To BANK OF CHINA,
KULANGSU.
SINGAPORE, 8TH AUGUST, 1940.
PAY AGAINST THIS CHECK FROM OUR BALANCE
憑票祈付 TO 吴秀环 OR BEARER THE SUM OF
DOLLARS ONE THOUSAND THREE HUNDRED ONLY, CHINESE CURRENCY
新嘉坡中國銀行
BANK OF CHINA
SINGAPORE

1940年8月新加坡中国银行签发鼓浪屿兑付的汇票，汇国币1300元。

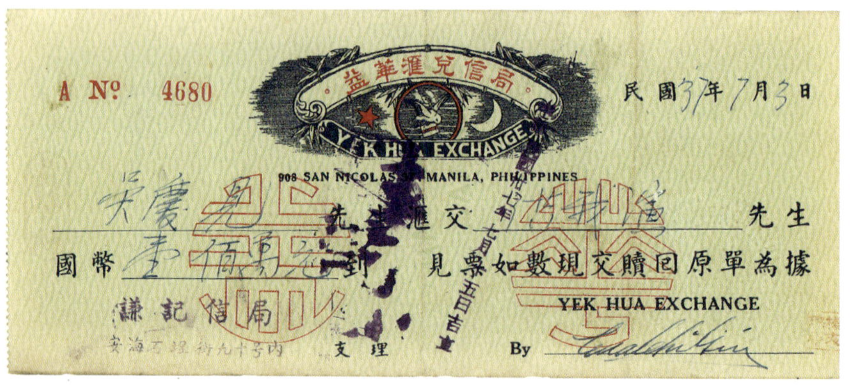
A No 4680
益華滙兌信局
YEK HUA EXCHANGE
908 SAN NICOLAS ST. MANILA, PHILIPPINES
民國37年7月3日
先生滙交 先生
國幣 到 見票如數現交贖回原單為據
YEK HUA EXCHANGE
謙記信局
支理 By

1948年7月马尼拉益华汇兑信局签发安海谦记信局兑付的汇票，汇国币100万元。

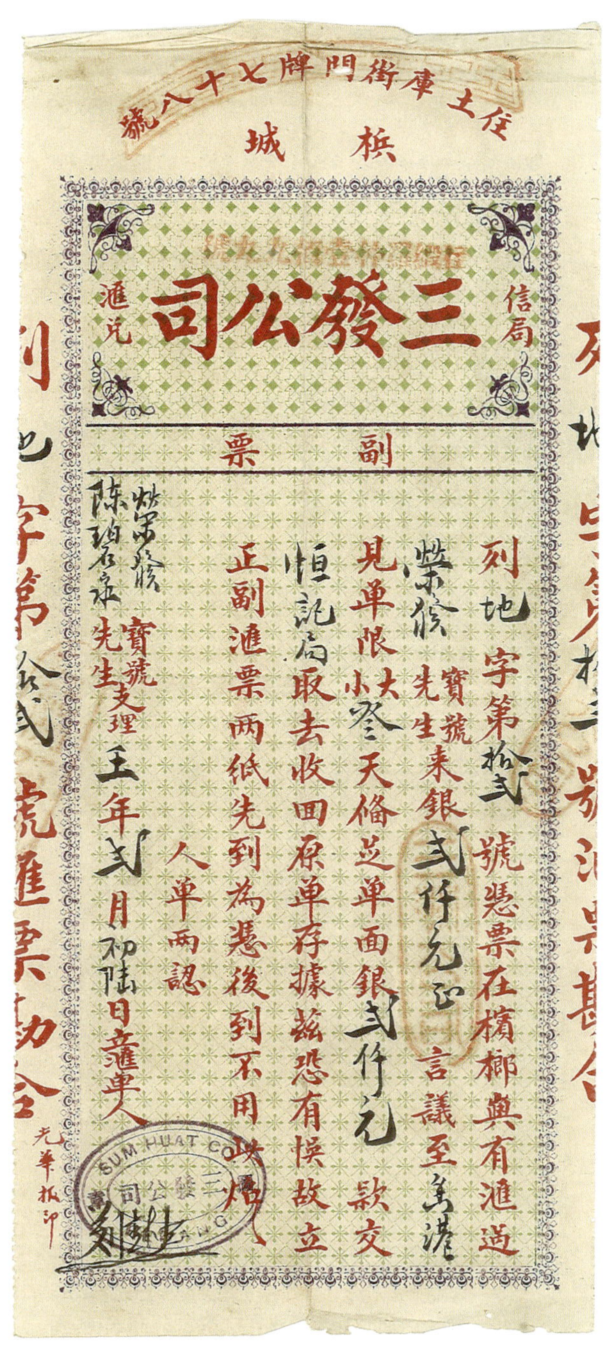

住土庫街門牌七十八號

檳城

信局 三發公司 滙兑

副票

列地 字第拾弍 號憑票在檳榔嶼有滙迨

寶號 先生来銀 弍仟元正 言議至

見單限 大/小 叁天 照單面銀弍仟元 款交

取去收回原單存據 茲恐有悞 故立

正副滙票兩紙先到為憑後到不用 此據

人單兩認

寶號 先生 支理

壬年弍月初陸日 滙單人

SUM HUAT CO. 三發公司

1932年马来亚槟城三发公司汇兑信局汇票，汇银贰仟元。

二、银本位制时期侨批封上的货币称谓

在近现代海上丝绸之路交流中，侨批见证了中国与东南亚乃至世界各地民间交流的史实。侨批封上有着丰富的货币信息，从金属货币到纸币；从外国银洋、本国银元到国币、法币、金圆券，再到人民券（旧币）、港币、人民币等，从侧面反映了海外货币在中国的流通情况以及中国货币的流通历史。侨批封上的货币称谓，可谓近现代货币史的民间“百科全书”。1935 年 11 月币制改革之前的银（两）本位制时期，大量外国银元，特别是墨西哥银元、西班牙银元通过侨批的渠道源源不断地流入中国。这时期，侨批上货币称谓不仅有“国银”“银”等本国货币，而且有“英银”“洋银”“佛银”等外国货币。

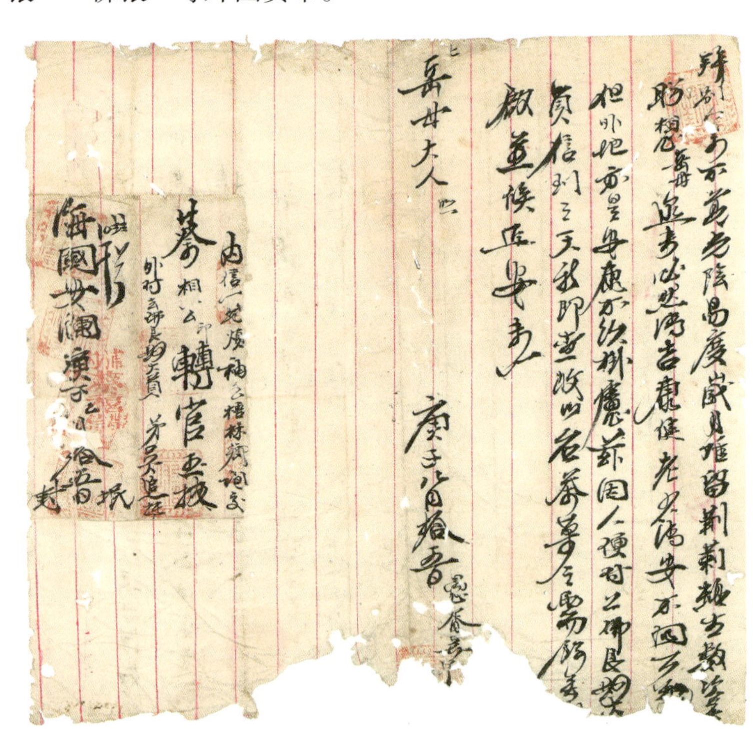

1900 年菲马尼拉寄晋江梧林水客“浦内蔡禧带信”的侨批

拜别之余，不觉光阴易度，岁月难留，荆刺顿生，数次关盼，想岳母迩来必然清吉康健，老少清安，不闻可□。但外地亦是安康，不须挂虑。兹因人便，付去佛银肆大员，信到之天，祈即查收，以应茶果之需。余无他叙，并候近安未一。

岳母大人 照

愚婿 吴追 禀

庚子八月拾五日（1900 年 9 月 8 日）

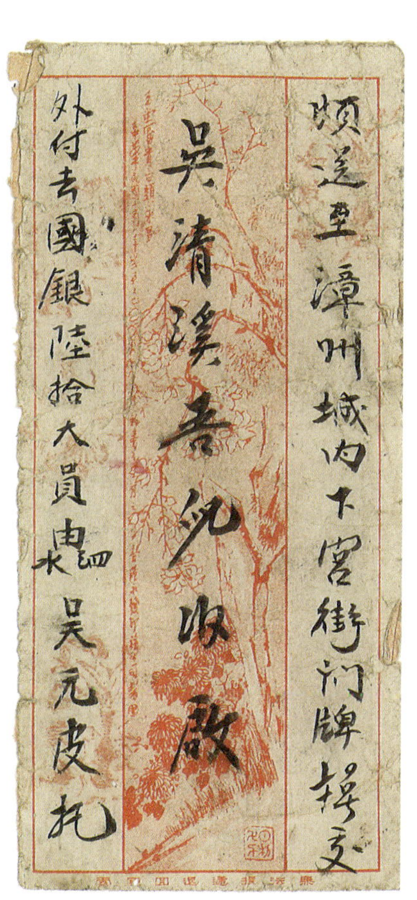

货币称谓：国银

印尼泗水寄漳州的侨批封

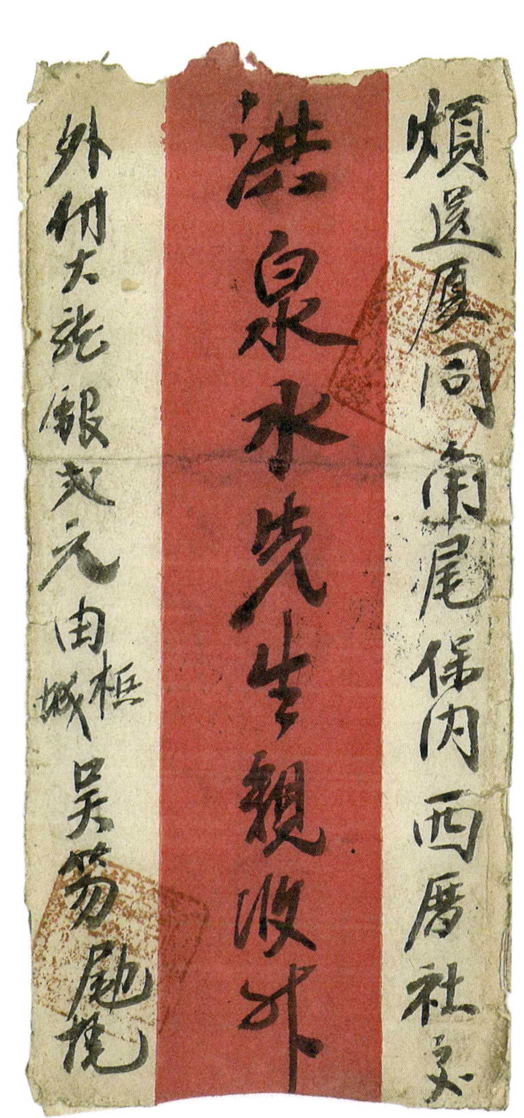

货币称谓：大龙银

马来亚槟城寄同安的侨批封

货币称谓：唐银

越南寄马巷（今属翔安区）的侨批封

货币称谓：龙银

菲律宾宿务寄晋江的侨批封

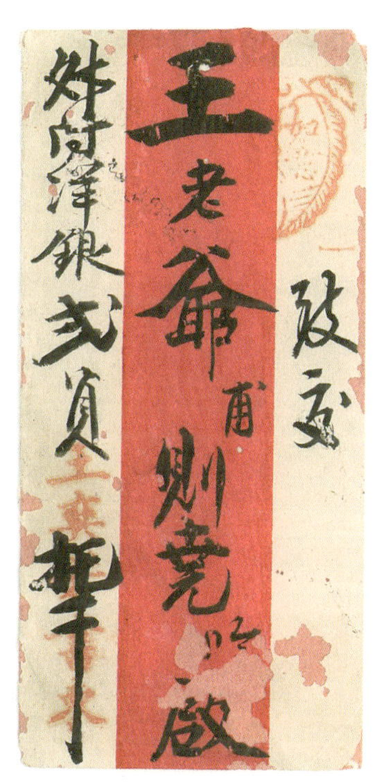

货币称谓：洋银

菲律宾寄晋江的侨批封

（清末侨批由同乡熟悉的水客携带，封上常不写收信人地址）

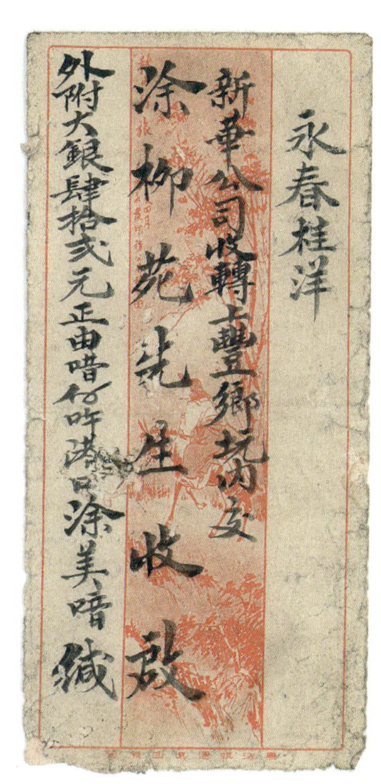

货币称谓：大银

马来亚寄永春的侨批封

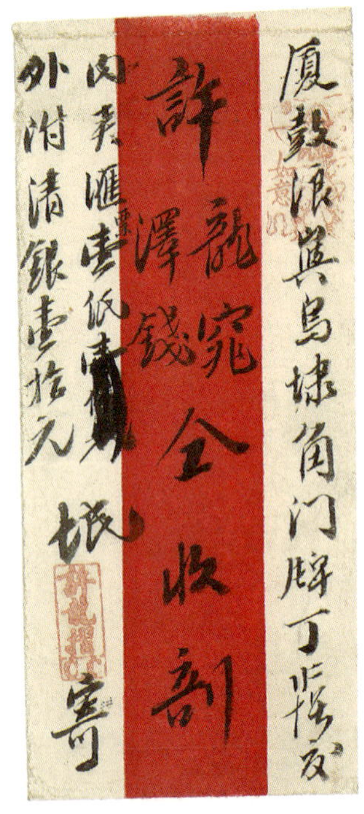

货币称谓：清银
菲律宾马尼拉寄厦门鼓浪屿的侨批封

货币称谓：英银
印尼望加丽寄永春的侨批封

货币称谓：银
菲律宾马尼拉寄晋江的侨批封

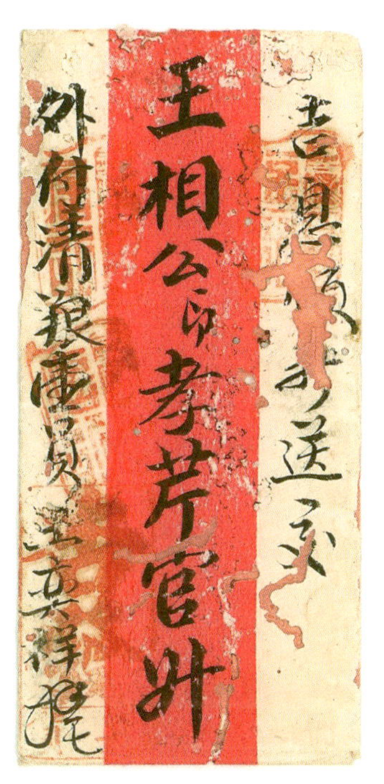

1907年12月菲律宾马尼拉寄晋江的侨批，清银壹元。

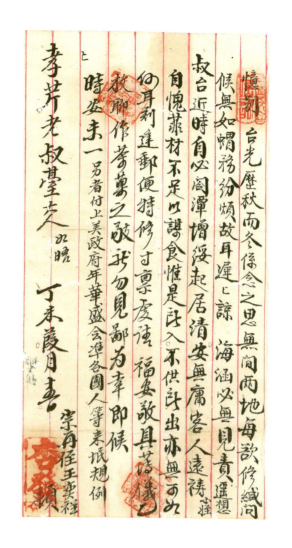

【信文】

忆别台光，历秋而冬，系念之思无间两地，每欲修缄问候，无如猬务纷烦，故耳迟迟，谅海涵必无见责。遥想叔台近时自必阖潭增绥，起居清安，无庸客人远祷。小侄自愧菲材，不足以谋食，惟是所入不供所出，亦无可如何耳。刻逢邮便，特修寸禀，虔请福安。敬具薄仪乙枚，聊作茶果之敬，祈勿见鄙为幸。即候时安，未一。另者，付上美政府年华盛会准各国人等来坻规例。

孝芹老叔台大人如晤

宗再侄 王奕祥 顿首

丁未葭月十五日（1907年12月19日）

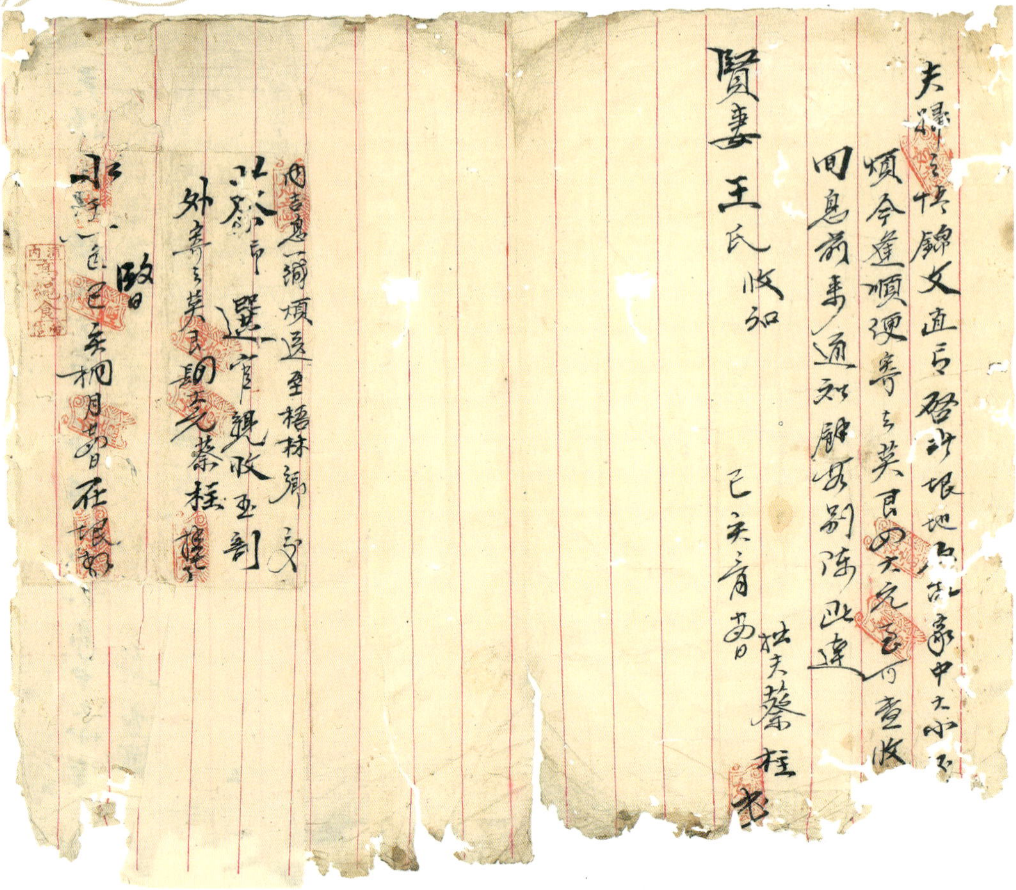

1899年4月菲马尼拉寄晋江梧林蔡选的侨批，英（鹰）银四元。

【信文】

夫妇之情，锦文直言。启者，岷地原故，家中大小不烦。今逢顺便，寄去英银四大元，至可查收，回息前来通知。余无别陈，此达

贤妻王氏收知

抽夫 蔡柱 书

己亥三月廿四日（1899年4月23日）

1924 年 9 月马来亚槟城寄厦门灌口的侨批，龙银壹拾大员。

【信文】

拜禀

双亲大人尊前：

敬启者，迩来福祉康安，家中大小清吉，不卜可知也。是帮接到家训一道，拜领之下，经已知悉矣。云及家中平安，实慰鄙怀。所嘱言语，岂敢有违。忆今四方扰乱，无利入手，于此未能加寄，请祈含容。所嘱改烟药单，经已查问，候下帮批当寄回，无庸锦介。顺附信局带进龙银壹拾大员，到祈查收，回音示知。祈玉体珍重，加衣增饭，在外平安，无须远介。今屿地依旧时一般平静，如有谣言，切勿误听。因身边无伸多项，于此未能加寄，候此去如有利入手，当为再寄。此禀，即请

金安万福！

儿 周水面 顿首

甲八月初四日（1924 年 9 月 2 日）

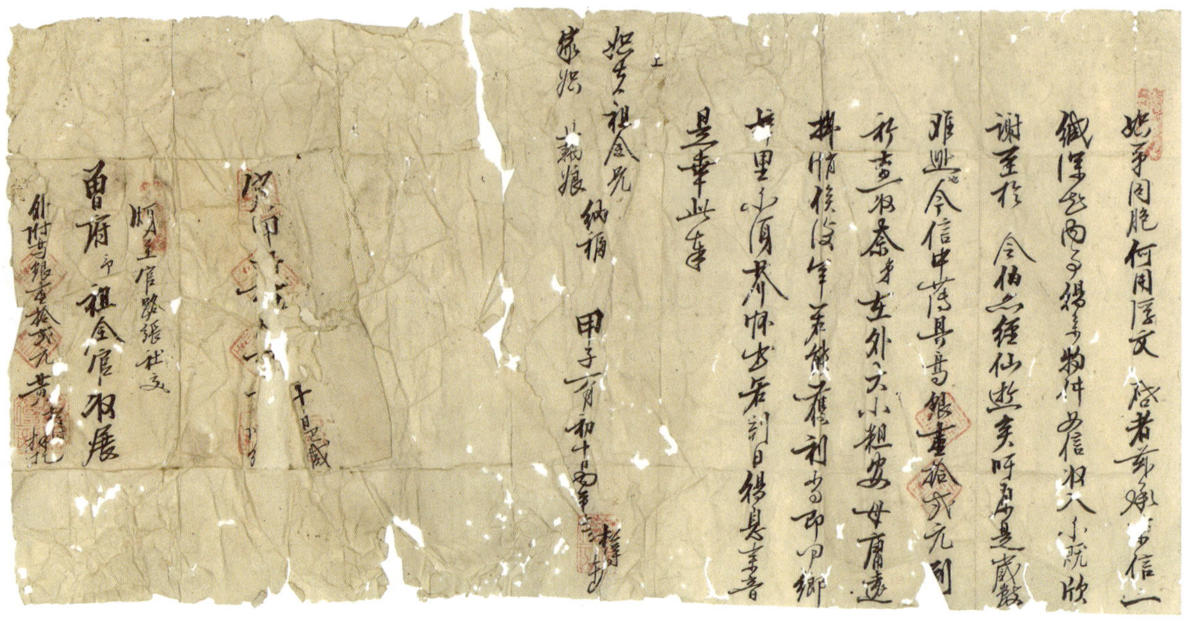

1864年7月荷属吧城寄漳州官路张社的侨批，莺（鹰）银壹拾式元。

【信文】

姐弟同胞，何用浮文。启者，兹承来信一缄，深知内事。得来物件如信收入，不既欣谢！至于令伯，亦经仙逝矣。吁！原是岁数难逃也。今信中薄具莺银壹拾式元，到祈查收。奈弟在外大小粗安，毋庸远挂，稍俟后笔。若能获利，当即回乡梓里，不须介怀。书若到日，得息来音是幸。此奉

姐夫 祖全兄 家姐 藕娘 纳福

甲子六月初十日（1864年7月13日）

内弟 黄松得 书

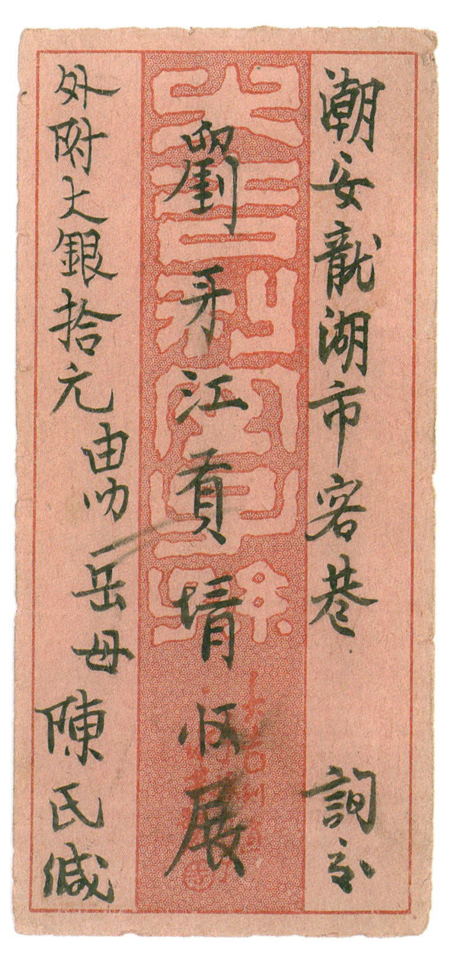

新加坡寄潮安的侨批，外附大银拾元。

国银（袁大头）

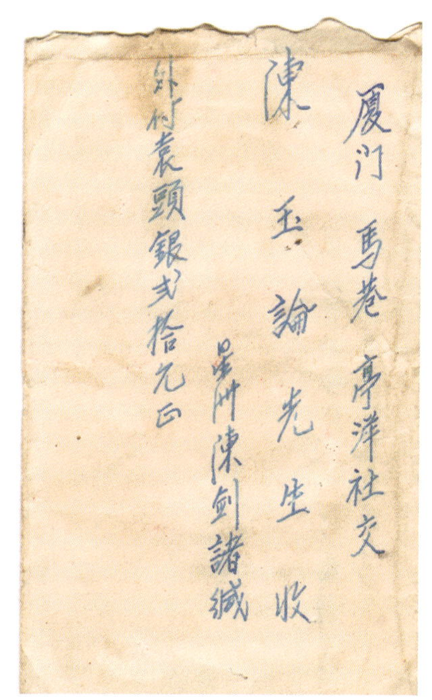

1949 年 8 月新加坡陈剑诸寄厦门马巷亭洋社陈玉论的侨批，“外付袁头银式拾元正”。

佛银（西班牙银元）

海峡殖民地银元

龙银（日本龙银）

英（莺、鹰）银（墨西哥银元）

三、1935 年后侨批封上的货币称谓

1935 年 11 月 4 日，国民政府宣布实行法币政策。中央、中国、交通三银行（1936 年又增加中国农民银行）发行的钞票称为“法币”，其他银行已发行的钞票在流通中逐渐收回，代之以新发行的法币。1948 年 8 月 19 日发行金圆券作为本位币，法币及东北流通券均停止流通；法币 300 万元可兑换金圆 1 元，东北流通券 30 万元可兑换金圆 1 元。金圆券发行后恶性贬值，华侨改寄美元。中华人民共和国成立初期，华侨汇款的币种为港币和人民券（旧币），1955 年 3 月起以港币为主，也有部分汇款使用人民币。这时期虽然已改用纸质货币，但海外华侨汇寄的部分侨批仍习惯称“银”。

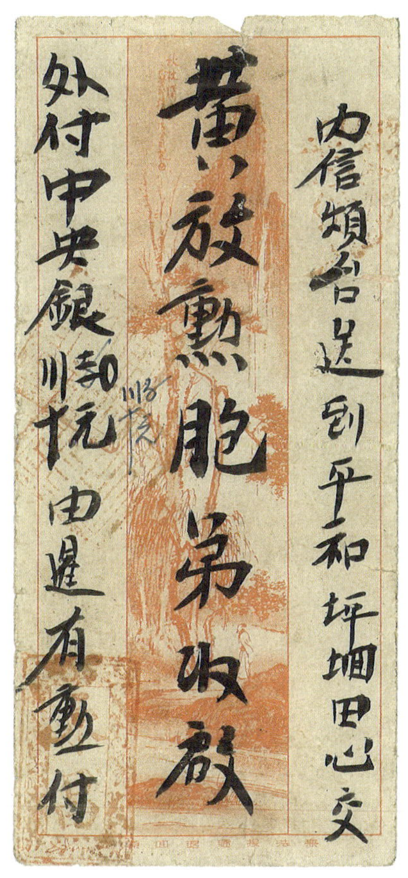

货币称谓：中央银

泰国曼谷寄平和的侨批封

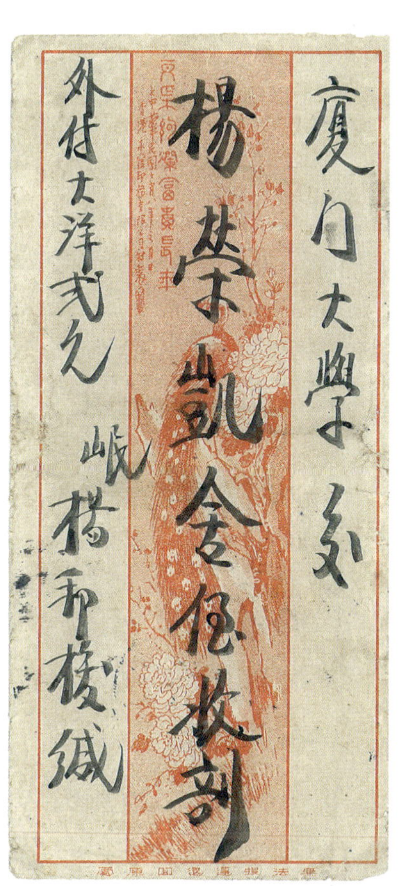

货币称谓：大洋

菲律宾马尼拉寄厦门大学的侨批封

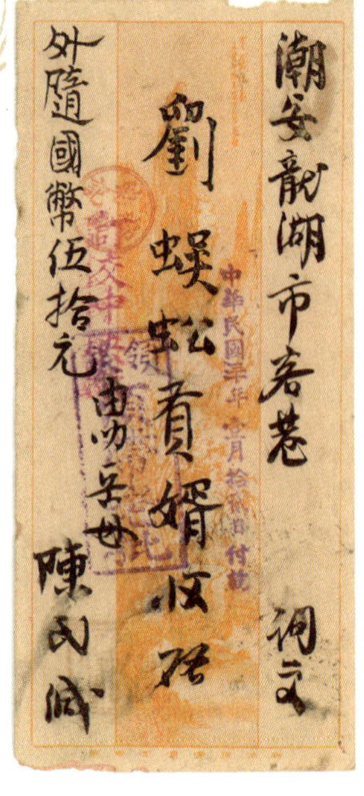

新加坡寄潮安的侨批
（订交中央币）

民国二十六年（1937）版中国银行国币（拾圆券）

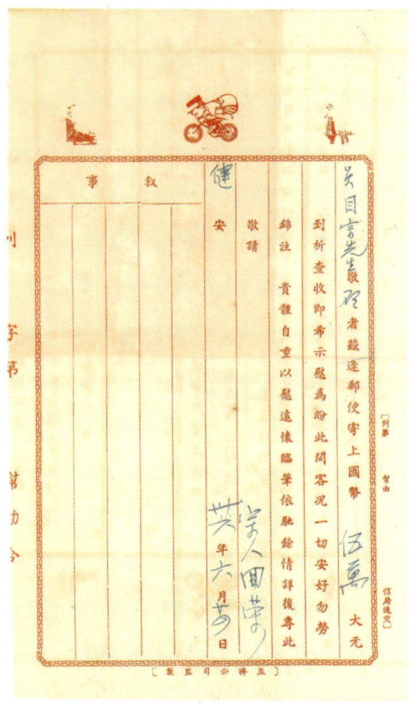

1947年6月菲律宾马尼拉寄晋江石圳乡的侨批，国币伍万元

二战结束后，华侨急需汇款，加上国内通货膨胀，华侨汇款更加频繁。许多信局印制了格式化的信笺，印上一些固定的文字、图案，既方便华侨使用，又宣传信局业务。信笺上图案意在形象地说明信局汇寄迅速。

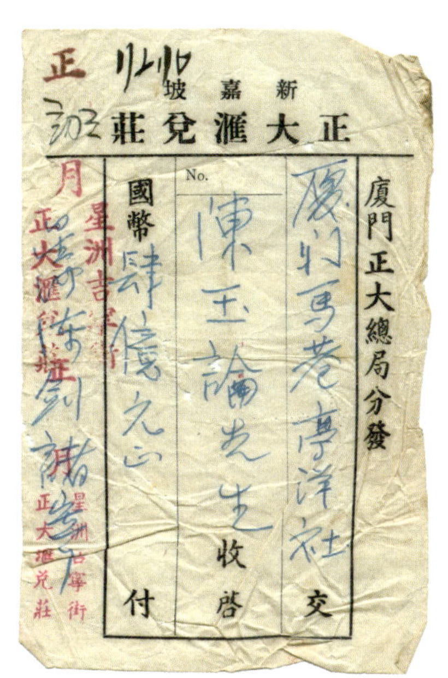
新嘉坡
正大滙兌莊
廈門正大總局分發
No.
廈門馬巷亭洋社交
陳玉論先生收啓
國幣肆億元正付

1948 年 8 月金圆券发行之前，陈剑诸通过新加坡正大汇兑庄向厦门马巷亭洋社汇寄国币 4 亿元的侨批单据。

晉江叁五龍源村交
施能增先生启
付去法幣柬拾伍萬元

货币称谓：法币

菲律宾马尼拉寄晋江的侨批封

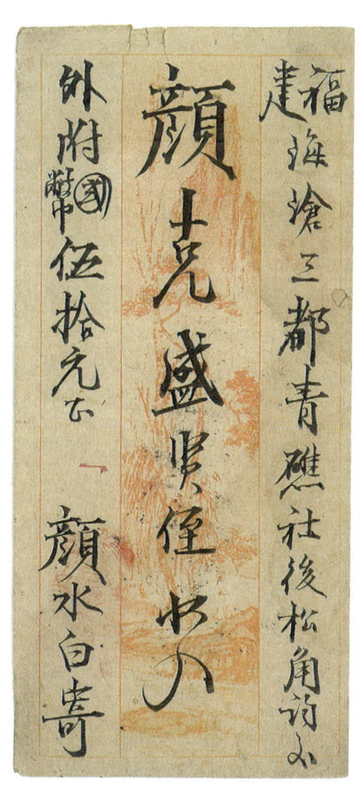
福建海滄三都青礁社後松角
顏克盛賢侄收入
外附國幣伍拾元正
顏水白寄

货币称谓：国币

南洋寄海沧三都的侨批封

中央银行壹佰圆(金圆券)

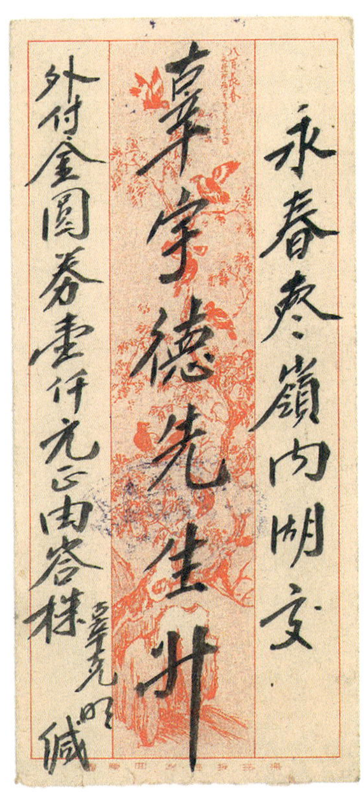

1949 年 2 月马来亚寄永春的侨批，金圆券壹仟元

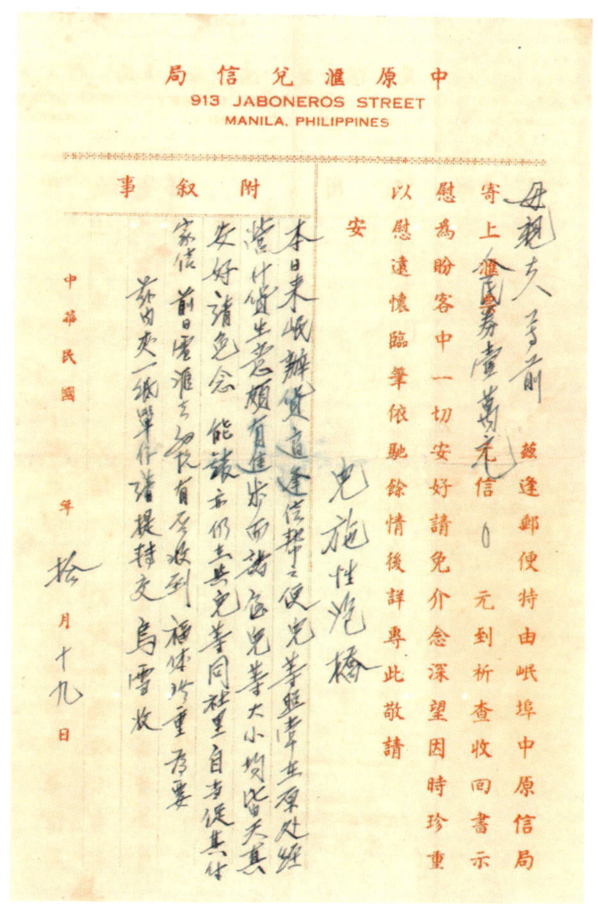

中原滙兑信局
913 JABONEROS STREET
MANILA, PHILIPPINES

母亲大人 膝前

兹逢邮便特由岷埠中原信局寄上人民券壹万元信 元到祈查收回书示慰为盼客中一切安好请免介念深望因时珍重以慰远怀临笔依驰余情后详专此敬请

安

儿施性泡禀

附叙事

中华民国 年 拾 月 十九 日

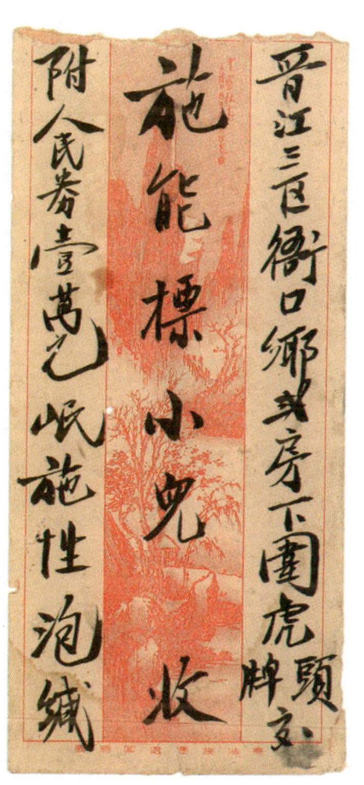

晋江三区衙口乡戌房下围虎牌头交

施能标小兄收

附人民券壹万元 岷施性泡缄

1949 年 10 月 19 日菲马尼拉寄晋江衙口施能标的侨批，人民券（旧币值）壹万元

1 元美钞（华盛顿像，1935 年印刷）

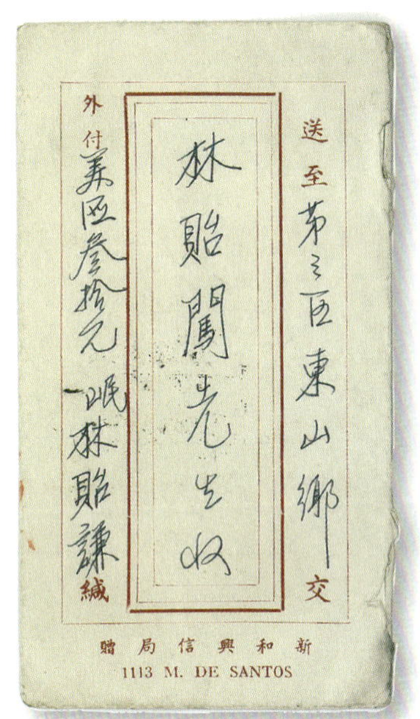

送至第三區東山鄉

林貽闖先生收

交

外付美金叁拾元 岷 林貽謙緘

新和興信局贈

1113 M. DE SANTOS

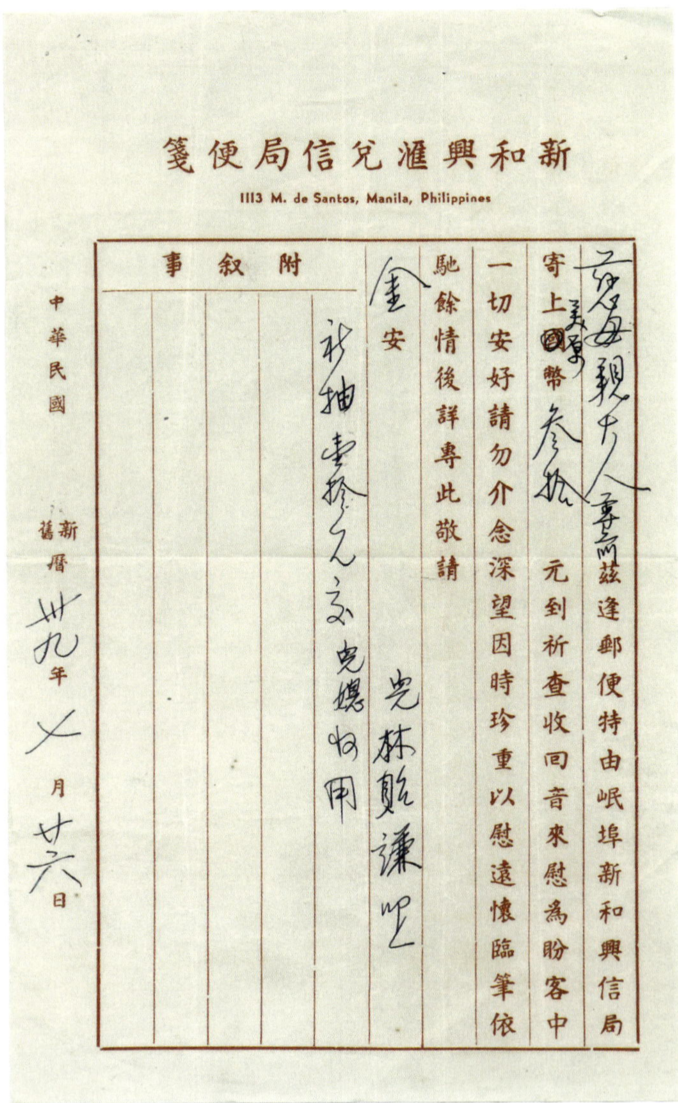

新和興滙兑信局便箋

1113 M. de Santos, Manila, Philippines

父母親大人尊前茲逢郵便特由岷埠新和興信局

寄上~~國~~美金幣叁拾元到祈查收回音來慰為盼客中

一切安好請勿介念深望因時珍重以慰遠懷臨筆依

馳餘情後詳專此敬請

金安 男林貽謙叩

附叙事

外抽壹拾元交 兄嫂收用

中華民國 新舊曆 卅九年 七月 廿六日

1950 年菲律宾马尼拉寄晋江第三区的侨批

香港上海汇丰银行伍圆港钞（1975 年版）

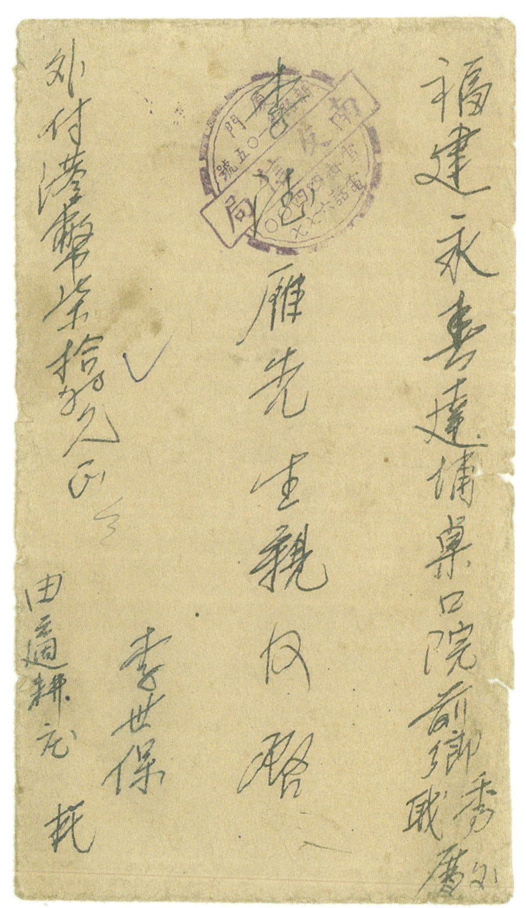

马来亚寄永春的侨批，港币柒拾元

中国人民银行拾圆券（1965 年版）

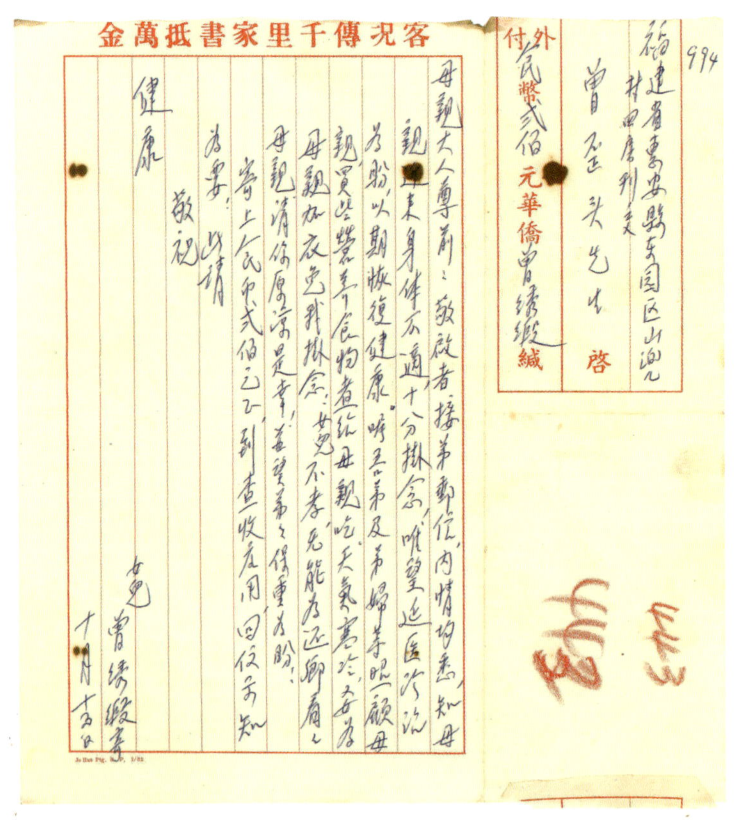

客况傳千里家書抵萬金

母親大人尊前：敬啟者，接弟郵信，內情均悉，知母
親近來身體不適，十分掛念，唯望延醫診治
為盼，以期恢復健康。時三弟及弟婦等照顧母
親，買些營養食物煮給母親吃，天氣寒冷，女兒為
母親加衣，免我掛念，女兒不孝，無能為返鄉看看
母親，請你原諒是幸，並望弟弟保重為盼；
寄上人民幣弍佰元正，到查收應用，回信示知
為要，此請
敬祝
健康

女兒 曾綉緞寄
十月十三日

福建省惠安縣東園区山兜
村田厝邊交
曾蛋头先生 啓
外付民幣弍佰元
華僑曾綉緞緘
994

马来亚寄惠安的侨批，人民币弍佰元

此类格式化侨批笺常见于中华人民共和国成立后，“客况传千里 家书抵万金”，让身处海外与国内的亲人感到侨批家书的珍贵，寄托了华侨对家乡的思念与牵挂。

侨批汇兑方式有三种：信外汇款、票汇、电汇。

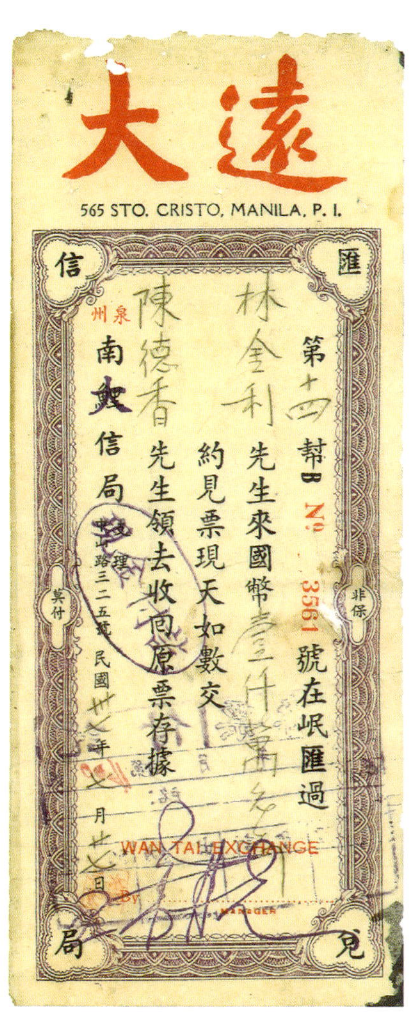

远大汇票（票汇），国币壹仟万元

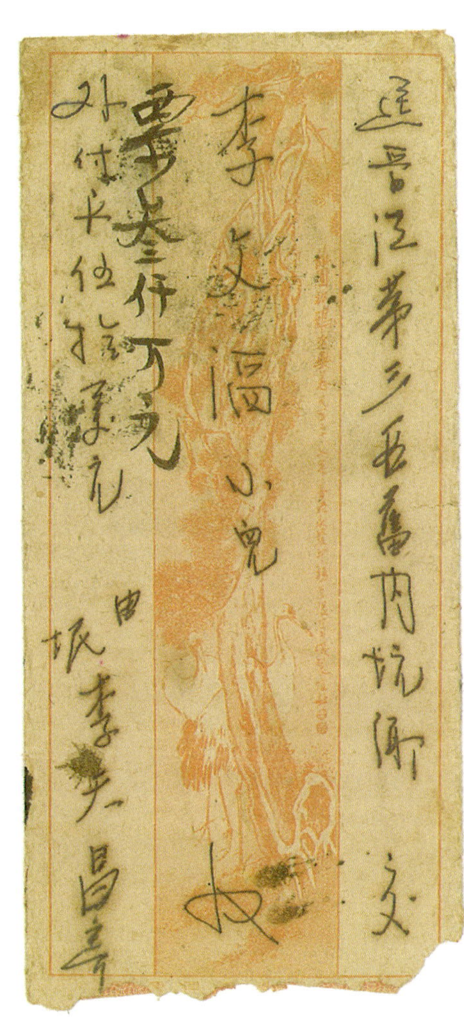

菲律宾马尼拉寄晋江的侨批（信汇），另内附“票叁仟万元”

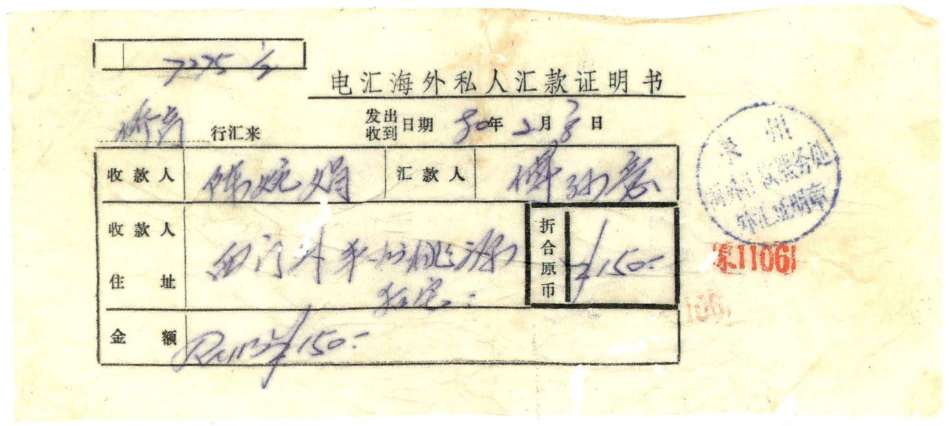

电汇海外私人汇款证明书

行汇来　发出/收到日期　80年2月8日

收款人		汇款人	
收款人住址		折合原币	
金额			

1980 年 2 月电汇证明书

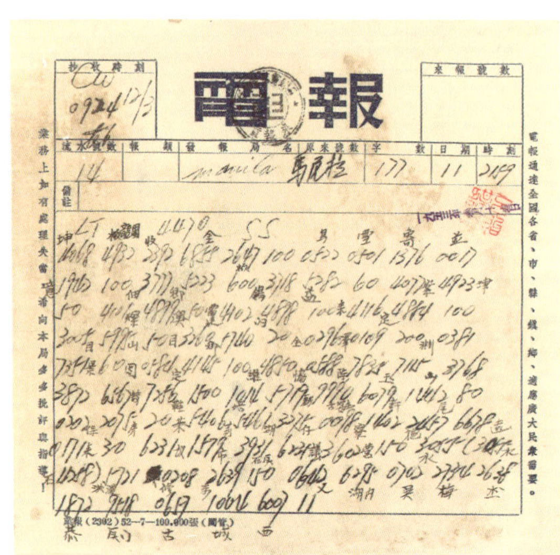

電報

抄收時刻	來報號數

流水號數	報類	發報局名	原來號數	字數	日期	時刻

備註

業務上如有處理失當，請向本局多多批評與指導！

電報通達全國各省、市、縣、鎮、鄉，適應廣大民衆需要。

電報（2302）52—7—100,000張（閩管）

1953 年 3 月 13 日菲律宾马尼拉
——石狮电汇单（电汇）

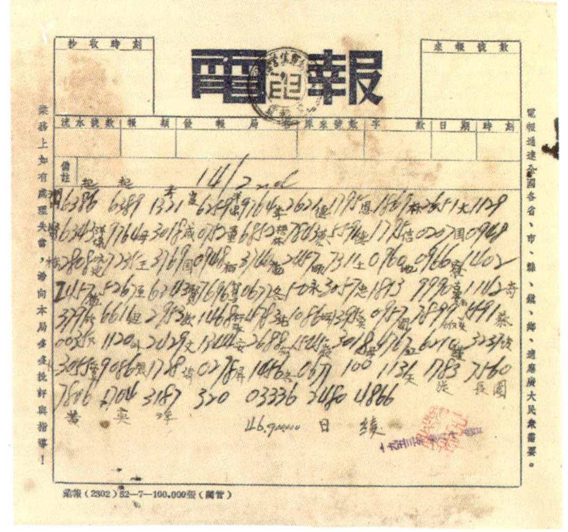

電報

抄收時刻	來報號數

流水號數	報類	發報局名	原來號數	字數	日期	時刻

備註

業務上如有處理失當，請向本局多多批評與指導！

電報通達全國各省、市、縣、鎮、鄉，適應廣大民衆需要。

電報（2302）52—7—100,000張（閩管）

侨批书法风格赏析

侨批书法，与一般传统文人极具积学涵养的书法，是有些区别的。大部分侨批注重信息的流通性、实用性，难以兼顾艺术性，往往流畅有余，古雅不足。因此，兼具书法艺术和文献价值的侨批，实是百里挑一，可遇而不可求。侨批书法常行书与草书混写，自然、从容、随意，风格别具。

展览精选来自马来西亚、新加坡、印度尼西亚、菲律宾、泰国、缅甸、越南、柬埔寨 8 个国家的 19 封 34 件侨批，人们可从中感受侨批书法的艺术魅力。

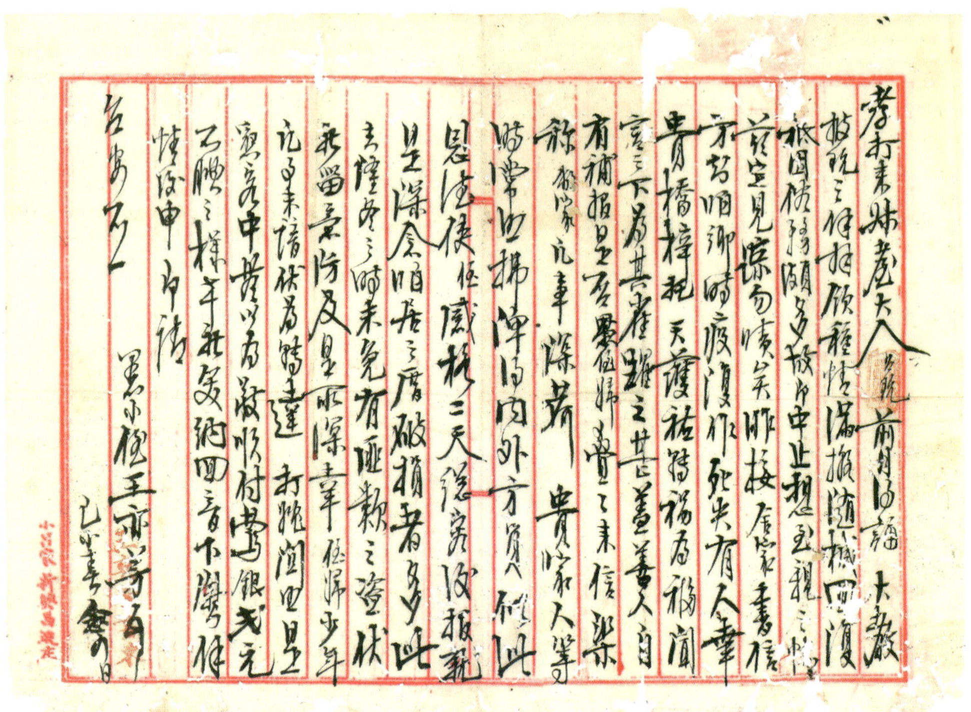

1909 年 12 月菲律宾寄晋江的侨批

上图和右图为行书佳作，共同特点是：洋洋洒洒，落笔成章，行云流水，一气呵成。下图的侨批字距和行距比较紧凑，笔画流畅，字体清秀，颇有韵味；右图的侨批有王铎笔意，落笔较为饱满粗放，端庄方正，厚实俊美。

【信文】

孝打来叔老大人台玩：

前月得诵大教，披玩之余，拜领种情，满拟随缄回复，只因俗务颇多，故即中止，想至亲之情，兹岂见谅勿啧矣。昨接舍家书信，方知咱乡时疫复作，死失有人，幸贵桥梓托天护祐，转祸为福。闻言之下，为其雀跃之甚。盖善人自有补报是否。愚侄妇叠叠来信，渠称敝家凡事深荷贵家人等时常照拂，俾得内外方员，似此恩德，使侄感于上天，总容后报就是。深念咱居之厝破损者多，此去隆冬之时，未免有匪类之盗，伏祈留意防及，是所深幸。侄妇少年，凡事未谙，伏为转达，打妣关照是恳。客中无以为敬，顺付莺银式元，不腆之样，幸祈笑纳，回音下慰。余情后申，即请台安！不一。

愚小侄 王亦芳（“王奕芳书柬”章）

己小春廿四日（1909 年 12 月 6 日）

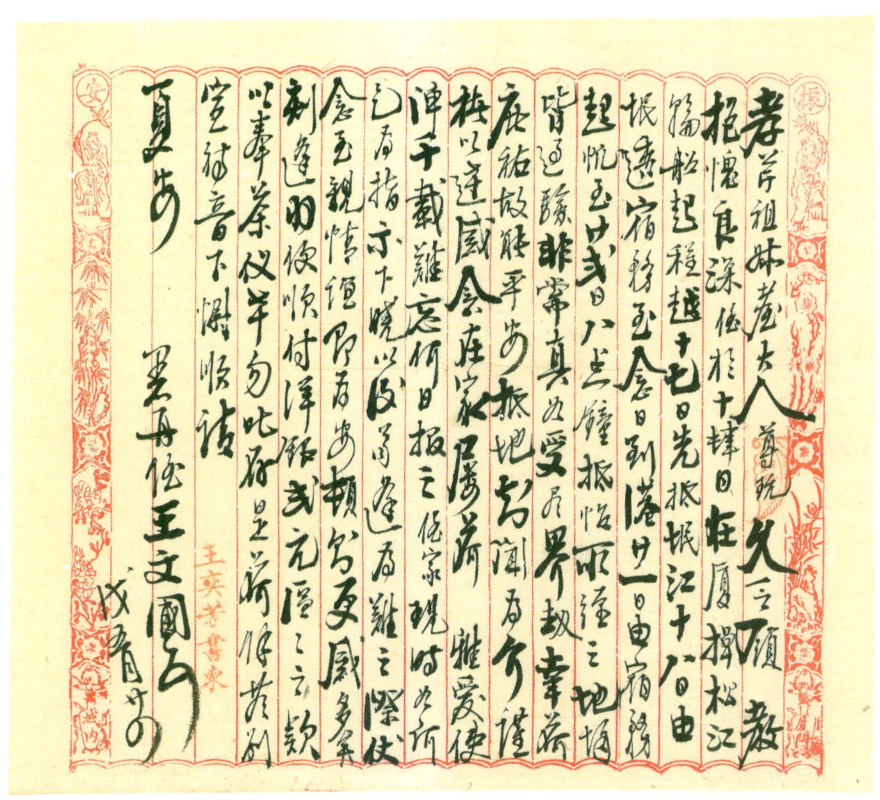

1908 年 6 月菲律宾怡朗寄晋江的侨批

【信文】

孝芹祖叔老大人尊玩：

久乏领教，抱愧良深。侄于十肆日在厦棹松江轮船起程，越十七日先抵岷江，十八日由岷透宿务，至念日到港，廿一日由宿务起帆，至廿弍日八点钟抵怡，所经之地均皆过验非常，真如受尽界劫，幸荷庇祐，故能平安抵地，知闻为介，谨楮以达。感念在家屡荷雅爱，使俾千载难忘，何日报之。侄家现时如何，乞为指示下晓，以后苟逢为难之际，伏念至亲情谊，即为安顿，外更感多矣。刻逢羽便，顺付洋银弍元，区区之款，以奉茶仪，幸勿叱存是荷。余无别宣，待音下慰，顺请

夏安！

愚再侄 王文圃 顿首（“王奕芳书柬”章）

戊五月廿四（1908 年 6 月 22 日）

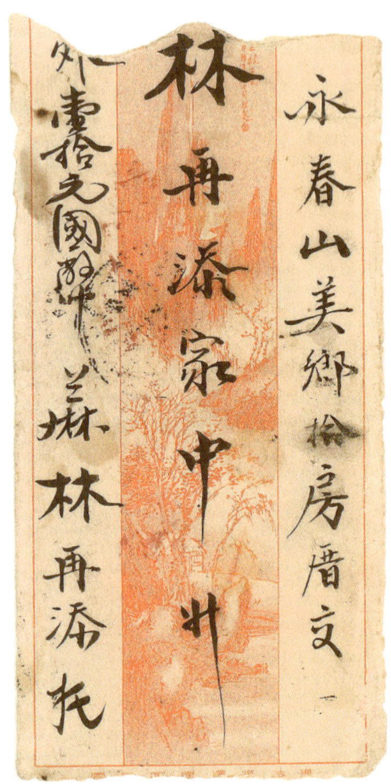

1939 年 8 月马来亚麻坡寄永春山美乡的侨批

【信文】

颜氏贤妻收知：

迳复者，日前来信诸情已悉，所云北门外大石桥脚田段一事，究竟果系咱得业，务须再详查其究竟，方好向赎。希贤妻再详查为要，倘系己业，近冬自应寄进赎回。而际此时势，贤妻自己珍卫为要。愚客身外地，身子平善。即付信局壹拾元，到希查收，见复是盼。

顺请

时安！

愚夫 林再添

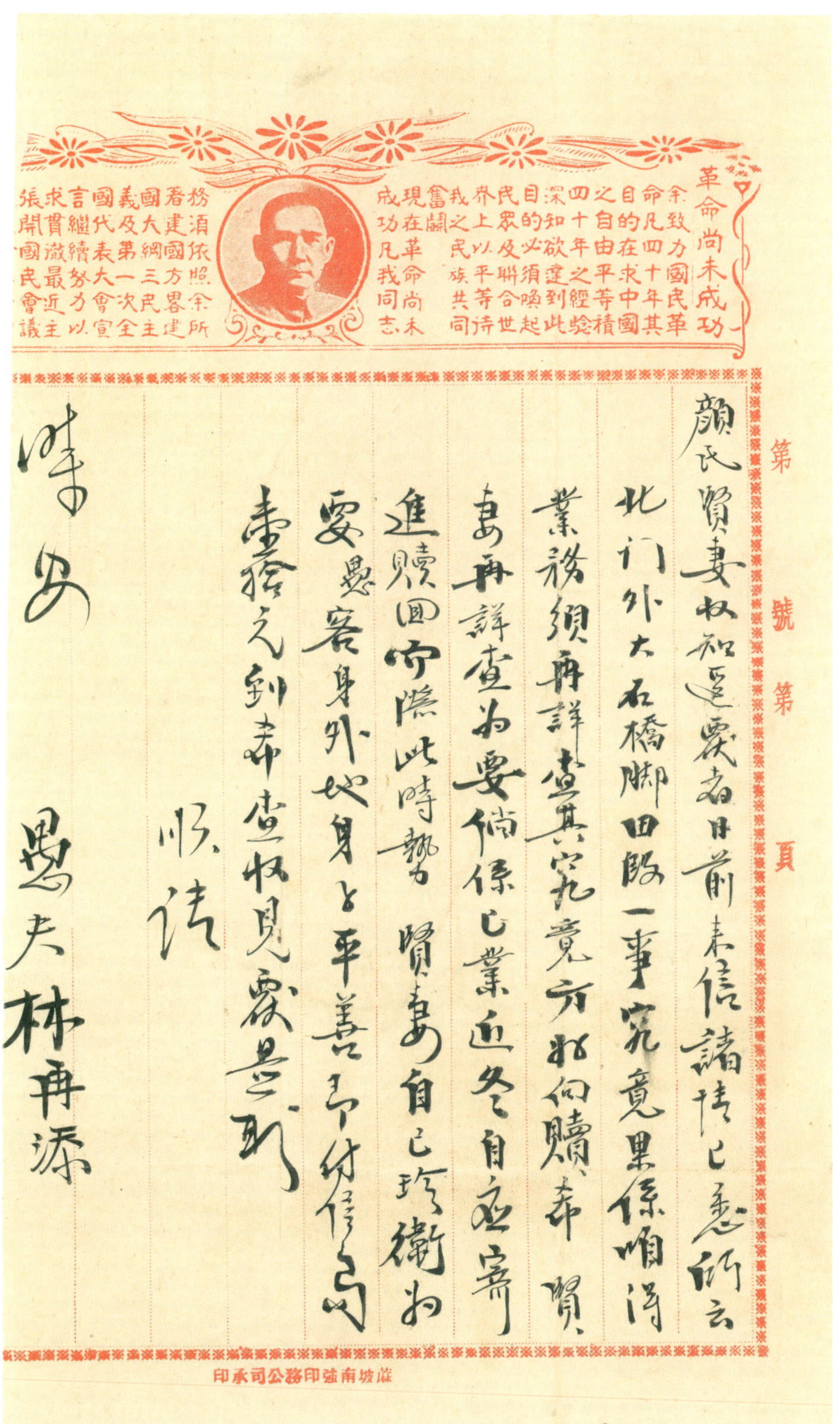

革命尚未成功
余致力國民革命凡四十年其目的在求中國之自由平等積四十年之經驗深知欲達到此目的必須喚起民眾及聯合世界上以平等待我之民族共同奮鬥現在革命尚未成功凡我同志務須依照余所著建國方略建國大綱三民主義及第一次全國代表大會宣言繼續努力以求貫徹最近主張開國民會議

第　號　第　頁

顏氏賢妻收知足覆者日前來信諸情已悉所云
北门外大石橋腳田段一事究竟果係咱得
業務須再詳查其究竟有别何贖來　賢
妻再詳查為要倘係已業宜冬自應寄
進贖回　值此時勢　賢妻自己珍衛為
要愚客身外地身上平善可付信內
壹接之到來查收見覆是頌
順請
時安　愚夫林再添

叻坡南強印務公司承印

此封侨批，是民国时期“愚夫林再添”写给“颜氏贤妻”的家书，信手作书，书法水平可见扎实的赵体功底。信笺上印有孙中山头像及“革命尚未成功”的“总理遗嘱”，时代感强，体现当时华侨华人认同孙中山“求中国之自由平等”的政治态度。

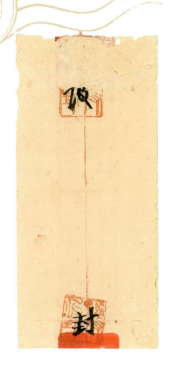

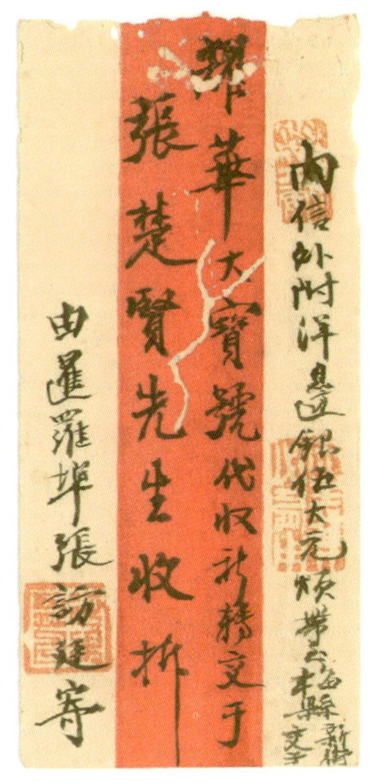

1927年12月泰国曼谷（暹罗）寄广东梅县（今梅州市）的侨批

【信文】

楚贤四弟台鉴：

兹启者，愚兄出暹多年，久未会晤，殊深渴想。然久未通信，离乡别井，山川相隔，音信罕通，未知何日得与聚首谈心，怅也何如。闻知吾弟身沾有恙，借洋烟为良药可以治病，虽则有瘾，明知累人之物，然亦不得已而食者，只为治病之物，事有可言也。然姑勿且论，惟愿病除则不食，亦无相干，不至所累便是也。即如吾在暹埠，妻儿子女幸获平安，吾妻身怀六甲，十月怀胎，今近月又当临盆之候，未知生男育女，不久可知也。但阿肇贤之妻亦将临盆之候，生男育女不日可知也。然而人生在世，不免为妻儿子女之累，不待言矣。为问弟台家中尔妻未知有无喜事否？想合家人口清吉，不问可知。但秦贤弟耀华号之生意，谅有起色，三叔又老年归来家中，未知如何情形者也。然弟家中如何出息，不免念念。但齐贤弟又未有家眷，一年望一年，仍然清风两袖，又将如何也。今吾为兄者运气未佳，虽则开有小号一间，生理冷淡，地利未得。日中使用各款，所入不敷所出。幸得吾应群儿出本图谋，待吾明年变迁好运来寻过店来，未知有可望喜色。况应群现未娶亲，只得渠自己料理，叨蒙神祖庇佑可也。兹由常兴信局寄来信一封，外附洋边银伍大元，内交吾三叔父台名下壹元，以为年敬，余四元交为弟台度年应用。余容后叙，顺问

满门伯叔兄弟侄等福安！不一。

愚兄 访廷 寄书

丁卯十一月廿九日（1927年12月22日）

楚賢四弟台鉴 前啓者 愚兄出暹多年 久未会晤 殊深渴想 然久
未通信 離鄉別井 山川相隔 音信罕通 未知何日得与聚首 談
心 悵也何如 聞知吾弟身沾有恙 藉洋烟為良藥 可以治病 至則有瘾
明知累人之物 然亦不得已 亦只好視為治病之物 更有可言也 [illegible]
惟願病除 則不会亦矣 相干不至所累 便是也 即如在暹埠妻兒子女
幸獲平安 吾妻身怀六甲 十月怀胎 今近月又当臨盆之候 未知生男育女 不
久可知也 但阿肇賢之妻亦将臨盆之候 生男育女 不日可知也 然人生在世 不
免為妻兒子女之累 不待言矣 為問弟台家中妻子 知有[illegible]否 [illegible]
但未明弟號 [illegible]之生意 諒有起色 三叔母老年歸家 家中未知如何情形也
人口清吉 不問可知 我弟家中如何出息 不免念 但[illegible]賢弟又未有家眷 [illegible]
年 [illegible]清風兩袖 又将如此何也 今吾為兄 比運氣未佳 兄則開有小號 而生
理冷淡 地利未得 日中使用多致 所入不敷所出 [illegible] 兄出本圖謀
待至明年交還 [illegible] 知有可望 [illegible] 現未娶親 只得
深自己料理 [illegible] 神祖庇佑可也 [illegible] 寄來信一封 外附洋
順問
銀[illegible]大元 內交吾 三叔父台名下 以為年敬 [illegible] 弟台度年[illegible]
满门伯叔兄弟姪等福安 丁卯十二月廿九日 愚兄[illegible]廷[illegible]書

此侨批笺似写信者本人手写，流畅而又带古雅气息，灵动而又不失规范，整体文气十足。

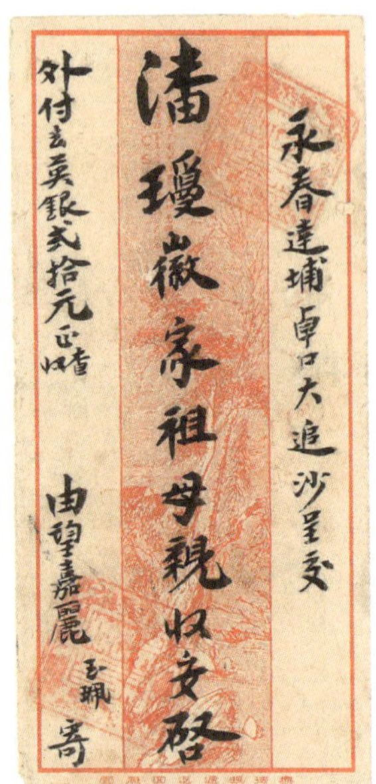

20 世纪 20 年代末荷属望嘉丽寄永春达埔的侨批

【信文】

祖母亲大人尊前纳福：

敬禀者，昨天接来手谕两函，诸情敬悉，借知家中诸大小平安，不胜欣幸之至。而亲成一事，洋谷深垵姚海兄陈及有一小妹，年龄十四岁，十分妥栋，未知果否？要送配咱见叔，即查问伊父泰官或得妥栋或别人，祈大人主意就是。祈先回文来晓，所项按早备寄，祈免锦介。本意就正往呷（马六甲），而振起哥美意挽留，今年以来辛金亦有再升，每月二三十元，任职经理账项，即无去呷耳。去岁入丽做居留字壹佰盾，此条经还明白，祈免介意。而祖伯母身体欠安，料早日平安否，念念。儿经就信寄知，若叔料他全无想厝，自去年儿连寄信数函，通无回文来晓，亦未知他意见如何。闻此去红毛与外国战事，所有唐山……

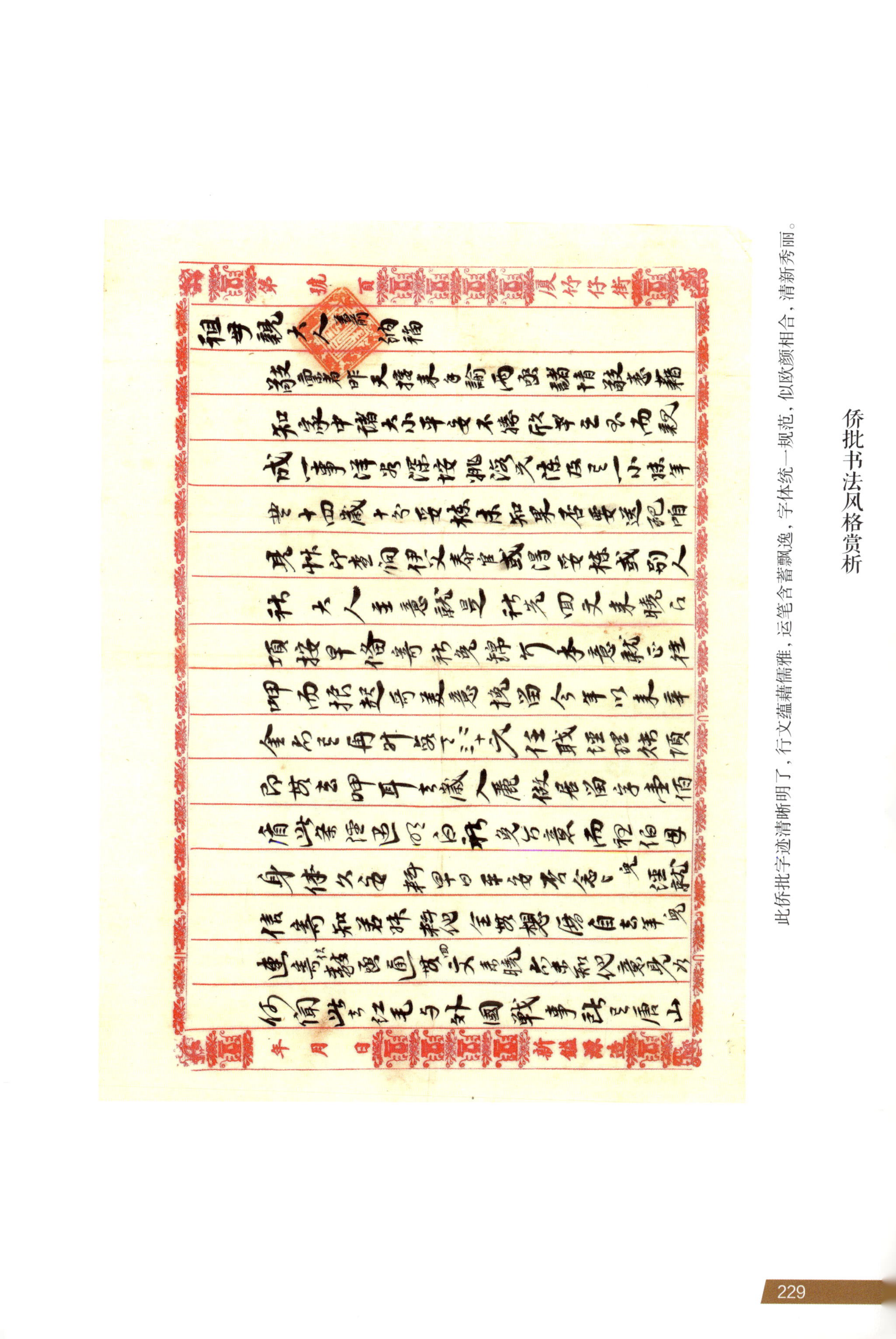

此侨批字迹清晰明了，行文蕴藉儒雅，运笔含蓄飘逸，字体统一规范，似欧颜相合，清新秀丽。

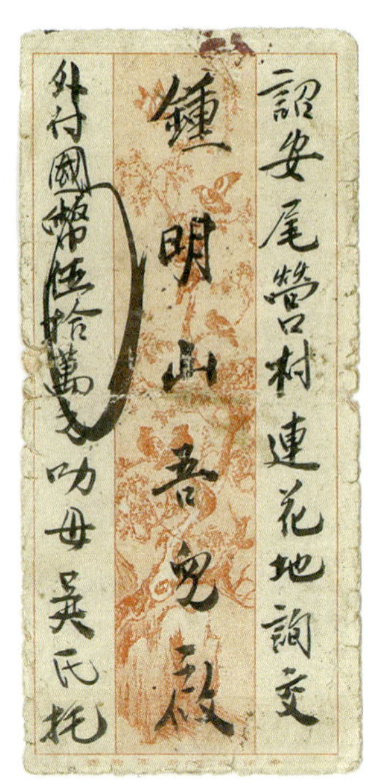

1946 年 9 月新加坡寄诏安尾营村的侨批

【信文】

明雨吾儿收悉：

接到来信，使母忧愁，数日无食，不省人事。母于屿中，年老终日勤勤苦苦，畜（蓄）积此项寄回家中，实系要赎回祖遗之业产。但此业产系祖遗者，儿于等无能再置，现又放你卖费，母今寄项赎回。你尚不想母年老奔波，从速将田产赎回，尚然来信询问，真诚不肖也。但吾所寄之项，非要不肖之子做生理，即要从速赎回祖业也。见信无论如何，望切要从速赎回，以安母念。至母前日所寄之项壹佰万元，即要交明山大儿收，为何你身居细弟，胆敢强夺，无兄无弟，绝人伦之大道，实真可为痛心也。见信，你壹佰万元如无交还明山收管，则母定激死于洋地也。但母所寄之银项，对于批面系写明钟明山收者，你何竟以此所为？真无人伦也。至母回思从前你父去世时，你方才三岁，你母割草担柴，取趁微利以养你们。你们中今年纪长大，全不思从前并不思现在，母不解你之所为也。至该项切交明山管理及娶亲之用，至切！专此，顺以

筹好为要！

母 吴桂娇 启

卅五年（1946 年）九月廿二日寄

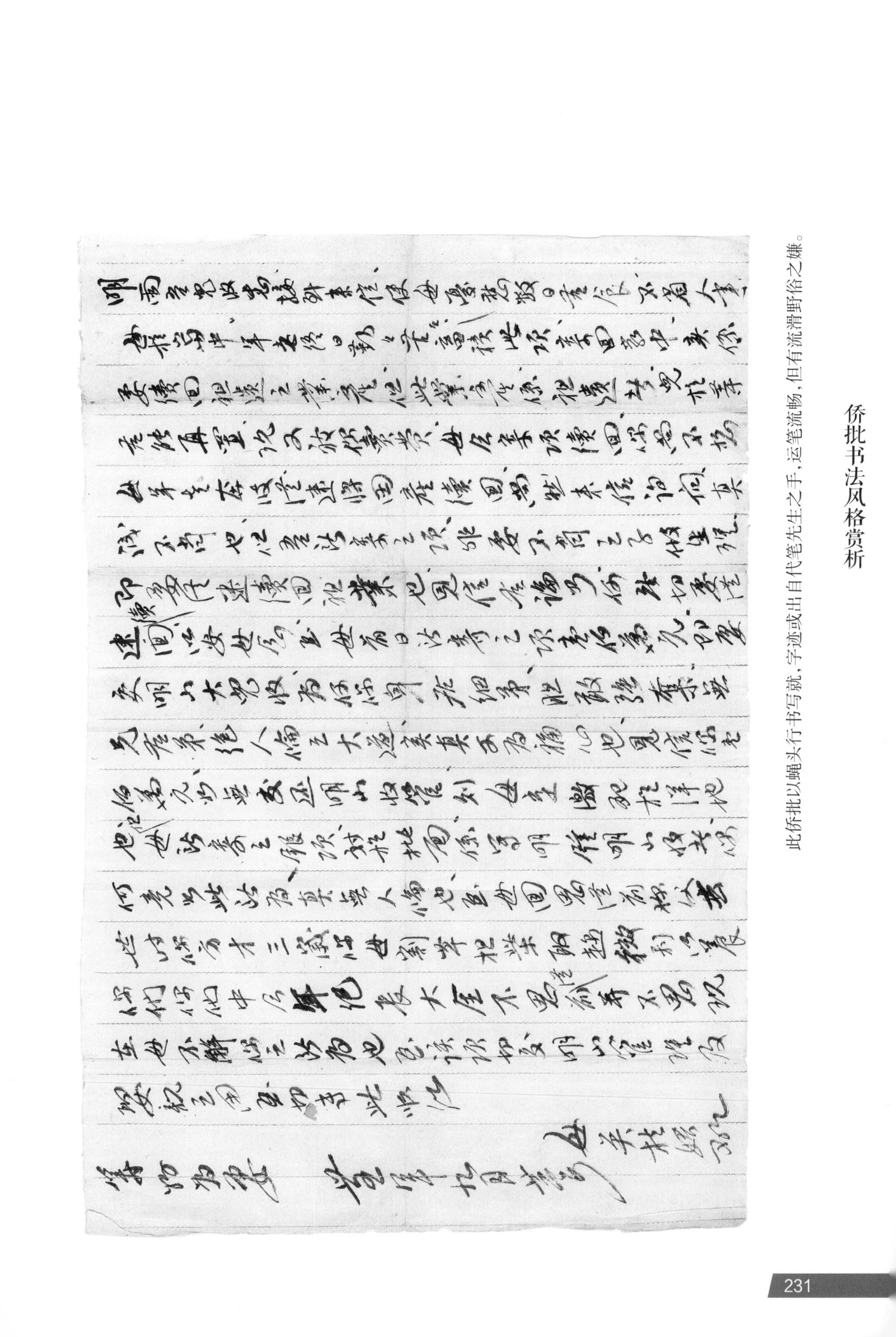

此侨批以蝇头行书写就，字迹或出自代笔先生之手，运笔流畅，但有流滑野俗之嫌。

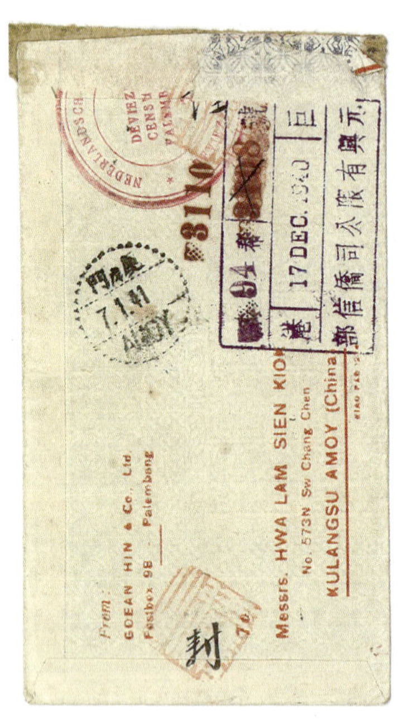

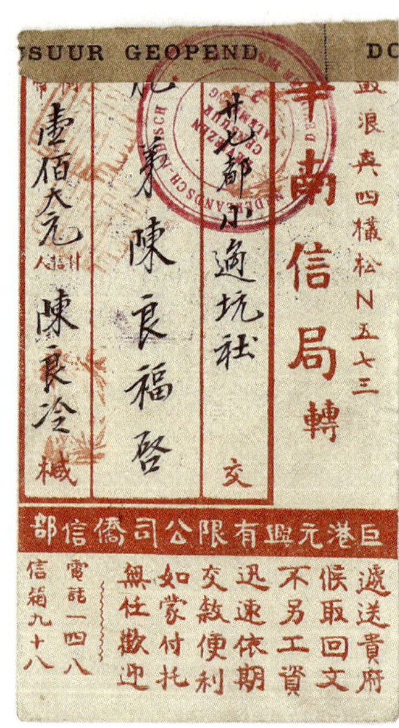

1940 年 12 月荷属巨港寄龙溪廿七都小过坑的侨批

【信文】

母亲大人膝下：

敬禀者，兹本帮承来回信，所说诸事俱知详细矣。若你令孙现脚已照原能行，待明年要再入学校读书，不须介意。望母亲玉体自珍宝（保）重，大小照顾。谅现家中大小平安。顺附信局去国币壹佰大元，到祈查收。内抽壹拾元交吾三伯父收为茶资，抽壹拾元交厚枝收为茶资，抽壹拾元交妈意伯买茶，并禀列位纳福康勇均安，亦可告慰，余伸柒拾元母亲自收应用。但前帮汇元兴公司去壹仟元，有领明白否？回信来知。儿在外大小平安，不须介心。另者，通告吾弟知悉，要培寿域择何地点，详细付信来知。余言后叙，此布，敬请

福安！

不肖儿 陈良冷 具

庚辰年十一月十九日（1940 年 12 月 17 日）

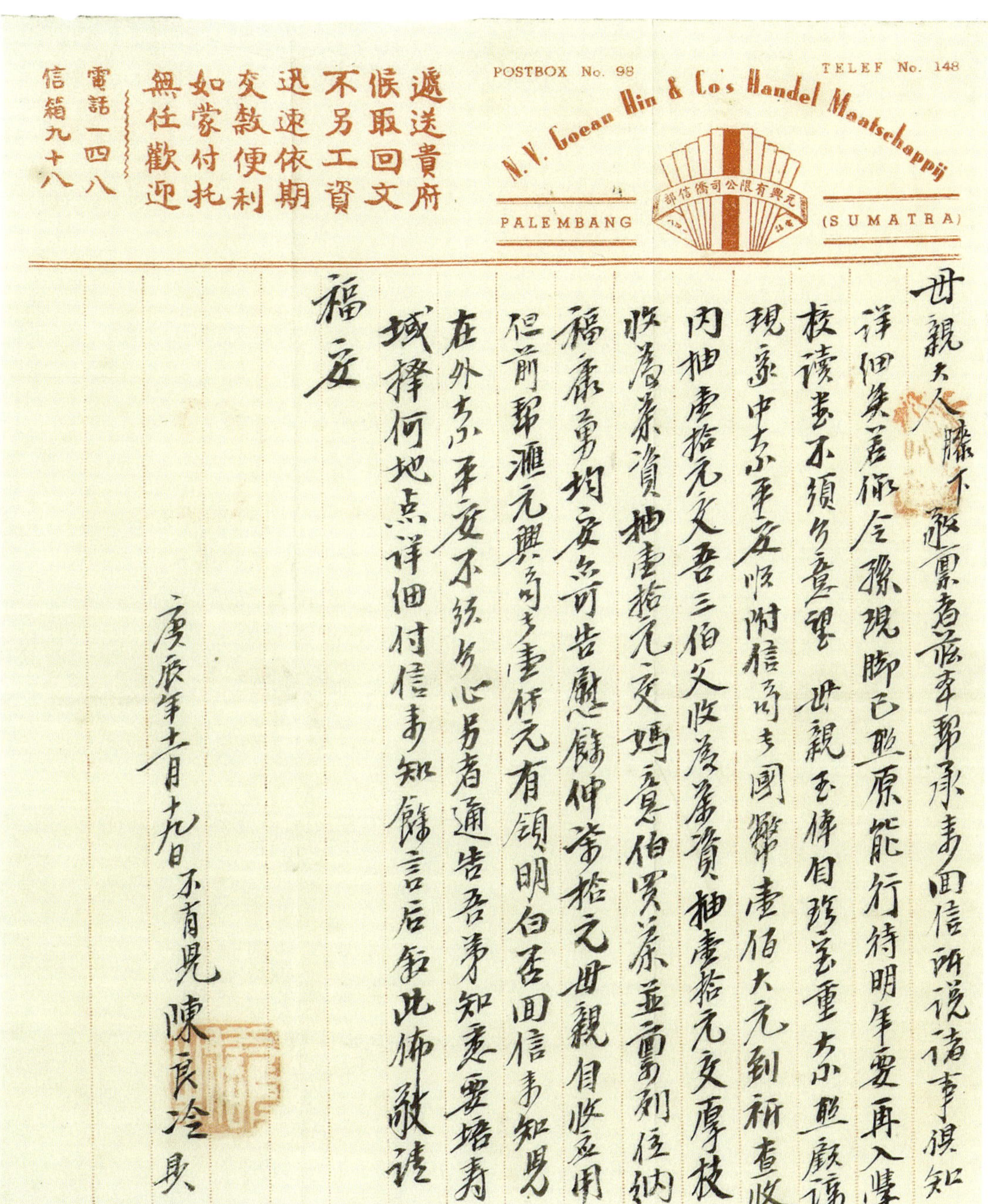

遞送貴府
候取回文
不另工資
迅速依期
交款便利
如蒙付托
無任歡迎

電話一四八
信箱九十八

POSTBOX No. 98　　TELEF No. 148

N.V. Goean Hin & Co's Handel Maatschappij

元興有限公司僑信部

PALEMBANG　　(SUMATRA)

母親大人膝下 敬稟者茲奉郵承來函信所說諸事俱知
詳细矣兹㑹今孫現腳已照原能行待明年要再入學
校讀書不須多意望 母親玉体自珍玉重大小照顧諒
現家中大小平安怌附信寄去國幣壹佰大元到祈查收
內抽壹拾元交吾三伯父收為茶資抽壹拾元交厚枝
收為茶資抽壹拾元交媽意伯買茶並寄列位纳
福康勇均安念可告慰饒仲帶拾元母親自收应用
但前郵滙元興寄去壹仟元有領明白否回信來知兒
在外大小平安不須多心另者通告吾弟知恳要培寿
域擇何地点詳细付信來知餘言后叙此佈敬請
福安

庚辰年十二月十九日 不肖兒 陳良淦 具

“谁言寸草心，报得三春晖。”此封侨批，是一封儿子以行书风格写给“母亲大人”的家书，字迹工整，笔迹娟秀，笔画流畅，行文优美，情真意切。家书纸短，家国情长，虽信中讲的是报平安、孙儿读书、寄余钱的琐事，但万缕乡愁一字一句从笔尖倾泻而出，思乡之情跃然纸上。

【信文】

父母老大人万福：

敬禀者，九月份寄上两函并去二十元，前后谅必早接矣。兹接阅家函云及，吾弟欲再越南，何至今未见起程？谅家务未得清楚，未知咱澳近来居住平静否？如书到日，祈面通知区厝母妗。前帮基由叻登南，祈在儿店内学习生理，后欲自展才能，经于四月间出提。顺谋做经纪，侵欠我店内约壹佰余元。今所交皆饮朋博友，至无检度，近来信息有寄些少否？论南地经营，日来日艰，生理十分恶做，费大利少。虽本身在场督理，亦无所见长。儿身体近来颇为孱弱，大约明年生理稍有转机，就欲还梓调理。兹逢羽便，寄信局汇寄大银叁拾元，连椿栋弟夹寄五元，计三十五元。椿栋五元欲交伊妻，到祈携交并草几字复知。侨外如常，皆告慰。愿祈双亲玉体珍重为仰，特此奉布，余容后复，均请金安！

另者，刻接家函陈及，弟媳于本月廿弎日别世，既死不能复生，嘱吾弟勿为伤心，祈再娶就是。如好势需项，来书示悉，方好备寄，又及。此帮信列第首帮，以后列帮声方免失误。

儿 苏耀水 顿泐（“苏钊水书柬”章）

甲拾月十五日（1924 年 11 月 11 日）

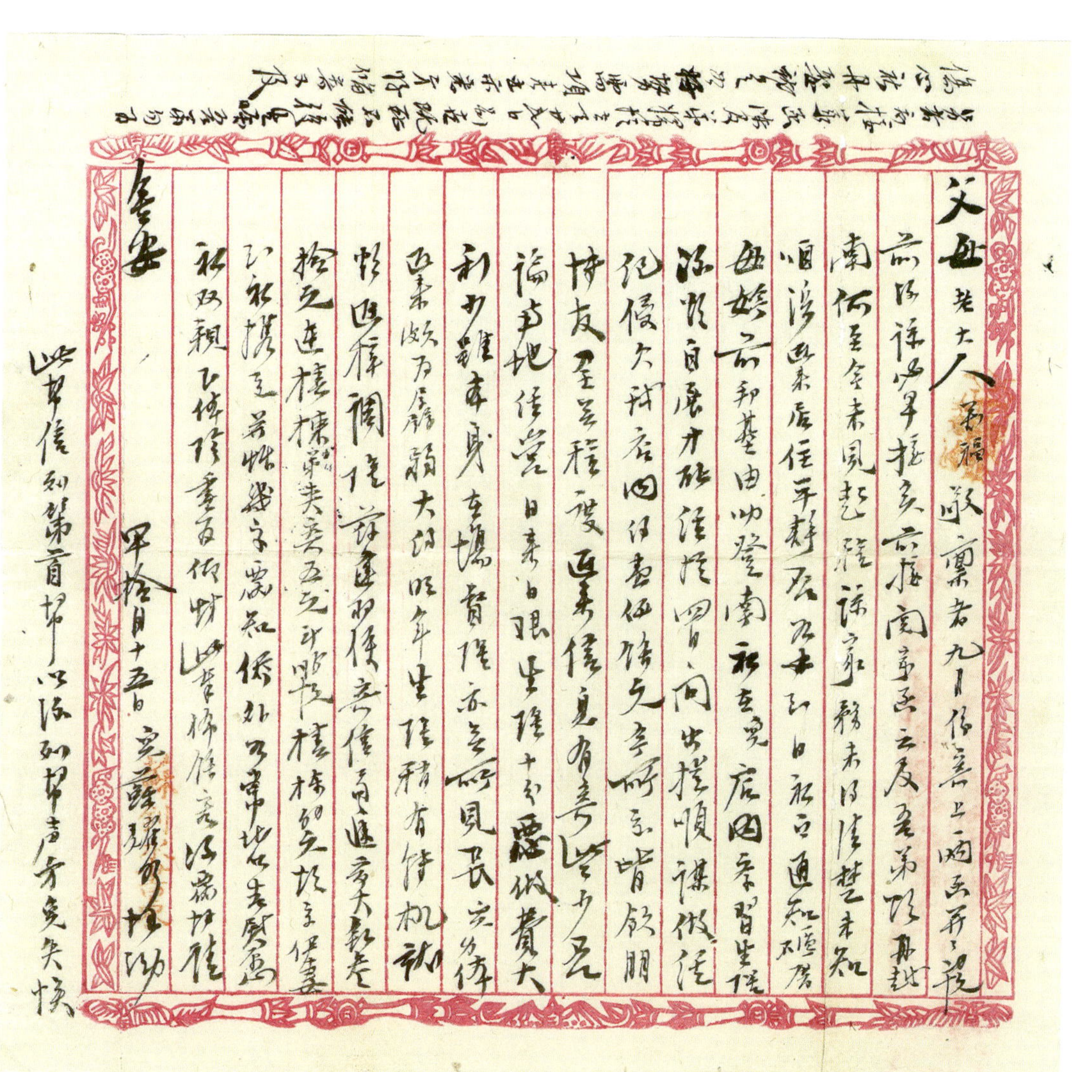

1924 年 11 月越南苏耀水寄同安澳头批信

此封侨批，行文运笔不拘一格，行书与草书笔力纵横矫健，结体飘逸空灵，点画多取连笔笔意，寄情而发，是才情与性情的双重呈现。

【信文】

己丑贤侄收览：

前接复函，阅读一切，内云诸情均皆知详，并谂起居康胜，诸凡叶吉，不胜欣慰。但小女冬瓜曾来函云欲南来，然此举惟望吾侄帮忙设法其南来是盼，如欲希望小婿筹付接济，此诚为难耳，祈转达小女知情。兹因便付去国币壹佰万元，如到查收，从中抽出肆万元交家姊收用，其家近况如何？刻家姊尚健铄否？祈回慰。又抽出肆万元交便治收用，又抽出乙万元交石鼓之妻收用，又抽出壹万元交贤侄自收用。余伸之项，希转呈小女冬瓜收用。至于小女南来，委做护照，虽竭力谋做，手续甚烦，若能就绪，自当将入仰字付进是也。旅仰客体叨天庇佑，大小均安，可免为介。余无他言，特此以达，并询

近好！

另者，内夹一信，祈送交水房嫂收用，又及。

愚 陈南阳 付

1947 年缅甸仰光寄同安灌口批信

此封侨批行文笔法纤细，有瘦金体风骨，字体大小均衡，在点画线条的造型中流露出朴拙自然、无拘无束、真情烂漫之美。

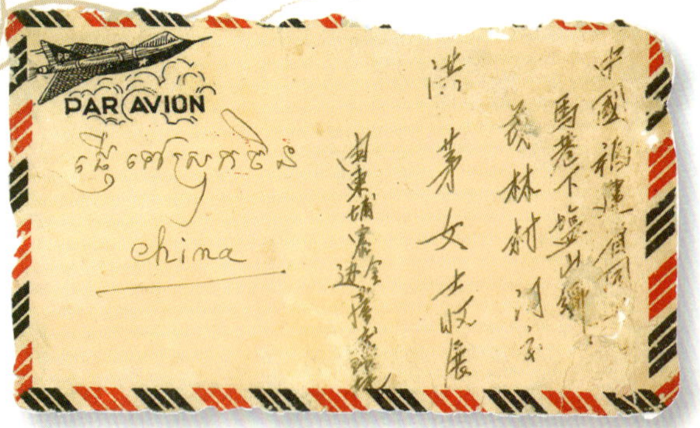

1948 年 10 月柬埔寨寄同安马巷的侨批

【信文】

茅花贤内助妆次：

查此十六日付信局去金员券壹佰大元，若至，照数收入，复慰。愚旧年会咱堂亲合十二名共最冬至于祠堂内一席冬棹敬祀祖先，明议每人按借花生豆二十斤之利息项，至期纳助与值东以做其冬棹。可问庆潜兄，花生豆现价若干，全年二十，着若干之利息项，当照纳足，勿误，是嘱。而妹婿各官现住安南宅郡，免介。素悉贤妻妇慈过中幼孩养育及理家务勤俭应节，内外待顾，门风必尽其妥，免愚远慕。现南埠求利，忌殊裣为人负志，室家当知努力劳苦，合祷上苍佑从万愿，谋之而遂营之攸宜。倘得见利，自晓尽付助家，所碍乏人之债，未卜奚日尽清，愿之毕矣。未免天各乙（一）方，再求孔方相应舟金些理安家，那时就得天伦之乐，何幸如之。余情后叙，并候内外诸亲朋戚友俱各均刁纳福是祷。顺候

阖安！不一。

地址：安南金边亚年鲁苏街八十一号郭合泰号转

愚夫 蔡庆环 书

旧历中华民国戊子卅七年十月十八日

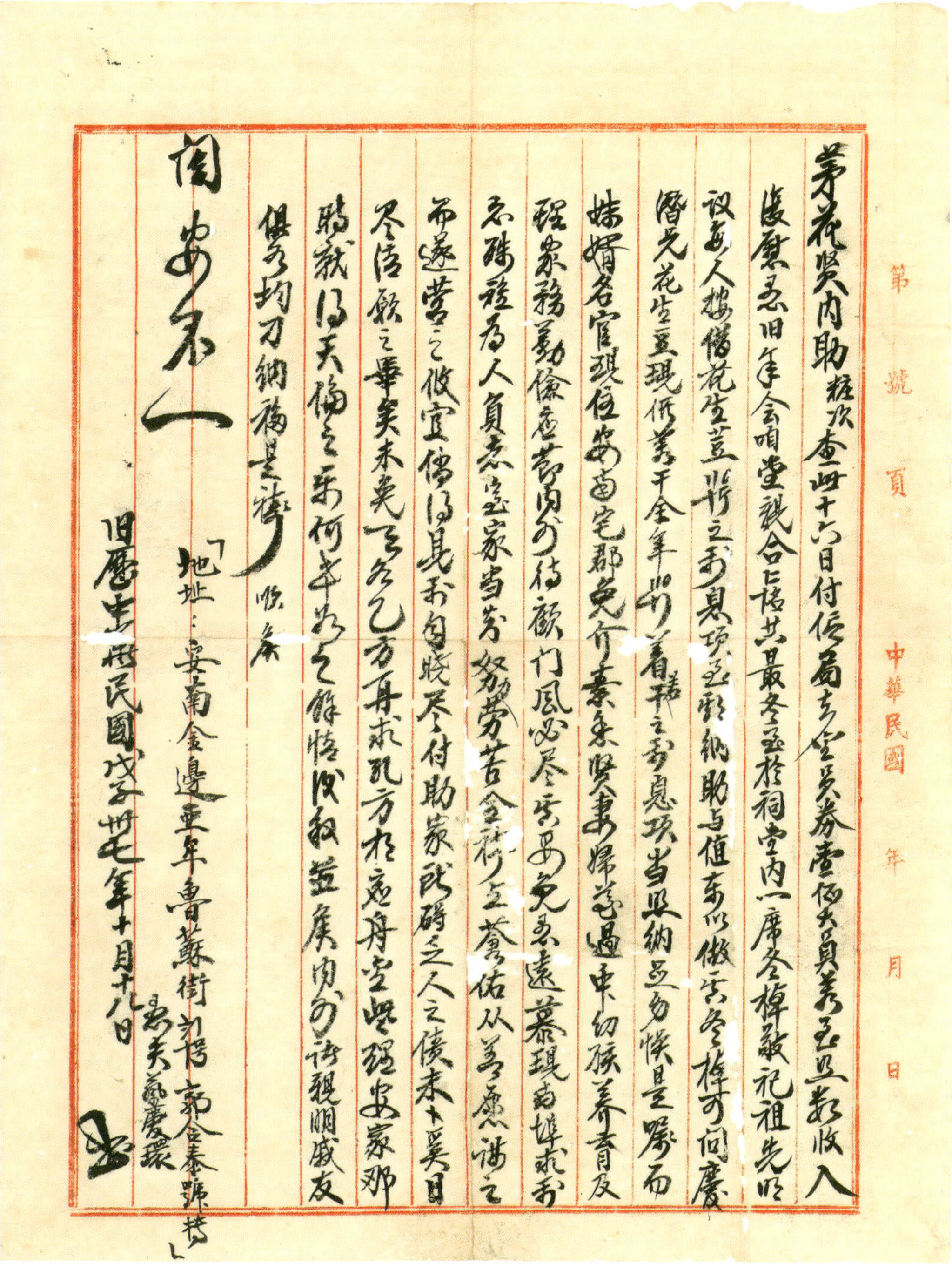

第　號　頁

中華民國　年　月　日

此封侨批，写于民国时期，笔触直率光滑、率意爽利，粗看有董其昌笔法风格，但迥异于一般书家苛求变化、再求全幅统一感的书法美学。批文字体布局结体缺少变化，文献价值高于艺术价值。

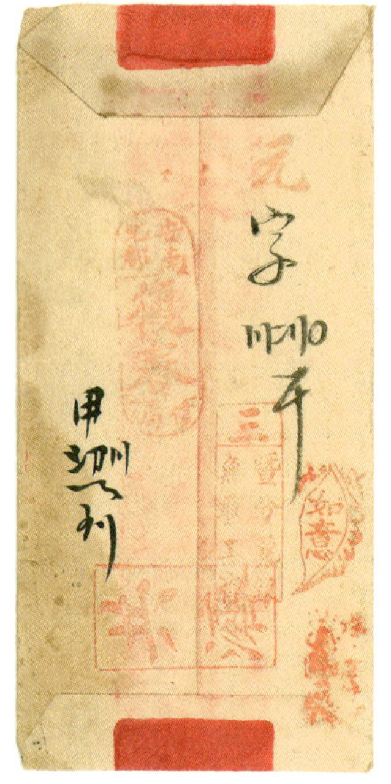

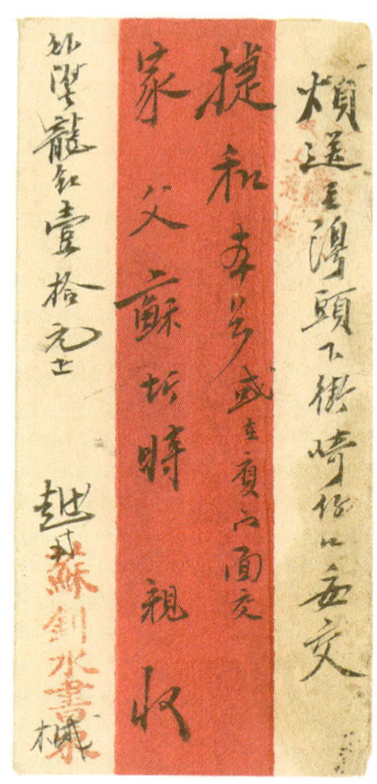

1924 年 7 月越南苏钊水寄同安澳头下街崎仔口的侨批

【信文】

父母老大人万福：

敬禀者，日前接读家报，系由澳头封发，乃蒋变相手笔，又无款和图章，未知此项有着落否？儿亦有寄信通知厦春发。若我父亲仍在厦居住，可将信在厦面交，免至两误。儿本月初间在南寄鸿泰信局递晋大银五十元，此项谅必早接矣，祈一切示慰。吾弟返梓时，儿亦有拜托杨尧聿君行函与厦春发号。倘咱家费有时不接，可先向厦春发号挪借，儿再寄去清楚。现此世界纷纷，咱澳未得安居，可在厦暂住。如吾弟欲在厦经张生理，亦即挥函示悉。南地是年生理非常艰难，幸客外如常，堪以告慰。愿祈双亲玉体珍重为仰。兹逢羽便，寄信局去大银壹拾元，至祈查收，如不敷家用，即向春发先借就是。此奉。余容后复，以请

金安！

另者，在南旧东翁娘拜托嘱我父代买正血茸一二两，付安掷下，该项若干即示知，递寄还。此及。

儿 苏耀水（“苏钊水书柬”章）顿泐

甲六月十五日（1924 年 7 月 16 日）

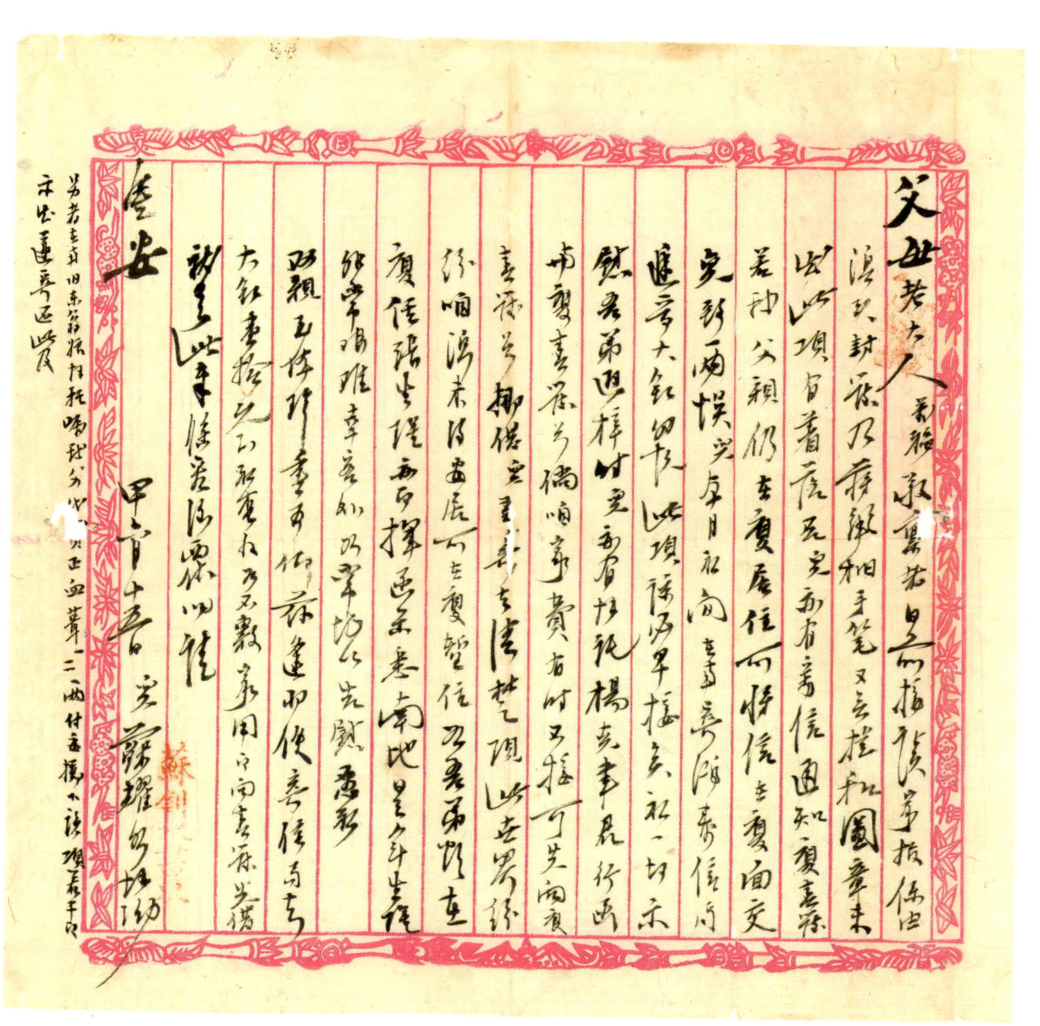

此封侨批以行书行文，连笔虽多，但是辨认较为容易；字体大小均衡，留白少，通篇看起来显得紧凑，从容自如，运转流畅，既活泼自然又不失章法。

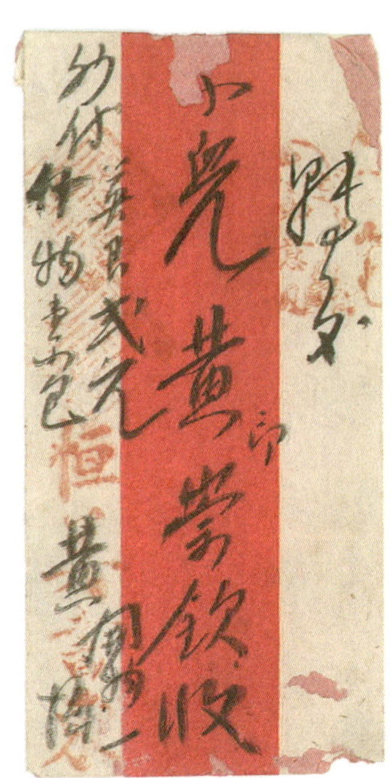

1904 年 8 月 19 日菲律宾马尼拉黄开物寄锦宅社的侨批

【信文】

夫妇之情，虚文弗叙。

兹顺付夹家父信中去龙银式元，并白甘袜一匹，朱红珊瑚一串一百九十二粒，到祈收入，顺息来知。而该珊瑚可与小儿崇钦为手钏之用。小儿务宜尽心照料，女婢经已长大，不可令其四出外间，致招物议，是嘱。玉体惟宜自爱，客外粗安，免为锦注，谨此布闻，并候

阃安！

林氏贤内助妆次

愚夫 黄开物 手泐（“恒美书柬”章）

甲七月初九日（1904 年 8 月 19 日）

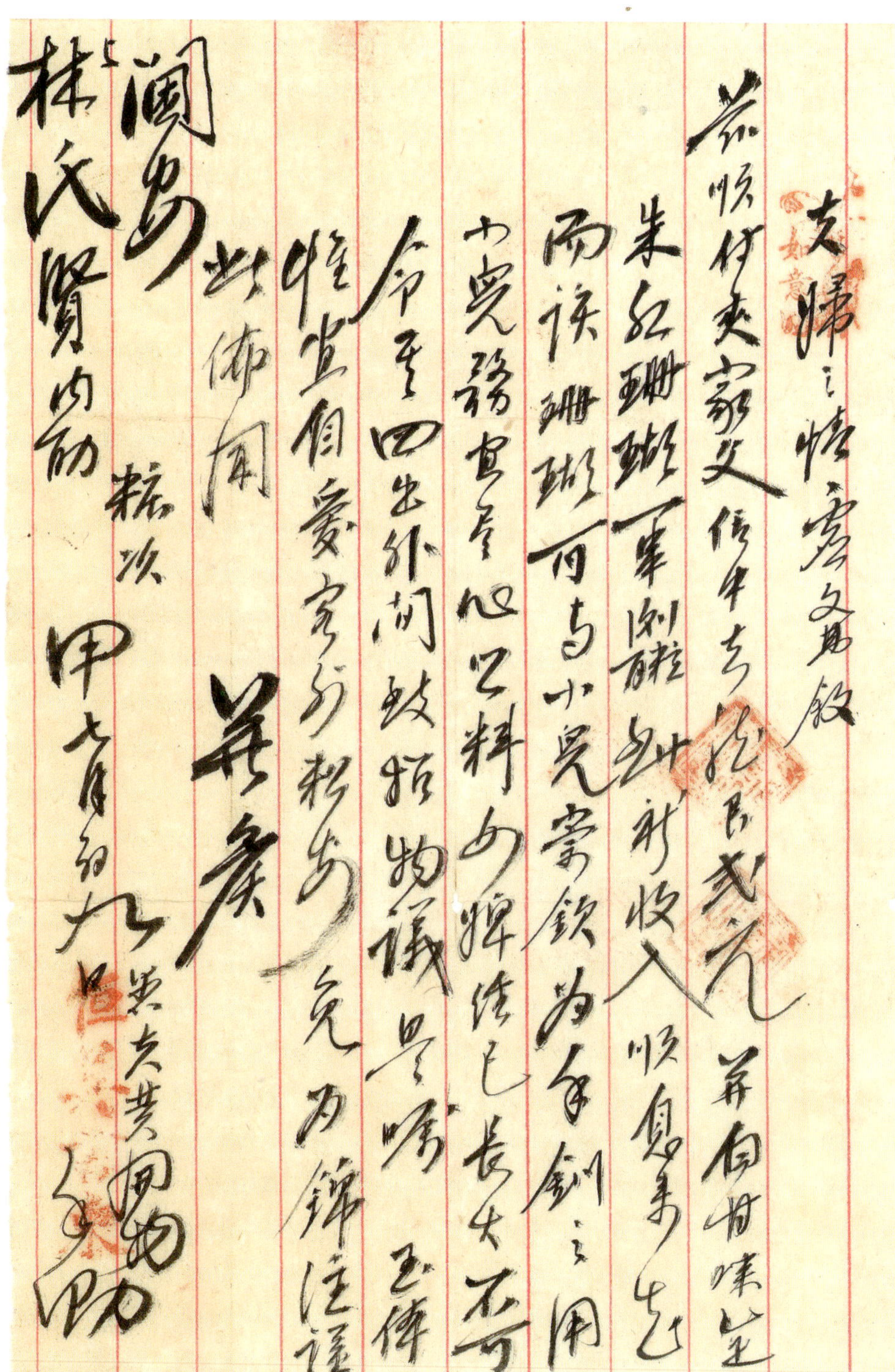

此封侨批，书风相近，皆为行书与草书混写，从容随意，一挥而就。一纸侨批，万缕乡愁。情绪于笔触字间蔓延，笔断意不断，淋漓酣畅，借线条一抒为快。

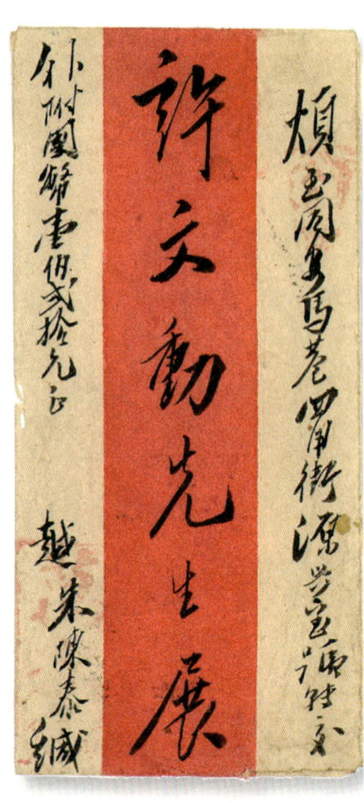

1940 年 5 月越南寄同安马巷四甲街许文动的侨批

【信文】

弍妗母大人尊前：

敬禀者，顷得唐本叁月廿三日复下训谕，借悉玉体安康，履祺绥和，莫名欢慰。惟弍月十九夜不幸被贼偷空，令甥难安，务望此后门户小心摒挡，以防未然，是所厚望也。旅外人等均皆平安，免介。兹逢船便，顺国币壹佰弍拾元，到希查领，以为五月外祖父忌神之敬。复书是慰，此请

金安！

另者，请即刻一印，以便此后处示之需，庶免有误。

外甥 朱陈泰 书奉

庚年四月廿五日（1940 年 5 月 31 日）

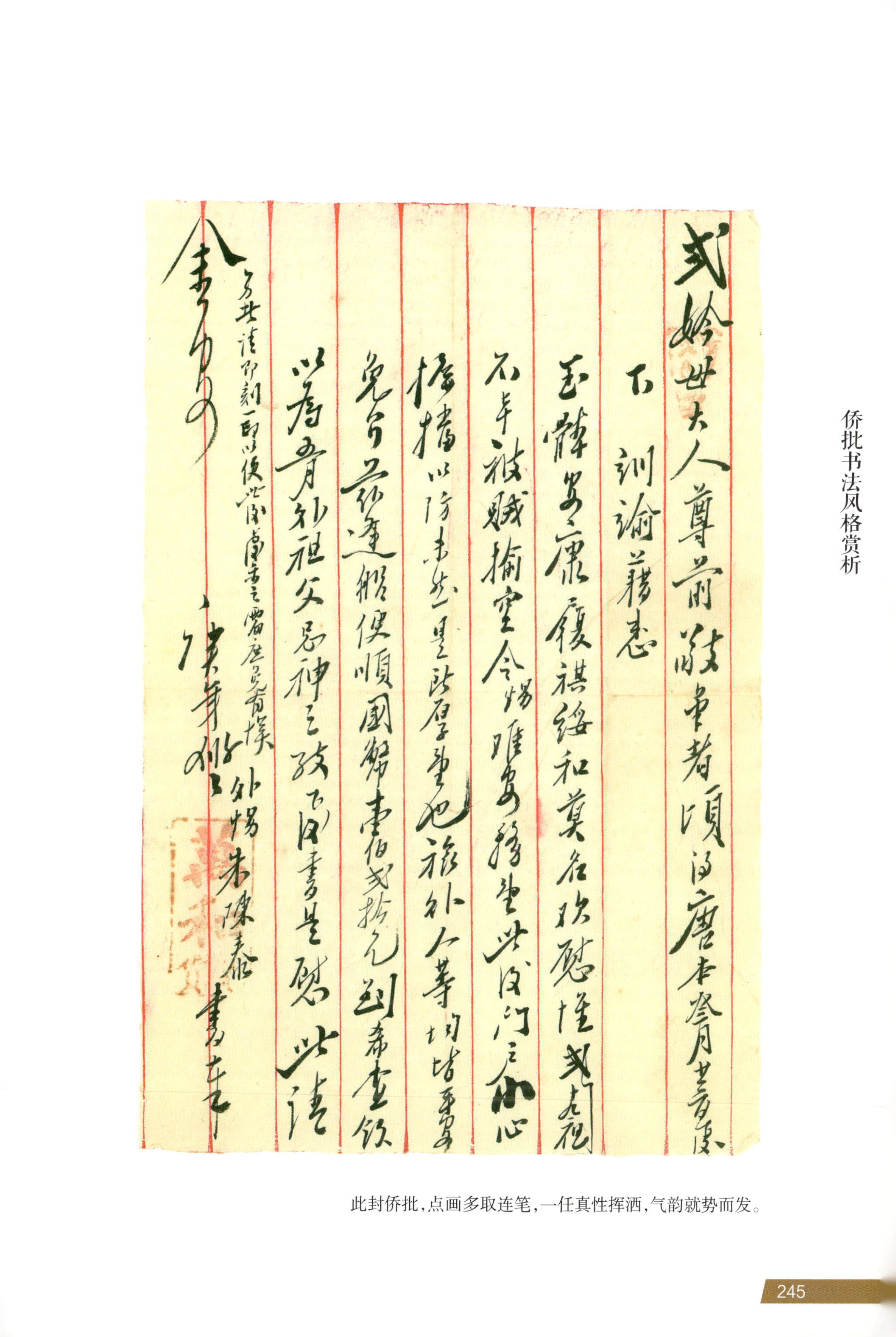

此封侨批，点画多取连笔，一任真性挥洒，气韵就势而发。

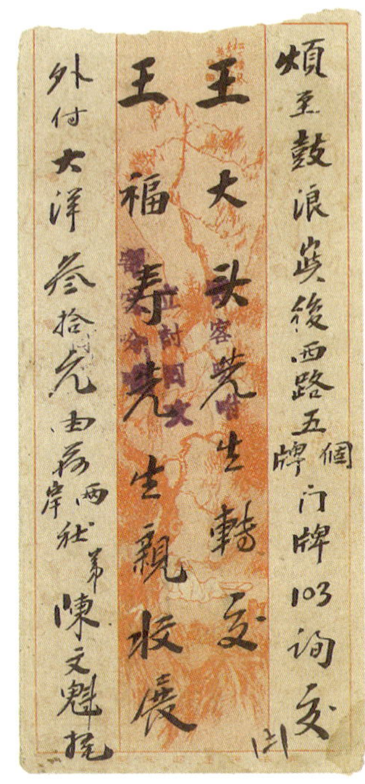

1938 年 6 月菲律宾马尼拉寄鼓浪屿的侨批

【信文】

福寿先生鉴:

敬启者,自厦禾发生战事,敝家全无音信,缓至昨天即接敝家大媳妇即是贡仔由敝社来信云及,彼现在敝社居住,缺乏三餐,十分痛苦。愚本欲直透寄信款往敝社,奈因岷埠各华信局不愿收缴厦禾之银信,致以无法直寄敝社,今得先生居于鼓岛之便,亦是家媳妇之幸。刻便由建南信局付上大洋叁拾元,到祈查收。若有妥人要往厦禾者,祈先生从该款寄往敝社交家媳妇贡仔,或是托人通知贡仔,使彼亲往先生处领取该项,有劳精神,容后面谢。希望先生玉体自爱,令姊燕治在此平安,免介。特此并祝

大安!

另者,令姊燕治于本日下午产生两个孙儿,皆是男性。现母子三人均各平安,见草之日,请即转告令堂知情,此布

愚 陈文魁 顿

民(国)廿七年(1938 年)陆月十一日

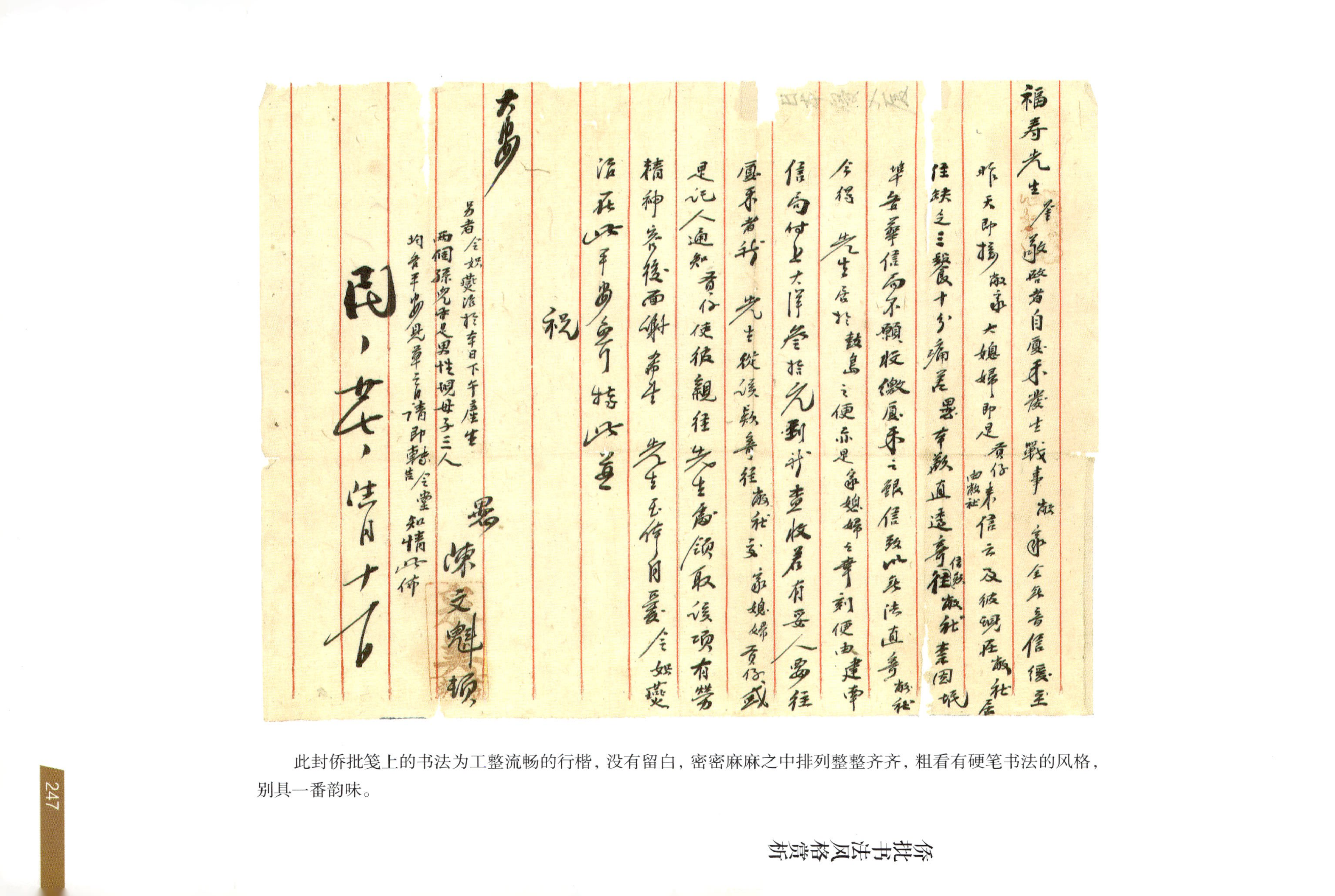

此封侨批笺上的书法为工整流畅的行楷，没有留白，密密麻麻之中排列整整齐齐，粗看有硬笔书法的风格，别具一番韵味。

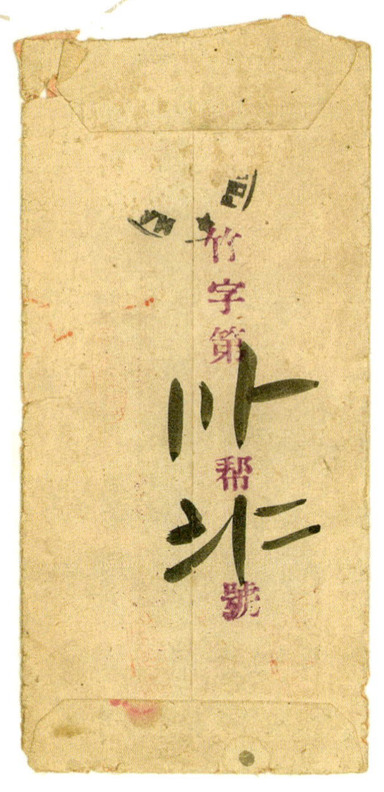

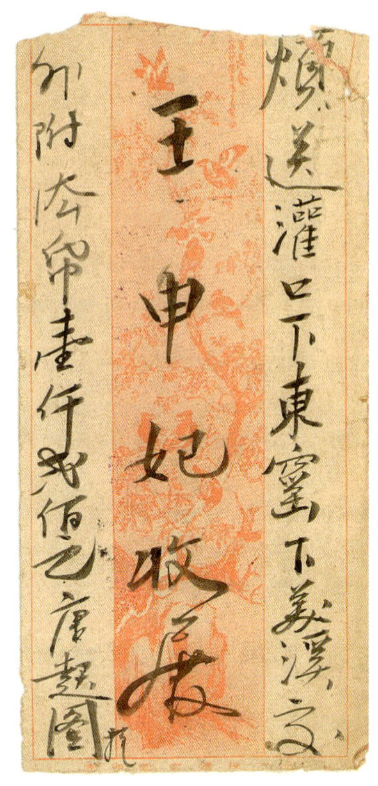

20 世纪 40 年代初菲律宾马尼拉寄厦门灌口的侨批

【信文】

申妃妆台：

前接义谦侠来一书，所云一事尽详。内子固病，余亦无闻，云内子颇费甚多并负数人之债，余当负全数之责。内子平日来信，余十足相信，无一次有所怀疑。内子所云余大无情乎，余百释莫能解矣。但余家信隔断太久，全系余职务关系。余生活地距岷中欲五十华里，有时作岷船期关系，有时职务太忙，但是内子经济不足尽可先向他人移借。内子所负之债，余当全数成（承）认。内子对余有所不满之处尽可坦白说明，但余虽远隔家中太久，前为经济所困，后者如中日战争所阻。内子汝欲来岷，非余所不肯，但菲海关苛例频生，有彼拘至六七月之久而不能放行。如此苦处，来者何用？此亦内子所明白。余因时间关系，待下帮当作全数答复，以释之恨。兹逢顺便，附去洋壹仟弍佰元，到祈查收，复音示知。贵体自珍，旅（外）粗安，勿介。此致

申妃王妆台

起图

十月廿二日

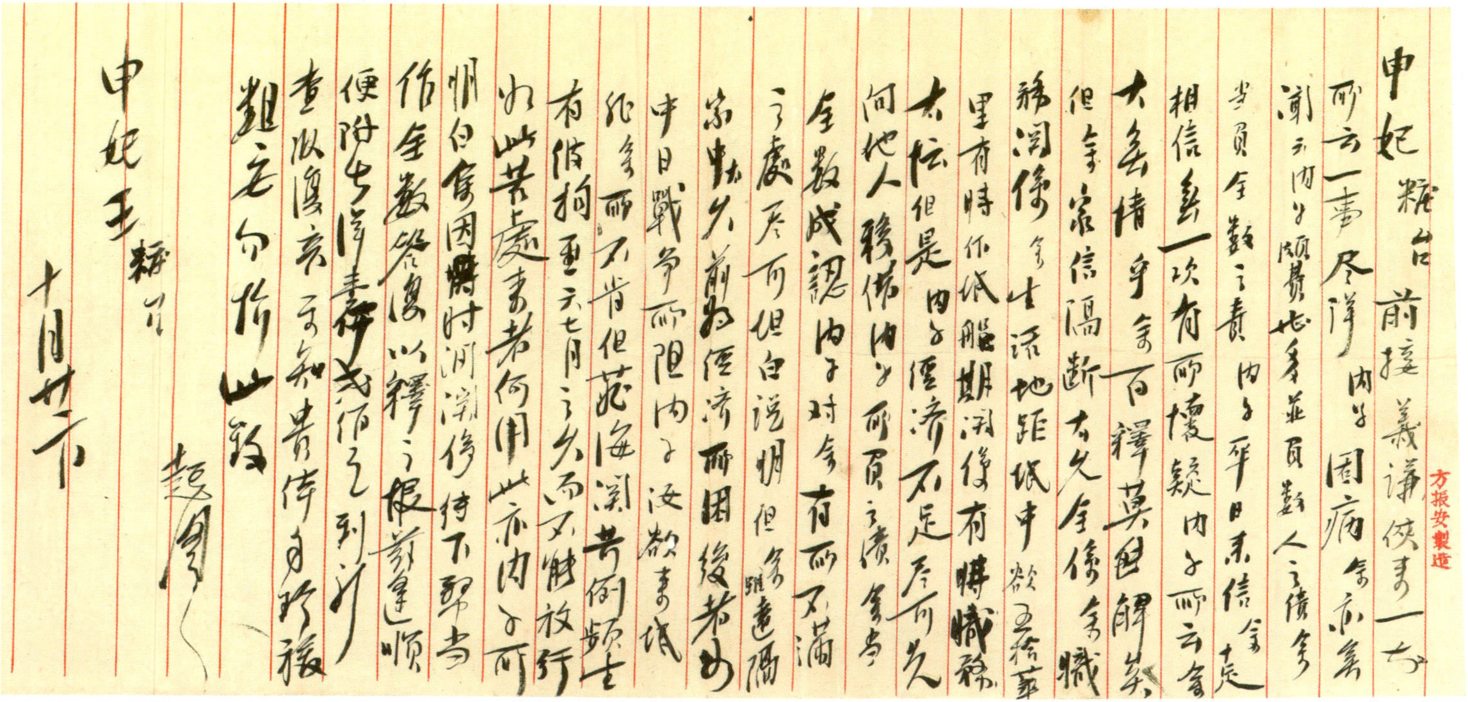

此封侨批的书法具有北碑的元素，起笔、落笔皆是北碑笔法，并且融合了行书的风格，是侨批中不为多见的具有北碑韵味的书法。清包世臣认为“北碑能于刚健中寓妩媚，欹侧中见平衡，率意而古朴可爱，变化而无迹可寻”。这种尚古尚金石的北碑书风侨批，似乎更能反映当时社会民众艰苦的生存状况。

在普通的侨批中，书法字体大多数是楷书（行楷），少部分为别具一格的草书。草书因其书写速度快、连笔多，适合性格洒脱、做事干净利索的书写者，反过来又可以最大程度地展示个人品格。此封侨批与下一封侨批书法风格相近，皆为大草，字数不多，只见字形体势较大、连笔和简写都比较多，通篇行笔流畅，字体大小错落有致，甚至不拘泥于信纸中的画线，肥瘦适宜，风骨飘逸，笔走龙蛇，率意古朴，颇有唐代张旭、怀素的狂草之风。以下两封批笺，可以看出写字的人性格大气率真的一面。

1904 年 10 月 20 日菲律宾马尼拉黄开物寄锦宅社美头角的侨批

【信文】

兹因轮便，顺付龙银肆元，到祈查收，回书示慰是幸。惟祈身体顺时保惜为要，客外粗安。而小儿必须尽心照拂，以慰外望是幸。此达，即询

阃安！

林氏贤内助妆次

愚夫黄开物泐（“恒美书柬”章）

甲辰菊月十式日（1904 年 10 月 20 日）

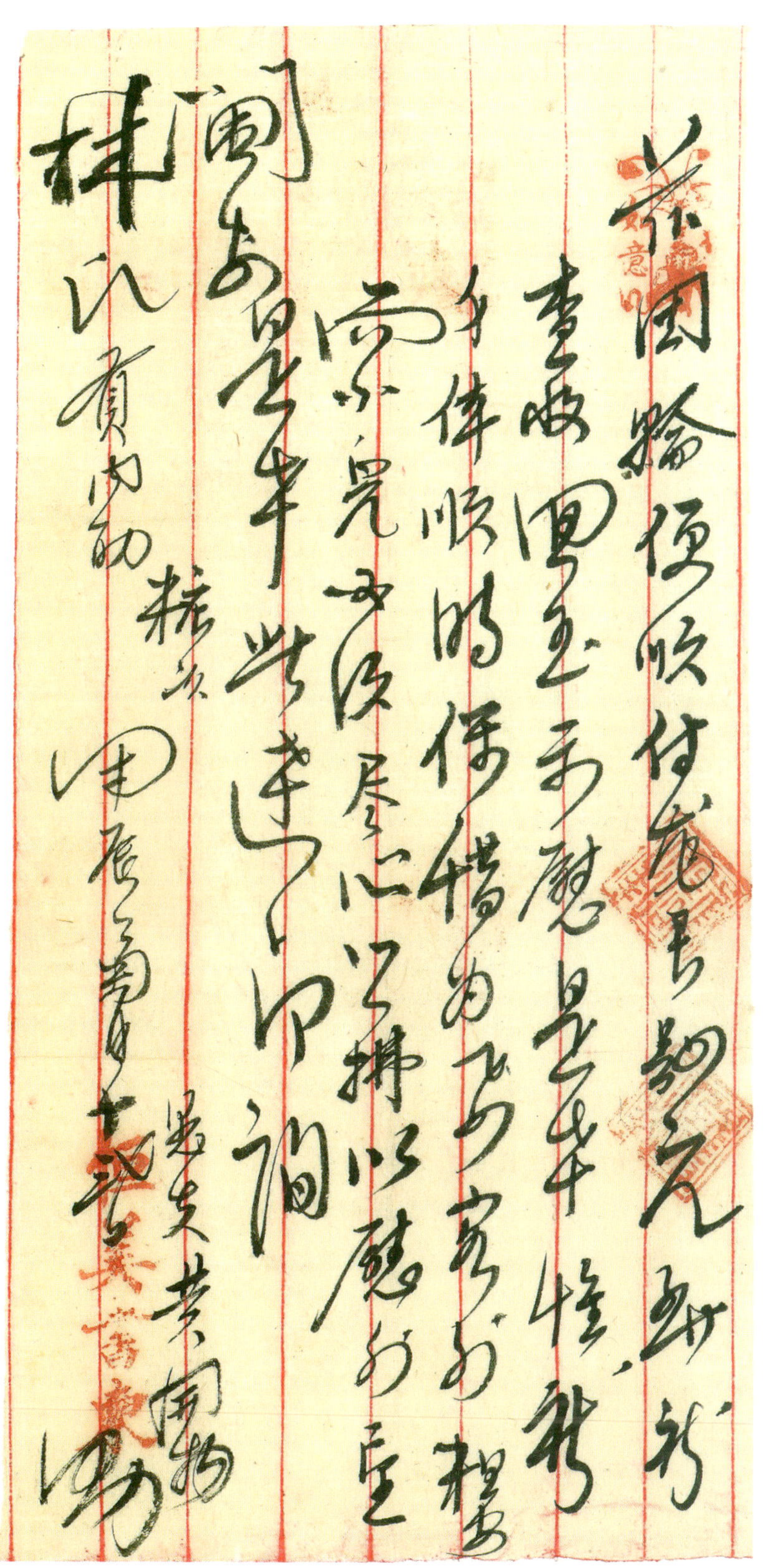

侨批笺

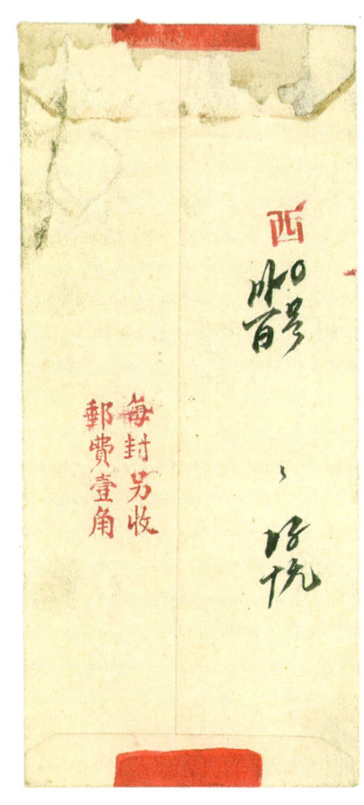

1928 年 2 月越南东京陈剑钳寄同安亭洋社母亲的侨批

【信文】

母亲大人膝下：

敬禀者，昨日接到姑母来信，内云母亲染病，叫儿回家前去。今得接母亲来函，家中平善，为何姑母叫儿速速回梓？此种何病？祈即示明，免得儿忧悠难得过日。兹付英银十五元，到祈查收，示复为荷。

金安！

儿剑钳跪禀

戊辰年元月廿三日（1928 年 2 月 14 日）

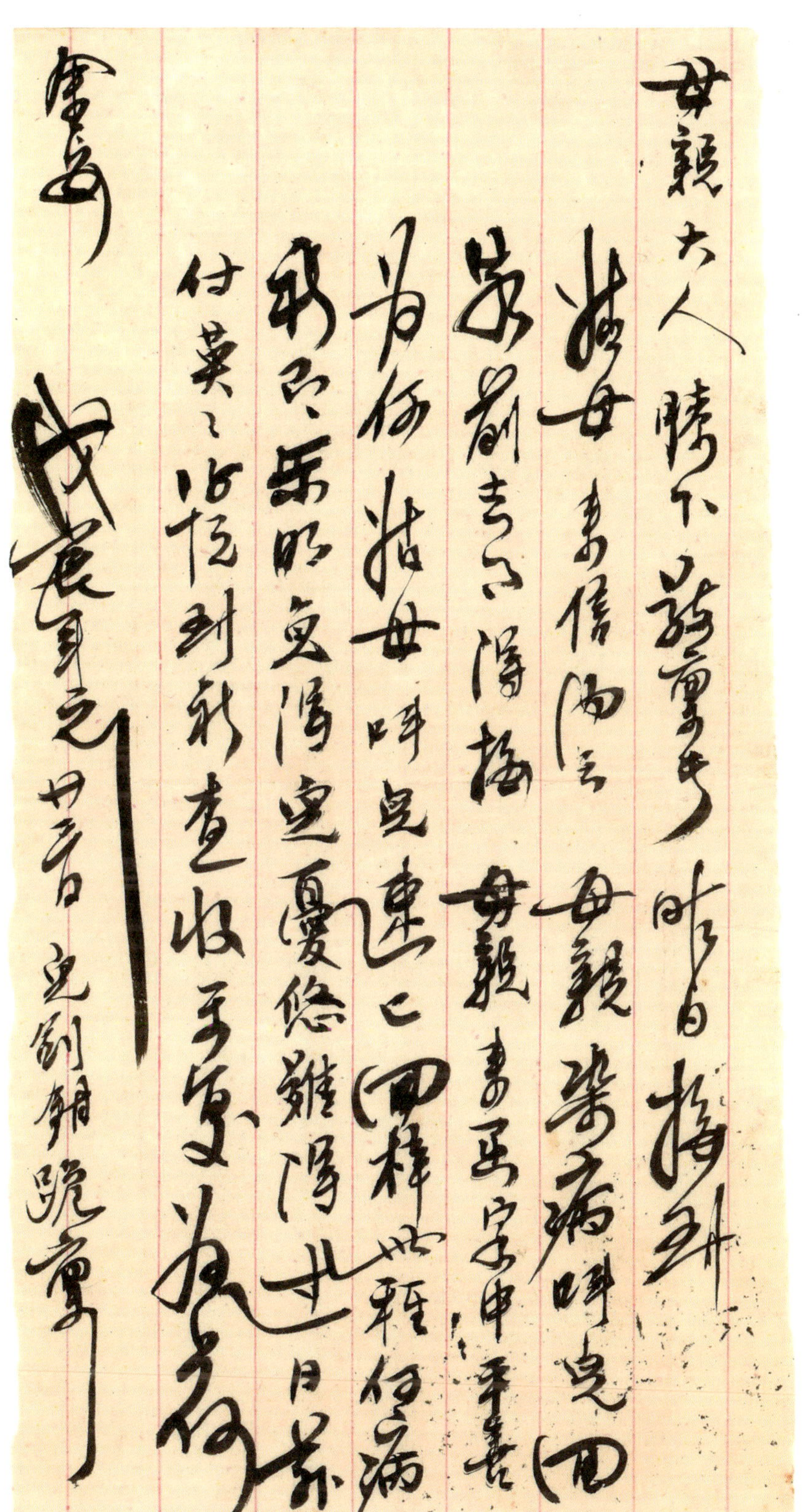

侨批笺

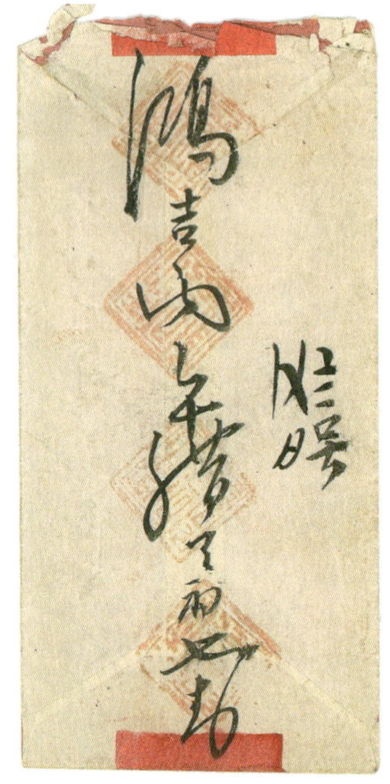
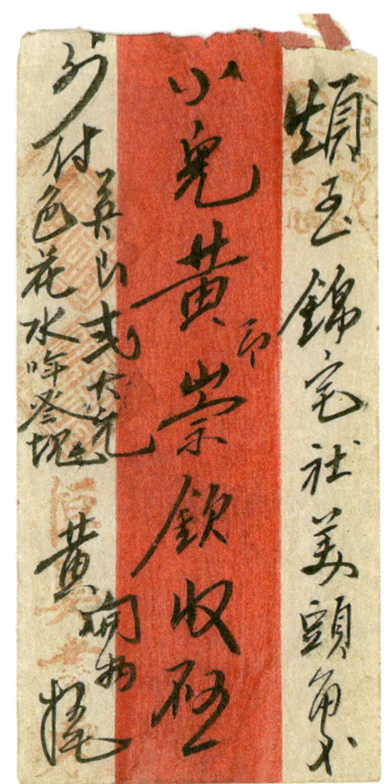

1907 年 1 月菲律宾马尼拉黄开物寄锦宅社美头角的侨批

【信文】

夫妇之情，锦文弗叙。

肃启者，日前曾付郭有品局递去信银肆大元，谅早收到。兹逢平轩之便，顺付英银弍大元，并色花各哞布三块，到祈收入，一齐赐示为荷。而前愚在家采买火酒乙矸，可取出交家翁收去，幸勿贮在房中，恐致失火之虞，勿误是嘱。刻下寒冷，万千珍重，儿女切当尽力照料，是愚之所至切也。客体安好，勿以为念。专此，即询

闽安！

林氏贤内助妆次

愚夫 开物 顿首（“恒美书柬”章）

丙午腊月初七（1907 年 1 月 20 日）晚

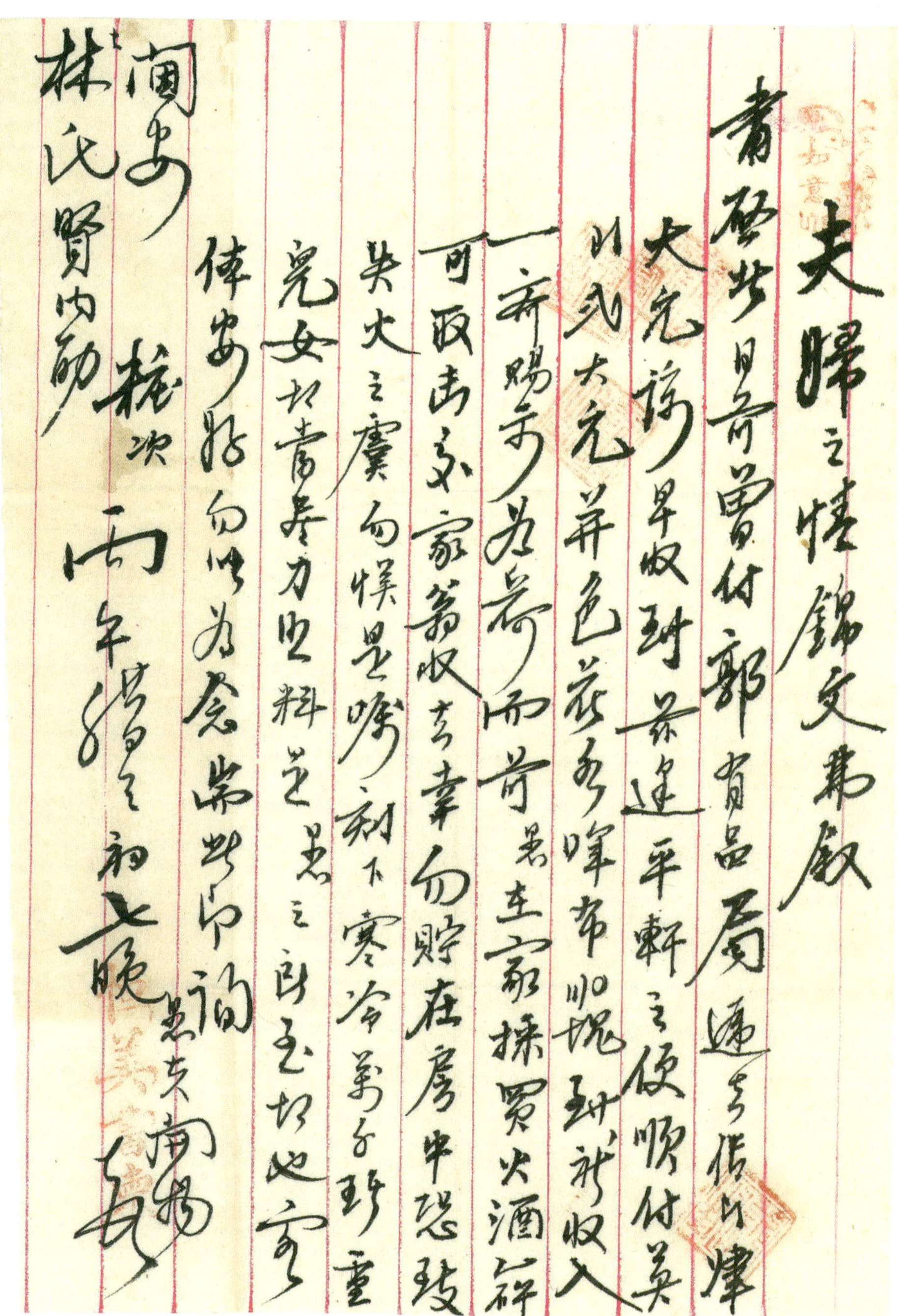

人在他域，虽说“夫妇之情，锦文弗叙”，却借尺牍千叮咛万嘱咐，满纸都是不舍的情愫。这封侨批字体潇洒秀丽，笔下律动的线条颇得赵孟頫书法之精髓，行文迂回从容，锱铢无遗，对于展信的读批人来说，是一种享受。

【信文】

母亲大人膝下：

敬禀者，兹是帮查十一月初二日付回家批壹佰元，谅必有收接否？回信来知，现未承回信，不知家庭消息。望母亲玉体自珍宝惜。老人采买清补调养，不免勤俭，大小照顾应得该开经费是无问题。最要者，嘱吾弟侍奉家母柔顺有孝，所作头路认真，当今光景不可与人成群结阵游玩为妙。谅现家中大小平安。顺附信局去法币壹佰大元，到祈查收应用。儿在外大小平安，今周度，不须介心。内抽出肆元交大母妗，抽肆元交式母妗，抽肆元交三母舅妗，抽肆元交三伯父，抽肆元交妈意伯，抽肆元交吾妹夫，照字分交列位买茶，并请列位均安顺遂，亦可欢喜。余伸之款，母亲自收家用，但不知现地方能平静否，确实付信来知。余言后禀，敬请

福安！

儿 陈良冷 具

己卯年十弍月初五日见（1940年1月13日）

巨港

南生公司匯兌部贈送信箋

LAM SENG & Co.

TELF. No. 268,

PALEMBANG, SUMATRA.

客地萬般好

福建各地 正大信局代理

特色 滙價公平 回文迅速

家書每月通

母親大人膝下敬稟者 最是弟查圳日付回家批壹佰元諒必有收接否回信未知現未承回信不知家庭消息望 母親玉體自珍重惜老人採買清補調養不免勤儉大小照顧应得該開經費是無问題最要者囑吾弟侍奉家母柔順有孝所作頭路認真当今光景不可與人成羣结陣游玩為妙該現家中大小平安順附信簡 法幣壹佰大元到祈查收应用兒在外大小平安今周度不缺勿心内抽出叄元交大母妗抽貳元交弍母妗抽貳元交三母妗抽肆元交三伯父抽貳元交媽意伯抽貳元交吾妹夫照字分交列位買菜並請列位均安吸遊音歡喜饒伸之歎母親自收家用但不知現地方能平靜否確实付信未知餘言后稟敬請

福安

己卯年十弍月 日 吾兒 陳良玲 具

1940年1月荷属巨港寄漳州的侨批

此封侨批是侨批中为数不多的小楷精品，书写在公司专用便笺上，字体工整，每一排开头都留了一样的空白位置，字的行距和间距把握得很好，其字结体奇伟，笔力超拔，具备法度，展现出雄阔而有力的书风，颇有欧阳询笔意。这份书笺文雅、舒展，令人读来倍感亲近。

附录一　侨批展厅特色介绍

2014 年，思明区侨联与华侨（永亨）银行达成建设侨批展厅的共识。2019 年 11 月，坐落于华侨银行大楼，面朝大海的侨批展厅落成，向社会免费开放。

4 年的展陈运作，侨批展厅呈现的 4 大亮点，愈加夺目：

一是展厅“特”——系全国唯一在近百年经营侨批的银行旧址上建设的展厅，也是全省唯一“侨批原件 + 文物实体 + 滚动视频展示图片”展厅。在项目建设中，2017 年新加坡总理李显龙来厦参观展厅外的侨批广场，观看了由思明区侨联提供的侨批文化展示。2019 年新加坡文化、社区及青年部部长傅海燕率团到访并见证了侨批展厅的揭牌。

展厅内部

展厅外观

二是布局“优”——充分利用地理优势，与毗邻的侨批文化广场形成里外呼应的一体格局。在面积有限的展厅中，通过优化空间、匠心布局，设置文史档案区、文物实物区、多媒体区、文创互动区 4 个区域，用传统和现代的手段，“螺蛳壳里做道场”，累计展出 300 余件侨批实物原件和 200 多件侨批电子资料，创新形式活化侨批文创。

三是展品“精”——展览主题鲜明，每半年更新一次。展品纵跨一个半世纪，有迄今我省发现的最早的侨批(1861 年)；有最早的盖有水客印章的侨批(1884 年)；有侨批款额达 4 亿元的侨批；有极为罕见的侨批总包封；更有辛亥革命时期旅菲同盟会会员黄开物的家书、抗战时期的侨批、太平洋战争爆发邮路多次辗转的侨批；展品还包括信局的营业执照、印章、送批用品等。展览策划“侨批中的家风家教”“侨批中的书法”等主题展，弘扬中华优秀传统文化；结合建党 100 周年和党史学习教育，策划“侨批中的家国情怀”“爱祖国、爱家乡、爱家人”“抗战中的侨批”等主题展览，呈现老一辈海外侨胞浓厚的家国情怀。

展厅外雕塑揭幕仪式

四是影响“广”——作为“侨史文化展示厅＋侨胞会客厅”，同时也作为弘扬社会主义核心价值观的爱国主义教育重要窗口，4年多来，国家、省、市、区人大、政协和相关单位领导视察，金融行业员工、大中小学校学生参观，海外社团、中外旅客游览，总接待人数近5000万人，为讲好中国故事、留住乡愁，营造了优质的人文环境，也为拓展海外联谊、做好新时代的华侨文化交流工作发挥了桥梁纽带作用。

展厅开放仪式上嘉宾合影

展厅邀请侨批研究专家前来讲解

附录二　媒体报道

人民日报
RENMIN RIBAO
人民网网址：http://www.people.com.cn

2023年8月
13
星期日
癸卯年六月廿七
人民日报社出版
国内统一连续出版物号
CN 11-0065
代号1-1
第27427期
今日8版

R观沧海

侨批纸短　家国情长

张　烁

“‘侨批’记载了老一辈海外侨胞艰难的创业史和浓厚的家国情怀，也是中华民族讲信誉、守承诺的重要体现。”习近平总书记指出。

今年是“侨批档案——海外华侨银信”入选“世界记忆名录”10周年。“批”即为“信”，侨批是海外华侨通过民间渠道以及后来的金融、邮政机构寄回国内、连带家书或简单附言的汇款凭证，盛行于19世纪中叶至上世纪70年代。一张张泛黄的纸片跨越山河而来、穿越历史风云，讲述着一段段动人往事，寄托着一片片赤子深情。

侨批纸短，家国情长。

一封封侨批，诉说着真挚的爱乡之情。“一溪目汁（眼泪）一船人，一条浴巾去过番（出洋）。”背井离乡、出洋谋生的侨胞，在异乡历尽艰辛、艰苦创业，顽强地生存下来，站稳脚跟后，依然牵挂着自己的家乡和亲人，有一块钱寄一块钱，有十块钱寄十块钱，在赡养眷属、交流亲情、报效乡梓等方面作出了重要历史贡献。对“钱银知寄人知返，勿忘父母共妻房”的念兹在兹，生动体现了海外侨胞对家乡和亲人的眷恋。

一封封侨批，见证了深厚的爱国之心。广大海外侨胞身处异国他乡，但一直心系祖国、情系桑梓。近日，厦门中山路侨批展厅展出的抗战时期侨批令人动容：“如我国决定与日本死战，我则决意返国从军，以尽一国民之职也”“出钱出力各尽天职”……这个时期的侨批信笺，常印着“抗日救国”“勿忘国耻”的红色字样，所汇款项不仅为贴补家用，更多有注明“请购救国公债”或捐献出来。海外华侨的慷慨解囊，为抗日战争提供了重要的经济支持。

一封封侨批，体现了可贵的重信守诺。侨批从侨居国递送到侨眷手中，辗转万里，靠的就是“诚信”二字。作为送批者的侨批局，千方百计确保侨批安全快捷、如期如数送达侨眷手中；作为收批者的侨胞眷属，对侨胞在批信中交办的事项如实执行。有的侨胞因一时经济紧张，按时给家人寄批有困难，还会来批局“赊批”，由批局先行垫款，等收到家人回批后再来还钱。重信守诺贯穿于侨批业运营的各主要环节，形成了环环相扣的“诚信链”。

侨批虽已成为历史，侨批文化却历久弥新，其中蕴含的宝贵精神更在海外侨胞中代代相传。长期以来，一代又一代海外侨胞，秉承中华民族优秀传统，不忘祖国，不忘祖籍，不忘身上流淌的中华民族血液，热情支持中国革命、建设、改革事业，为中华民族发展壮大、促进祖国和平统一大业、增进中国人民同各国人民的友好合作作出了重要贡献。特别是在祖国遇到大事难事时倾心倾力相助，表现出中华儿女血浓于水的同胞深情。保护好侨批文物，加强对侨批文化的研究，推动其与新时代精神相融相通、发扬光大，可以教育引导人们不忘近代我国经历的屈辱史和老一辈侨胞艰难的创业史，推动全社会加强诚信建设。

中国梦是国家梦、民族梦，也是每个中华儿女的梦。如今，在科教领域的最前沿，在创新创业的第一线，在祖国遇到大事难事的关键时，在五洲四海的大舞台……到处都活跃着侨的身影，一大批归侨侨眷成为党和国家事业的新生力量和工作骨干，一大批海外侨胞成为连接中国与世界的友好使者和文化使者。共同的根让我们情深意长，共同的魂让我们心心相印，共同的梦让我们同心同德。海内外全体中华儿女心往一处想、劲往一处使，就一定能够汇聚起实现梦想的强大力量！

2023年8月13日，《人民日报》刊发题为《侨批纸短 家国情长》文章。

侨批纸短 家国情长

张烁

“侨批记载了老一辈海外侨胞艰难的创业史和浓厚的家国情怀，也是中华民族讲信誉、守承诺的重要体现。”习近平总书记指出。

今年是“侨批档案——海外华侨银信”入选“世界记忆名录”10周年。“批”即为“信”，侨批是海外华侨通过民间渠道以及后来的金融、邮政机构寄回国内、连带家书或简单附言的汇款凭证，盛行于19世纪中叶至20世纪70年代。一张张泛黄的纸片跨越山河而来、穿越历史风云，讲述着一段段动人往事，寄托着一片片赤子深情。

侨批纸短，家国情长。

一封封侨批，诉说着真挚的爱乡之情。“一溪目汁（眼泪）一船人，一条浴巾去过番（出洋）。”背井离乡、出洋谋生的侨胞，在异乡历尽艰辛、艰苦创业，顽强地生存下来，站稳脚跟后，依然牵挂着自己的家乡和亲人，有一块钱寄一块钱，有十块钱寄十块钱，在赡养眷属、交流亲情、报效乡梓等方面作出了重要历史贡献。对“钱银知寄人知返，勿忘父母共妻房”的念兹在兹，生动体现了海外侨胞对家乡和亲人的眷恋。

一封封侨批，见证了深厚的爱国之心。广大海外侨胞身处异国他乡，但一直心系祖国、情系桑梓。近日，厦门中山路侨批展厅展出的抗战时期侨批令人动容：“如我国决定与日本死战，我则决意返国从军，以尽一国民之职也”“出钱出力各尽天职”……这个时期的侨批信笺，常印着“抗日救国”“勿忘国耻”的红色字样，所汇款项不仅为贴补家用，更多有注明“请购救国公债”或捐献出来。海外华侨的慷慨解囊，为抗日战争提供了重要的经济支持。

一封封侨批，体现了可贵的重信守诺。侨批从侨居国递送到侨眷手中，辗转万里，靠的就是“诚信”二字。作为送批者的侨批局，千方百计确保侨批安全快捷、如期如数送达侨眷手中；作为收批者的侨胞眷属，对侨胞在批信中交办的事项如实执行。有的侨胞因一时经济紧张，按时给家人寄批有困难，还会来批局“赊批”，由批局先行垫款，等收到家人回批后再来还钱。重信守诺贯穿于侨批业运营的主要环节，形成了环环相扣的“诚信链”。

侨批虽已成为历史，侨批文化却历久弥新，其中蕴含的宝贵精神更在海外侨胞中代代相传。长期以来，一代又一代海外侨胞，秉承中华民族优秀传统，不忘祖国，不忘祖籍，不忘身上流淌的中华民族血液，热情支持中国革命、建设、改革事业，为中华民族发展壮大、促进祖国和平统一大业、增进中国人民同各国人民的友好合作作出了重要贡献。特别是在祖国遇到大事难事时倾心倾力相助，表现出中华儿女血浓于水的同胞深情。保护好侨批文物，加强对侨批文化的研究，推动其与新时代精神相融相通、发扬光大，可以教育引导人们不忘近代我国经历的屈辱史和老一辈侨胞艰难的创业史，推动全社会加强诚信建设。

中国梦是国家梦、民族梦，也是每个中华儿女的梦。如今，在科教领域的最前沿，在创新创业的第一线，在祖国遇到大事难事的关键时，在五洲四海的大舞台……到处都活跃着侨的身影，一大批归侨侨眷成为党和国家事业的新生力量和工作骨干，一大批海外侨胞成为连接中国与世界的友好使者和文化使者。共同的根让我们情深意长，共同的魂让我们心心相印，共同的梦让我们同心同德。海内外全体中华儿女心往一处想、劲往一处使，就一定能够汇聚起实现梦想的强大力量！

（原载《人民日报》2023 年 08 月 13 日第 05 版）

唤醒侨批记忆

吴晓菁

为了唤醒侨批记忆，把“世界记忆遗产”保护好、传承好，思明区侨联自2014年就开始邀请文史专家、侨批收藏家，共同围绕收集、整理、研究、展示厦门侨批，通过办展、沙龙、出书、建馆，深入挖掘侨批蕴含的丰富历史、学术、文化和经济价值，让厦门侨批成为侨乡独特的人文景观，成为城市文化重要组成部分。

2017年，中山路入口打造了5000多平方米的侨批文化广场。侨批展厅位于侨批文化广场旁华侨银行一楼，于2019年10月建成，与侨批文化广场内外呼应。在此前一个月的试开放期间，侨批展厅得到市民的肯定，并再次获得收藏家们的支持，陆续补充了部分稀有珍品。展馆也开发出侨批文创衍生品，供游客打卡留影。

A05
2019年11月24日
星期日

厦门首个侨批展厅亮相中山路

■共展出侨批汇票的原件和图片百余件　■展品纵跨近一个半世纪

本报讯（记者 吴晓菁）昨日，由思明区侨联、思明区中华街道、华侨（永亨）银行共同打造的我市首个侨批展厅在中山路揭幕，“世界记忆遗产”侨批的落户大大提升了中山路的文化品位，展示厦门侨乡文化特有的魅力。

侨批是海外华侨寄给国内侨眷的书信与汇款的合称（“批”是指书信，是闽粤方言），2013年作为民间原生态草根档案文献入选为“世界记忆遗产”。厦门是我国著名侨乡，自明清以来就是中国对外交通和海上贸易的国际口岸，是福建华侨出入境的主要门户，也因此成为福建侨批最为丰富的地区之一，是侨批历史文化研究的重镇。

展厅面积不大，共展出侨批、汇票的原件和图片百余件，其中实物原件60余件，展品纵跨近一个半世纪。值得一提的是，本次展览征集的展品中有不少特色和亮点，包括清朝中叶“水客”使用的信筒、批篮、批袋，最早的批——1891年，最迟的批——1988年。

市民参观侨批展厅。（本报记者 王协云 摄）

尘封百余年的侨批虽已泛黄，但蕴藏厚实的文化内涵。一封侨批就是一个故事，这些历经百年的跨国家书，内容包罗万象，涉及家情、亲情、乡情、国情、世情等，所述之事大到辛亥革命、日寇侵华、海外局势、新中国成立，小到宗祠祭拜、育儿养老等。

背景　唤醒侨批记忆

为了唤醒侨批记忆，把“世界记忆遗产”保护好、传承好，思明区侨联自2014年就开始邀请厦门著名文史专家、各界各业资深人士以及侨批收藏家，共同围绕收集、整理、研究、展示厦门侨批，通过办展、沙龙、出书、建馆，深入挖掘侨批蕴含的丰富历史、学术、文化和经济价值，让厦门侨批成为侨乡独特的人文景观，成为城市文化重要组成部分。

2017年，中山路入口打造了5000多平方米的侨批文化广场。侨批展厅位于侨批文化广场旁华侨银行一楼，于今年10月建成，与侨批文化广场内外呼应。在此前一个月的试开放期间，得到了市民的肯定，更再次得到收藏家们的支持，陆续补充了一些稀有珍品。展馆也开发出侨批文创衍生品，供游客打卡留影。

2019年11月24日，《厦门日报》报道侨批展厅亮相中山路。

闽南文化｜厦门首个侨批展厅揭幕 展出侨批汇票的原件和图片百余件

“学习强国”学习平台转发《厦门日报》有关厦门首个侨批展厅揭幕的消息。

厦门首个侨批展厅揭幕
展出侨批汇票的原件和图片百余件

学习强国 · 福建学习平台　2019-11-28　作者：吴晓菁

11 月 23 日，由思明区侨联、思明区中华街道、华侨（永亨）银行共同打造的厦门市首个侨批展厅在中山路揭幕，“世界记忆遗产”侨批的落户大幅提升了中山路的文化品位，展示厦门侨乡文化特有的魅力。

侨批是海外华侨寄给国内侨眷的书信与汇款的合称（“批”是指书信，是闽粤方言），2013 年作为民间原生态草根档案文献入选为“世界记忆遗产”。厦门是我国著名侨乡，自明清以来就是中国对外交通和海上贸易的国际口岸，是福建华侨出入境的主要门户，也因此成为福建侨批最为丰富的地区之一，是侨批历史文化研究的重镇。

展厅面积不大，共展出侨批、汇票的原件和图片百余件，其中实物原件 60 余件，展品纵跨近一个半世纪。值得一提的是，本次展览征集的展品中有不少特色和亮点，包括清朝中叶“水客”使用的信筒、批篮、批袋，最早的批（写于 1861 年），最迟的批（写于 1988 年）。

尘封百余年的侨批虽已泛黄，但蕴藏厚实的文化内涵。一封侨批就是一个故事，这些历经百年的跨国家书，内容包罗万象，涉及家情、亲情、乡情、国情、世情等，所述之事大到辛亥革命、日寇侵华、海外局势、新中国成立，小到宗祠祭拜、育儿养老等。

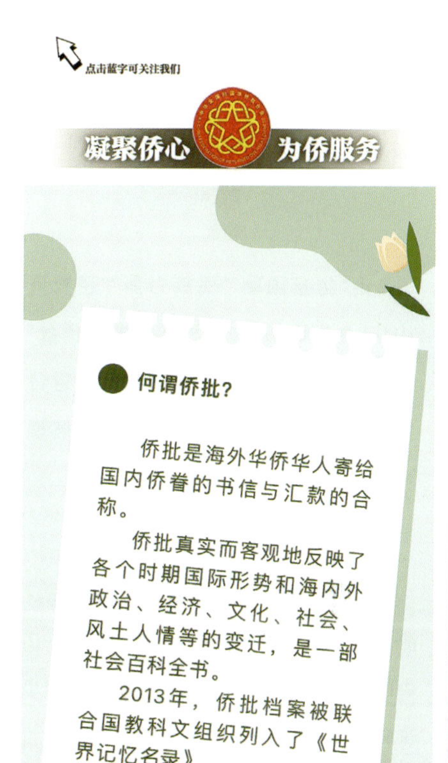

厦门侨批展厅上新啦！让我们一起品味侨批中的金融史

中国侨联 2021-10-22 19:29 发表于北京

点击蓝字可关注我们

凝聚侨心 为侨服务

何谓侨批？

侨批是海外华侨华人寄给国内侨眷的书信与汇款的合称。

侨批真实而客观地反映了各个时期国际形势和海内外政治、经济、文化、社会、风土人情等的变迁，是一部社会百科全书。

2013年，侨批档案被联合国教科文组织列入了《世界记忆名录》。

中国侨联微信公众号发布“厦门侨批展厅上新”的消息。

A10

南方日报

深读

周刊

对话

一纸旧家书，如何呼唤游子『常回家看看』

当侨批文化遇上嘉庚精神

推动侨批数字化和电子化

做好侨文章 激活侨动力

2023 年 12 月 13 日，《南方日报》报道厦门“讲好侨批故事”的经验。

厦门侨批展厅再现抗战中华侨赤子情怀

福侨世界总网 2023-06-05 16:40 发表于福建

由"勿忘国耻""民族力量""还我河山"三个版块构成、以"抗战中的侨批"为主题的近30封侨批实物藏品，近日在厦门中山路的侨批展厅展出，展现抗战时期华侨的爱国情怀。

侨批中最精彩、最珍贵、最丰富、最复杂的就是抗战期间的侨批，由于历史原因，抗战侨批具有转运难、存世少等特点，因此收集难度很大。同时，抗战侨批格式礼仪完备，家训意味浓厚，较好反映了中华民族传统的道德规范，且时代信息、邮政信息丰富，因而更具史料价值和研究价值。

福建省侨联所属的福侨世界总网微信公众号推送厦门侨批展厅的展览内容。

厦门市思明区侨联深耕的侨批文化登上《人民日报》

福侨世界总网 2023-08-16 15:51 发表于福建

8月13日，《人民日报》刊登发表《侨批纸短 家国情长》文章，文中对"厦门中山路侨批展厅展出的抗战时期侨批令人动容"做了详细报道，给予厦门市思明区侨联在精心守护华侨文化的极大赞扬和激励。

人民日报

5 台港澳侨

非遗弦歌不辍 文化薪火相传

侨批纸短 家国情长

福侨世界总网微信公众号报道了思明区侨联深耕侨批文化的做法，这一做法获得《人民日报》的点赞。

厦门晚报 | A2 | 2019年11月24日 星期日 责编/刘东航 美编/李胜欧 | 生活大参考

侨批展厅开放 中山路又增打卡地

展出侨批、汇票的原件及图片百余件，每日9:00—21:00免费开放

本报讯（文/图 记者 沈淑婷）饱含情意的信件、珍贵的批篮和批袋……昨日，位于中山路人口的侨批展厅揭幕，这些老物件亮出了真容，展示厦门侨乡文化特有的魅力。

这一展厅由思明区侨联、思明区中华街道、华侨永亨银行共同打造，即日起向市民免费开放，开放时间为每日9:00—21:00。如果有市民想捐赠或出借侨批参展，可拨打电话0592-2027750联系相关事宜。

展厅内主要分四个区域，即文史档案区、文物实物区、多媒体区和文创互动区，展出侨批、汇票的原件和图片百余件，其中实物原件60余件，展品纵跨近一个半世纪。值得一提的是，展品极具特色，有"最早的批（1891年）""最迟的批（1988年）"，还有清朝中叶"水客"（经营侨批的个人）使用的信筒、批篮、批袋。

出席揭幕仪式的华侨永亨银行执行董事兼行政总裁蓝宇鸣表示，侨批寄托着海内外华侨的深厚情谊，值得被好好珍藏，让后人更好地分享历史，了解与铭记其意义。思明区侨联负责人表示，侨批承载着中华文化历史印记及家国情怀，文化内蕴丰富，建设这样的展馆极有意义。

厦门是我国著名侨乡，自明清以来就是中国对外交通和海上贸易的国际口岸，是福建华侨出入境的主要门户，也因此成为福建侨批最为丰富的地区之一，是侨批历史文化研究的重镇。

2017年，中山路人口打造了5000多平方米的侨批文化广场。侨批展厅位于侨批文化广场旁华侨银行一楼，与侨批文化广场内外呼应。展馆也开发出侨批文创衍生品，供游客打卡留影。

市民走进侨批展厅参观，感受厦门侨乡文化魅力。

名词解释

侨批

侨批是海外华侨寄给国内侨眷的书信与汇款的合称（"批"指书信，闽粤方言），2013年入选"世界记忆遗产"。这些历经百年的跨国家书，内容包罗万象，涉及家情、亲情、乡情、国情、世情等，所述之事大到辛亥革命、日寇侵华、海外局势，小到宗祠祭拜、育儿养老等，极具文化内涵和研究价值。

2019年11月24日，《厦门晚报》图文报道侨批展厅开放。

A4 城市读本 | 2019年11月27日 星期三 | 海西晨报

厦门首个"侨批展厅"落户中山路

思明区侨联保护、传承侨批文化，唤醒侨乡文化记忆

2019年11月27日，《海西晨报》报道侨批展厅落户中山路。

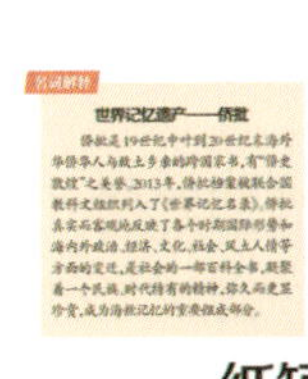

纸短情长 百里挑一

思明区侨联邀您欣赏侨批中的书法艺术

2023年12月8日，《城市捷报》报道侨批展厅第八期展览"侨批中的书法艺术"。

每逢侨批展厅推出新的主题展览，“思明侨联”微信公众号总在第一时间发布消息，引导市民观展。

后记

经济是城市的体格，人文是城市的灵魂。

20世纪20年代，厦门中山路的建设，与其之后的繁荣，与华侨密不可分。

21世纪20年代，在这条“中国历史文化名街”的起点，侨批展厅以丰富的展陈，向人们展示近代中国对外交往与国际移民的历史证物，解锁海外游子与闽南侨乡的情感密码，铺陈华侨华人群体书写的中华文化符号。作为主办单位之一，我们希望侨批展厅能让厦门中山路的“侨味”更加醇厚，让鹭岛的乡愁更加浓烈，让厦门的人文历史底蕴更加厚实。

为此，我们将侨批展厅已经展出的8期展品内容整理成书，以《侨批记忆》为书名，既充实了内涵，又扩展了外延，让实物概览转换成更有深度的文本阅读，以期读者能更细致地观赏展品，了解展品背后的故事，感受其中的文化底蕴。

今年是爱国华侨领袖陈嘉庚诞辰150周年，我们在书中特设“侨批中的陈嘉庚公司封笺”为第一个章节。侨批文化中的“坚忍”“信义”等理念，与嘉庚先生倡导的“诚毅精神”一脉相通。通过侨批文化研究，我们可以在更广阔的视野中理解“诚毅精神”产生的宏大背景，进而深刻体悟“嘉庚精神”的丰富内涵。希望本书的出版能为纪念活动献上一瓣心香。

《侨批记忆》是继《厦门侨批》(2018年)、《按章索局：图说厦门侨批》(2020年)之后，厦门市思明区归国华侨联合会组织编撰的第三本侨批题材的图书。在此，特别感佩带领我们走上侨批研究之路的厦门著名文史专家洪卜仁先生，他主编了《厦门侨批》和《按章索局：图说厦门侨批》这两本书，开了厦门侨批研究的先河。

本书主编、厦门市政协特邀研究员叶胜伟，负责统稿并撰写前言；执行主编黄清海、林南中，系知名的侨批收藏与研究专家，参与侨批展厅第2~8期展览策划，并提供本书展品图片及相应的文字说明。

我们感念鼎力支持侨批展厅建设的侨批收藏与研究者白桦、陈亚元、洪明章、洪凯杰、刘伯孳、郑金纯，书家王彪、陈宗坪，以及南友信局梁祖银后代和傅维蹇、李良妹伉俪后代等人士。

衷心感谢中国致公党厦门市委员会、厦门国际银行厦门分行对本书编印的大力支持。感谢厦门大学出版社以及所有为本书出版做出贡献的文字工作者、美术设计者。

致敬所有为赓续侨批记忆、谱写时代华章而奉献的人士！

我们将继续致力于侨批的历史及其文化研究，挖掘、呈现其厚重的文化价值和精神价值，添增“海丝”风采，丰富世界记忆，为厦门创建国家历史文化名城贡献心力。

厦门市思明区归国华侨联合会

2024年5月